厦门国家会计学院云顶文库

金融关联与企业财务行为研究

邓建平　饶妙　陈爱华　著

中国财经出版传媒集团
中国财政经济出版社

图书在版编目（CIP）数据

金融关联与企业财务行为研究／邓建平，饶妙，陈爱华著．—北京：中国财政经济出版社，2019.5

（厦门国家会计学院云顶文库）

ISBN 978－7－5095－8960－1

Ⅰ.①金…　Ⅱ.①邓…　②饶…　③陈…　Ⅲ.①金融网络－研究－中国　②企业管理－财务管理－研究－中国　Ⅳ.①F832.29　②F279.23

中国版本图书馆CIP数据核字（2019）第072340号

责任编辑：钱红叶等　　　　责任校对：徐艳丽

封面设计：陈宇琰

中国财政经济出版社 出版

URL：http：//ckfz.cfeph.cn

E－mail：cfeph@cfeph.cn

社址：北京市海淀区阜成路甲28号　邮政编码：100142

营销中心电话：010－88191537

天猫网店：中国财政经济出版社旗舰店

网址：https：//zgczjjcbs.tmall.com

北京财经印刷厂印刷　各地新华书店经销

787×1092毫米　16开　10.5印张　230 000字

2019年5月第1版　2019年5月北京第1次印刷

定价：52.00元

ISBN 978－7－5095－8960－1

（图书出现印装问题，本社负责调换）

本社质量投诉电话：010－88190744

前　言

Allen 等（2005）认为，中国的法律、金融与经济增长之间的关系对目前国际学术界较有影响力的“法与金融”（Law and Finance）研究结论提出了挑战。“法与金融”研究结论认为，法律保护决定金融发展，进而影响经济增长（La Porta 等，1997，1998，2002）。而中国却在法律保护不充分的情况下，实现了金融市场与经济的快速增长，特别是民营经济发展迅猛，从而形成 Murrell（2001）所说的“中国之谜”。Allen 等（2005）指出，中国能在法律保护不充分的情况下取得上述成就的关键在于，中国存在着相应的法律保护替代机制，他们认为声誉与关系可能就是最重要的替代机制。近年来，国内外很多学者发现，很多国家的公司都存在聘请具有在金融机构工作背景（如银行、证券、信托、保险、基金）的人员担任公司的高管，从而与金融机构形成金融关联的现象。Kroszner 和 Strahan（2001）发现，75%的德国大公司、52.9%的日本大公司、31.6%的美国大公司的董事会中至少有一名商业银行家。Booth 和 Deli（1999）发现，美国 S&P 500 公司中，有 43%的公司至少有一位投资银行家、商业银行家和保险公司的高管。Burak 等（2008）也发现，美国福布斯大公司中 27%至少有一名商业银行家，16%存在一名投资银行家。很多学者对于中国企业特别是民营企业的研究也发现，我国企业中大量存在金融关联的现象（祝继高等，2015；翟胜宝等，2018；唐建新等，2011；刘浩等，2012）。

本书将从“金融关联”这一独特的角度入手，通过实证研究的方法，结合货币政策、金融环境、产业政策与公司特征角度分析金融关联建立的动因，并进而从债务融资、会计信息的有用性、审计意见有用性、融资约束、会计稳健性、薪酬契约和薪酬业绩敏感性等方面详细分析金融关联的经济后果。本书共有十章，第一章是引言，主要是从金融关联的度量、企业建立金融关联的动因、金融关联的经济后果三个方面对于国内外相关研究文献进行综述，并提出本书的研究框架；第二章是金融关联与债务融资关系研究，主要分析金融关联对于企业长期债务、短期债务、债务总量和债务期限结构的影响，并分析在不同金融生态环境下，金融关联与企业债务融资的关系；第三章是金融关联与会计信息债务契约有用性关系研究，主要关注金融关联与会计信息在企业获取银行贷款上存在的替代效应；第四章是金融关联与审计信息债务契约有用性关系研究，主要关注金融关联是否降低了非标准审计意见对于企业贷款融资的影响，在获得借款融资上，银行关联与审计信息是否存在显著的替代效应；第五章是金融关联与企业融资约束的关系研究，主要是分析在不同的金融环境下，金融关联对于融资约束的影响是否存在显著不同；第六章是金融关联与企业会计稳健性的关系研究，主要关注企业建立金融关联是否降低了企业会计稳健性；第七章是金融关联与企业财务柔性关系研究，主要是分析企业引入金融关联高管后能否真正发挥咨询作用，改善企业的财务柔性，以及不同产业政策环境条件下，金融关联高管与财务柔性的关系是否存在显著的差别；第八章是金融关联与企业薪酬契约的关系研究，主要分析金融关联是否改变了公司的薪酬决定机制；第九章是金融关联与高管薪酬契约有效性的关系研究，主要关注金融关联是否会影响民营企业薪酬契约的有效性；第十章是主要的研究结论。本书的研究主题有助于揭示企业建立金融关联的动因和经济后果，了解我国企业的成长途径和特征，加深我们对于转型经济国家中非正式制度作用及运行机制的理解。同时，研究结论将进一步丰富 Allen 等（2005）等文献关于转型经济国家中非正式制度安排的系列研究，也为全面解开“中国之谜”提供了一定的帮助。

2007 年，我开始关注非正式制度相关问题，特别是近几年，我与合作者饶妙和陈爱华对非正式制度的重要表现形式——政治关联与金融关联进行了较深入的研究，本书便是该问题的阶段性研究成果。电子科技大学曾勇教授是我的授业导师，在研究过程中，给予我大量的指导与帮助，每次与曾老师交流，总能得到很多的启发。我的工作单位——厦门国家会计学院为我提供了优越的工作环境，特别是刘光忠书记和黄世忠院长对科研的支持和鼓励，促使我潜心研究。2018 年 8 月到 2019 年 1 月，在学院资助下，我到美国南加州大学 Marshall 商学院访学，陈百助教授为我提供了很好的研究条件，本书很多内容就是在此期间完成的。本书的出版得到了厦门国家会计学院云顶课题的资助，中国财政经济出版社会计分社樊清玉社长对书稿提出了不少修改建议，在此一并致以诚挚的谢意！

邓建平

2019 年 4 月 22 日

目　录

第一章 引 言

一、问题的提出

近年来，国内外很多学者发现，很多国家的公司都存在聘请具有在金融机构（如银行、证券、信托、保险、基金）工作背景的人员担任公司的高管，从而与金融机构形成金融关联的现象。Kroszner 和 Strahan（2001）发现，75%的德国大公司、52.9%的日本大公司、31.6%的美国大公司的董事会中至少存在一名商业银行家。Booth 和 Deli（1999）发现，美国 S&P 500 公司有 43%的公司至少存在一位投资银行家、商业银行家和保险公司的高管。Burak 等（2008）也发现，美国福布斯大公司中 27%至少存在一名商业银行家，16%存在一名投资银行家。很多学者对于中国的企业特别是民营企业的研究也发现，我国企业中大量存在金融关联的现象，即很多公司的高管具有在银行、证券公司、信托投资公司、保险公司和基金管理公司工作的经历（祝继高等，2015；翟胜宝等，2018；唐建新等，2011；刘浩等，2012）。

我们认为，金融关联至少可以在以下几个方面对于公司的经营活动和财务行为造成显著影响：首先，金融关联提供一种关系资源。Choi 等（1999）指出，在经济转型的过程中，由于缺乏良好的价格体系和完善的法律系统，从定价和法律执行的角度来看，交易成本将变得十分昂贵。这就意味着，经济转型中的企业更倾向于将人际关系网络作为自身经营战略的一部分（罗党论等，2009）。我国自古以来就有重视关系的文化传统，中国人广泛相信企业经营者的社会网络和关系是其企业成功的重要前提，甚至西方跨国公司都清楚地知道在中国做生意时“关系为王”（Vanhonacker，2000；巫景飞等，2008）。从这个意义上来说，关系不仅是一种资源，而且是一种能够调动和获得资源的资源。边燕杰和丘海雄（2000）强调，企业不是孤立的行动个体，而是与经济领域的各个方面发生种种联系的企业网络上的纽节，能够通过这些联系而获取稀缺资源是企业的一种能力，这种能力就是企业的社会资本。通过聘请具有银行、证券、信托、保险、基金等金融工作背景的人员担任公司的高管，正是企业获得社会资本的重要途径。

其次，金融关联提供一种声誉机制。La Porta 等（1997）指出，关系和声誉机制对于维系合作起到了重要作用。聘请具有银行金融机构背景的人员（特别是金融机构现任的高层）担任公司的高管，为企业提供了一种潜在担保与声誉，这种嵌入一定社会关系网络内的声誉机制和惩罚机制会产生一种约束作用，从而使得企业更容易获得信任。另外，正是因为在金融领域中个人的信用与声誉机制至关重要，这些金融关联高管在帮助企业获得外部的支持时，可能也会约束企业的机会主义行为，进而避免提供虚假信息，这也有利于降低企业与外部的信息不对称问题。

最后，金融关联提供一种专业技能。这些金融专才加入公司后，可以通过他们的专业技能，为企业量身打造创新性的融资方案、为公司并购和扩张提供咨询，并影响企业的财务政策。

本书将从“金融关联”这一独特的角度入手，通过实证研究的方法，结合货币政策、金融环境、产业政策与公司特征角度分析金融关联建立的动因，并进而从债务融资、会计信息的有用性、审计意见有用性、融资约束、会计稳健性、薪酬契约和薪酬业绩敏感性等方面详细分析金融关联的经济后果。对于这些问题的研究，有助于揭示企业建立金融关联的动因和经济后果，了解我国企业的成长途径和特征，加深我们对于转型经济国家中非正式制度作用及运行机制的理解。同时，研究结论将进一步丰富 Allen 等（2005）的文献关于转型经济国家中非正式制度安排的系列研究，也为全面解开“中国之谜”提供一定的帮助。

二、国内外研究现状分析

（一）金融关联的衡量方法研究

作为最早研究银企关系贷款效应的西方学者，Diamond（1984）认为，银行关系使得中小企业更加接近金融中介机构，进而有利于企业向银行传递信息，因此有利于中小企业获得银行贷款。Ongena 和 Smith（2000）认为，由于中小企业内部信息透明度较低，银企之间常常会产生严重的信息不对称问题，因此需要银行与企业保持长期密切的联系，从而形成“超出一般简单的、匿名的金融交易之外的一种特殊的关系”。一些学者进而从银企关系的角度分析了企业的债务契约。Boot 和 Thakor（1994）与 Berger 和 Udell（1995）各自建立一个基于道德风险和抵押贷款的无限期重复信贷市场博弈模型，认为随着银企关系持续时间的延长，贷款利率和抵押/担保要求都会降低。Petersen 和 Rajan（1994）发现，与银行有密切关系的企业较少地面临信贷约束，有更多机会从银行获得廉价的贷款，银企关系对信贷可获性的影响大于对信贷成本的影响，银企关系持续时间与贷款成本正相关但不显著，与信贷可获性显著正相关。Berger 和 Udell（1995）利用 1989 年 NSSBF 的数据进行的经验研究结果表明，银企关系时间越长，企业支付的利率就越低，所要求的抵押物越少，信贷可获性越大。Bodenhorn（2003）的研究发现，银企关系持续时间越长，企业越有可能获得更低的信贷成本，提供更少个人担保。JiangLi 等（2008）利用世界银行截至 1998 年底的调查数据考察了金融危机时期，东亚国家的银企关系强度对信贷融资可获得性的影响，结果发现，对于韩国和泰国的企业来说，银企关系强度越高，信贷融资可获得性越强，但对于印度尼西亚和菲律宾的企业来说，银企关系强度与信贷融资可获得性之间不存在显著关系。Niskanen 和 Niskanen（2005）的研究表明，紧密而单一的银企关系有利于企业的成长。Chiu 等（2004）对韩国的研究也发现，与企业集团和金融机构关系好的企业，其负债率较高。曹敏等（2003）、周好文和李辉（2005）采用了与 Petersen 和 Rajan（1994）相同的方法检验了银行关系在银行贷款定价中的作用，发现银行关系与贷款成本之间存在显著的负相关关系。何韧（2010）研究表明，企业与较多的银行建立关系以及增加银行关系深度，都有助于降低贷款成本；但企业与银行建立关系的时间长度对银行贷款定价没有显著影响。周好文和李辉（2004）以广州地区的 83 家中小型企业为调查对象，研究发现人民币贷款利率优惠与银企关系长度显著正相关，即企业与银行保持的关系时间越长，企业信贷融资成本越低。何韧和王伟诚（2009a）利用世界银行的调查数据实证研究了我国银企关系对企业贷款成本的影响，研究发现，中小型企业与银行维持关系的时间越长、建立关系银行的数量越少以及银企关系深度越大，贷款成本就越低。陈键（2008）以美国 2003 年 NSSBF 调查数据为样本，实证研究银行关系对于中小企业的信贷可获得性和贷款成本的影响，研究发现，银行关系持续时间越长，中小企业的信贷可获得性增强。郭田勇和李贤文（2006）则得出了不同的结论，他们用企业的经营年限作为银行关系强度的代理变量检验银行关系对银行贷款可得性的影响，结果发现，大型企业的确存在关系型借贷行为，且对企业的贷款量有显著性影响，但是中小企业关系型借贷对于贷款量的影响较小且并不明显。

综合来看，在不同的文献中，关于银企关系的衡量和研究包括：银企关系持续的时间（如 Petersen 和 Rajan，1994；Berger 和 Udell，1995；Ongena 和 Smith，2001；陈键，2008；周好文和李辉，2005；何韧和王伟诚，2009a）；与企业发生关系的银行数量（如 Petersen 和 Rajan，1994；Houston 等，2001；Degryse 等，2001；JiangLi 等，2008；何韧和王伟诚，2009a）；银企关系的深度，即银行是否为企业提供透支或信用额度（何韧和王伟诚，2009a）；银行借款占总负债比重（如 Petersen 和 Rajan，1994；Houston 等，2001；黄炳艺，2008）。我们注意到，上述文献研究的银企关系主要关注的是缺乏透明信息记录、抵押物和担保的中小企业，这种银企关系主要指的是：由于中小企业内部信息透明度较低，银企之间常常会产生严重的信息不对称问题，因此，需要银行与企业保持长期密切的联系而形成一种特殊的关系。所以，以上研究文献所关注的银企关系是指企业与银行在长期经营往来形成的自然关系，这也使得上述研究文献对于银企关系的度量较为间接。

近年来，有一些学者开始通过高管的金融工作背景来度量金融关联，并研究金融关联的动因与经济后果。Hambrick 和 Mason（1984）最先提出了“高层梯队理论”（Top Management Team，TMT），该理论认为高层管理团队的人口背景特征（主要包括年龄、任期、学历、职业背景等）影响了管理者的决策和行为，进而会对公司的产出产生很大影响。随后，大量学者发现管理者的年龄、任期、学历、教育和职业背景对于公司的经营业绩、研发投入、国际化战略、多元化扩张、投资决策、经理层的报酬等均产生重要影响（Tihanyi 等，2000；Peng 等，2007；Carpenter 等，2004；Lee 等，2006；Boone 等，2004；Barker 等 2002；Simsek，2007；李焰等，2011；姜付秀等，2010；张建君等，2007）。基于以上的思路，一些学者采用企业的高管中是否存在曾经或现在在银行、证券公司、信托公司、保险公司和基金公司任职的高管作为金融关联的度量标准。

此外，另有一些学者则从企业持有银行股份的角度来说明企业与金融机构的关系（Lu 等，2012；陈栋和陈运森，2012）。

总的来说，对于金融关联的衡量方法主要有以下四种情形：(1) 关系型。通过考察企业高管是否曾经或现在在金融机构中任职（如果有则赋值1，否则为0）、任职人数或任职比率，考察企业和金融机构之间是否存在金融关联或金融关联的程度；(2) 持股型。通过考察企业持有银行股份的情况，以此反映银企关联关系存在与否或关系程度；(3) 信任型。银行给企业提供授信、无抵押贷款或长期贷款，反映了银行对企业的信任，通过考察银行是否给企业提供授信、无抵押贷款、长期贷款，以及长期贷款率来衡量银行关联；(4) 合作型。与企业建立借贷关系的银行数量、企业从单个银行借款次数、企业和银行合作次数、企业经营时间等均在一定程度上反映企业和银行之间的关系程度。银行关联的衡量方法及代表学者如表1-1所示。

表1-1　银行关联的四种衡量方法

	银行关联的衡量方法	代表学者
关系型	(1) 企业的高管是否曾经或现在在银行任职； (2) 企业高管曾经或现在在银行任职人数； (3) 企业高管曾经或现在在银行任职人数/高管总人数	Booth和Deli (1999)；Allen等 (2005)；Claessens等 (2008)；刘浩等 (2012)；祝继高等 (2012)；余明桂和潘红波 (2009)；杜颖洁和杜兴强 (2013)；杜颖洁 (2013)；陈共荣和谢佩君 (2014)
持股型	(1) 企业是否持股银行或持股比例； (2) 企业持股股权是否超过2%且为前十大股东； (3) 银行是否持股企业/持股比例	Lu等 (2012)；陈栋和陈运森 (2012)；王善平和李志军 (2011)
信任型	(1) 是否获得长期贷款关系； (2) 长期借款和其他长期负债之和/总资产； (3) 企业是否获得银行授信； (4) 截至上期期末企业和同一银行是否有3次以上的非抵押贷款关系	罗党论和唐清泉 (2007)；何韧 (2010)；罗正英等 (2011)；张晓玫等 (2013)
合作型	(1) 银行和企业交往的时间长度； (2) 企业建立银行关系的银行数量； (3) 企业经营年限； (4) 企业接受银行服务的数量； (5) 银行平均贷款合同数	Petersen和Rajan (1994)；Berger和Udell (1995)；Degryse和Cayseele (2000)；何韧和王伟诚 (2009)；何韧 (2010)；罗正英等 (2011)；何韧等 (2012)

严格意义上，信任型与合作型的银行关联，是由于企业和银行在长期合作过程中自然形成的，并不需要主观安排，因而考察这两类银行关联的动因无太大意义；对于持股型银行关联，包括企业参股银行或银行参股企业两种具体形式，对于前者，企业参股银行的目的可能在于建立关系网络，以便于融资或者多元化经营以获取经济利益，能够较好地反映企业的主观安排，对于后者，银行参股企业并对企业派出高级管理人员，以发挥监督或咨询职能，这种银行关联高管是银行的利益代表；对于关系型银行关联，最有可能是企业基于某些主观目的（如融资、咨询等）而主观搭建的关系网络，银行背景的高管一般是企业利益的代表，考察这类银行关联的建立动因和经济后果具有较大的现实意义。

（二）金融关联的建立动因研究

1. 企业建立金融关联的理论基础分析

资金支持是企业生产和发展不可缺少的重要资源，金融资源的短缺或分配不合理，在一定程度上限制了企业的融资，Cull 等（2005）和 Allen 等（2005）发现，我国的大部分金融资源流入国有企业，如银行贷款大多流向国有企业，大多数上市公司是国有企业，民营企业难以从正规的金融体系中获取外部融资，面临着融资渠道不畅通问题，这一观点得到林毅夫等（2005）与江伟和李斌（2004）的支持。

通过聘请曾经或现在在金融机构工作的人士担任企业的董事或者高管所建立的金融关联，成为企业获取资金的重要途径。相关研究认为，金融关联可以从关系网络、声誉担保和金融人才引进三个方面来缓解民营企业的融资约束：（1）边燕杰和丘海雄（2003）指出，企业是与经济领域的各个方面发生各式联系的企业网络上的纽节，通过这些关系获得稀缺资源是企业的能力。因此，聘请具有金融工作背景的人员担任企业的高管，有助于民营企业与金融机构建立紧密的关系网络，这种关系网络可能会影响金融机构的决策；（2）金融关联是一种声誉和隐性的担保机制，有利于增强企业信用和声誉，同时，金融关联为民营企业与金融机构搭建了一座沟通的桥梁，可以在一定程度上缓解金融机构与企业之间的信息不对称问题，这一观点得到 La Porta 等（1997）的支持，后者强调在亲戚、朋友、生意伙伴之间，关系和生意机制对于维持合作发挥重要作用；（3）通过聘请具有金融机构工作背景的人员加入公司，可以借助这些金融人才的技能为企业打造创新性的融资方案，从而缓解企业的融资约束。

针对银行关联这一特定情形而言，Byrd 和 Mizruchi（2005）指出，企业聘请银行关联董事对企业具有三个方面优点：（1）银行关联董事能够为管理层提供投融资等方面的咨询；（2）银行关联董事能够降低银企之间的信息不对称程度，减少监督成本，并有助于银行对企业管理层的监督，从而降低融资成本；（3）银行关联董事能够起到鉴证功能，帮助企业从其他银行、债券市场和投资者那里获取资金。然而，祝继高等（2012）认为，聘请银行关联董事也存在两个方面的缺点：（1）向企业派有董事的银行容易形成信息垄断，从而与企业签订更有利于关联银行的贷款合同。关联银行的定价优势和信息垄断会造成非关联银行不愿意向企业发放贷款；（2）银行和企业的效用函数不同，银行关联董事可能会从银行的利益出发，阻止企业投资高风险投资项目（Kroszner 和 Strahan，2001；Guner 等，2008；Erkens 等，2011），因而，他们认为企业是否建立银行关联是成本与收益的权衡。

2. 企业建立金融关联的影响因素

目前，国内外学者主要集中对金融关联（尤其是对银行关联）对企业信贷融资、现金管理、融资约束等经济后果问题进行研究，较少学者直接研究企业建立金融关联的影响因素。少数学者通常在实证研究过程中基于内生性问题考虑，考察了企业建立金融关联的影响因素，但对于前述这些因素为何会影响企业建立金融关联，欠缺理论探讨，因此，可以从货币政策、制度环境和企业自身特征三个方面总结归纳企业建立金融关联的影响因素。

（1）货币政策。货币政策直接影响企业通过银行信贷获取资金的可能性和规模，企业通过构建金融关联，能够缓解货币政策对企业获取信贷资金的冲击。陈栋和陈运森

(2012) 指出，2007 年金融危机以来，宏观经济政策尤其是货币政策持续变更，对银行业有极大的冲击，紧缩的货币政策使得企业外部融资成本增加，较大程度上限制了企业获取外部融资的概率和规模。Camppello 等（2011）认为，企业获得外部融资的概率受到宏观经济形势、货币政策和行业调整等因素的影响，而信息不对称水平是影响概率大小的决定性因素，紧密的银企关系的价值正在于信息传递与获取优势，信息不对称的降低增大了企业在动态的环境中获得外部融资的可能性。因此，企业有可能通过建立金融关联，缓冲部分货币政策对企业外部融资带来的冲击。

（2）制度环境。国家产业支持政策、地区金融发展程度、市场化程度、法治环境等制度因素对企业建立金融关联也有一定影响。

①产业政策。世界主要经济体（如美、德、英和日本等国）均在不同时期推出不同程度的产业政策，我国的“五年规划”也较多反映了产业政策，例如，与“十一五规划”配套的《产业结构调整指导目录》中，关于鼓励类产业涉及了 26 个领域。对于不属于产业政策支持的企业而言，在金融资源的获取上会有更大的难度，江飞涛和李晓萍（2010）指出，现行的产业政策与项目审批核准、信贷获取、税收优惠与土地优惠等政策有紧密关系，对企业影响深远。陈冬华等（2010）研究也发现，企业的银行贷款受到产业政策的影响，产业政策支持的行业其银行长期贷款显著高于其他行业。对于非产业政策支持的企业来说，可能面临较大的融资约束，祝继高等（2012）考察银行关联是否能够缓解产业政策带来的融资约束时发现，不属于产业政策支持行业的企业更有动机去建立银行关联。

②区域金融发展程度。区域金融发展程度越高，信息不对称和代理问题越轻，越能够缓解融资约束。Rajan（1998）指出，企业融资约束较大程度上取决于金融发展水平（如金融业市场化程度、竞争程度和信贷资金分配的市场化程度等），这一观点得到了 Love（2001）和朱红军等（2006）的支持。与此同时，我国地区经济发展水平存在较大差异，不同地区金融市场化程度迥异，区域金融化市场程度不同的地区，金融关联发挥的作用必然存在显著差异。第一，在金融市场化程度较低的地区，由于政企分开等市场化政策还不盛行，使得金融关联这种“关系机制”发挥的作用可能更大。贷款合同更多是通过行政审批，而不是市场机制完成，此外，金融市场化程度较低的地方，外部资金缺乏，证券公司关联有助于民营企业获得外部投资者支持；第二，在金融市场化程度低的地区，企业和外界信息不对称的程度更高，金融关联这种“声誉和担保机制”作用更大，这一观点得到罗党论等（2008）的支持，他们发现，在金融市场化程度越低的地区，银行在给予企业贷款时面临的借贷双方信息不对称和借款方的道德风险更严重；第三，金融市场化程度低的地区，金融人才缺乏，融资创新较为不发达，而金融关联可以带来融资技能，更有利于民营企业获取金融资源。

③市场化程度和法治环境。市场化程度和法治环境为金融关联这一“非正式制度安排”有效发挥作用提供了环境土壤，在市场化程度越低的地区，企业和银行、证券公司、基金公司、保险公司和信托公司等之间的信息不对称程度越高，企业越有可能通过建立金融关联，来减轻信息不对称。Lu 等（2012）认为，市场化程度是企业建立银行股权关联的影响因素之一，陈栋和陈运森（2012）、祝继高等（2012）持同样的观点。同样，法治化程度越低，企业通过建立金融关联这种“关系机制”获取金融资源的机会越大。余明桂

和潘红波（2008）指出，在转型期的中国，由于民营企业的合法实施难以受到司法体系的保护，加大了其经营的风险，进而加大了银行贷款风险，导致民营企业获得贷款的难度加大。

（3）企业自身特征。国内外学者在考察企业建立金融关联的影响因素时，往往倾向于考察企业自身特征，如公司治理、产权性质、财务特征、审计意见等。特别指出的是，民营企业、中小型企业、成长型企业、陷入财务困境的企业等往往成为学者们研究时选择的样本对象。此外，同样作为非正式制度安排，政治关联可能对金融关联有替代或互补作用。政治联系和金融联系均作为非正式的制度安排，可能具有一定的替代功能。祝继高等（2012）发现，不属于产业政策支持行业的企业，政治联系和银行关联发挥互补作用，有助于企业缓解融资约束。陈栋和陈运森（2012）也认为，上市公司董事长和总经理的是否具有政治关联，影响企业银行关联的建立。

大部分学者观点认为，处在财务困境和信息不对称程度高的企业更有动机建立银行关联，如 Gilson（1990）发现，处在财务困境的公司会缩减董事规模，同时会增加商业银行背景人士进入董事会；Kaplan 和 Minton（1994）发现，企业股票回报率变差时更可能聘请银行关联董事；Lu 等（2012）认为产权性质、资产负债率、公司规模、盈利能力、成长性、行业、市场化等因素和银行股权关联有重要联系；陈栋和陈运森（2012）考察货币政策变更的背景下银行股权关联是否影响上市公司现金管理时，认为上市公司董事长和总经理是否均有政治关联、公司所在地市场化进程指数、上市公司的产权性质、盈利能力、成长性、资产负债率和公司规模、行业等因素可能会影响企业是否建立银行关联；祝继高等（2012）考察银行关联是否能够缓解产业政策带来的融资约束时，认为产业政策、企业规模、盈利能力、销售增长率、资产期限结构、产权性质、市场化指数、银行借款总额和企业所在省份的人口总数等因素影响企业建立银行关联。

也有学者持不同观点，他们认为大企业以及信息不对称程度低的企业更可能建立银行关联。Kroszener 和 Strahan（2011）发现，股东和债权人利益冲突较小的企业、大型企业和稳定的企业、股东资产比重高的企业、短期负债比率低的企业更有可能聘请银行关联董事；Mitchell 和 Walker（2008）则发现，银行关联董事与企业规模正相关，而与企业成长性负相关，企业与银行是否建立关联与银行本身的治理结构有关；Espenlaub 等（2012）发现，在 1997 年亚洲金融危机前，泰国的公司普遍与银行建立关联关系，并且这种关系影响了公司的投资现金流敏感性，而危机后，由于银行本身治理结构的改革，公司与银行之间的关联关系减少并且不再影响公司投资现金流敏感性。Booth 和 Deli（1999）将金融关联的高管分解成三部分，银行关联、投资银行关联和保险公司关联，通过对美国公司的研究发现：债务比重越高（包括短期债务、长期债务、总债务水平）、公司规模越大、处于公用行业的公司中越有可能出现商业银行家；公司规模大的、非公用事业行业的公司中更有可能出现投资银行家；公用事业行业的公司中出现保险公司关联的可能性更大；公司的债务水平与投资银行关联与保险公司关联的存在并不相关。他们进一步将银行关联分解成两种，关系银行关联（公司与银行家所在的银行存在借贷关系），非关系银行关联（公司与银行家所在的银行不存在借贷关系），研究发现公司的债务规模、处于公用行业与非关系银行关联存在正相关的关系，但公司的债务与关系银行关联并不存在相关关系。

Erkens 等（2011）考察了美国公司建立关系银行关联（公司与银行家所在的银行存在借贷关系）的动因，发现公司关系银行关联的存在与公司的波动性、公司规模、有形资产的比重、商业票据的等级存在正相关关系，而与内部董事的持股比率和机构投资者的股权和公司波动性的平方存在负相关关系。Ciamarra（2006）对于德国的公司研究发现，成长速度、公司董事会规模与银行关联的比重呈正相关关系，公司无形资产的比率与银行关联的比重呈负相关关系。

需要特别指出的是，企业董事会规模、独立董事的比例、高管总人数等因素较大程度上反映了具有金融背景的人士能否便利地取得一席之地，金融关联高管的薪酬水平反映了职位的吸引力，对能够顺利引进金融背景的人士具有参考意义，目前，尚未有学者考察高管的规模和薪酬水平对企业建立金融关联的影响。

（三）金融关联的经济后果研究

国内外学者主要从融资角度考察金融关联的经济后果，包括融资规模、债务期限结构、融资成本等，也有少数学者考察了金融关联对现金持有量、市场反应、多元化绩效等的影响。另一方面，目前关于金融关联的经济后果的研究往往从“静态视角”出发，而极少从金融关联建立前后、金融关联增强或减弱前后等“动态”视角考察研究。此外，国内外学者对于金融关联经济后果的研究局限于银行关联，而对证券公司关联等其他金融关联形式缺乏探讨。

1. 金融关联对企业融资的影响

金融关联至少可以从社会关系网络、声誉担保和金融人才引进三个方面缓解民营企业的融资约束。Burak 等（2008）考察了美国公司的银行关联和投资银行关联对于公司融资政策的影响，他们发现银行关联的公司更容易获得外部银行融资，并且企业的融资约束较弱，而投资银行关联的公司可以获得更多的证券融资。刘星和蒋水全（2015）也发现，参股银行和提高银行业竞争性均能显著缓解民营企业的融资约束，参股比例越高该效应越强，且两者在缓解融资约束方面存在替代关系。但进一步的分析显示，银行股权关联对资本配置的影响具有两面性，即银行股权关联所带来的融资优势能够减少因资金短缺导致的投资不足，但代理问题的存在也可能导致银行股权关联被部分异化，使其对于资本配置的正向作用减弱甚至被异化为利益寻租的工具。

目前，多数对于金融关联经济后果的研究主要局限于银行关联，接下来，对银行关联对信贷融资行为的影响、银行关联贷款效应的调节因素、银行关联对融资成本的影响、银行关联和政治关联的互补或替代效应等四个方面进行总结：

（1）银行关联对信贷融资行为的影响。Booth 等（1999）对美国大企业的研究发现，银行家出任企业董事能够显著提高企业的负债率。Burak 等（2008）考察了美国公司的银行关联和投资银行关联对于公司财务政策的影响，他们发现银行关联的公司更容易获得外部银行融资，并且企业的融资约束较弱，而投资银行关联的公司有更多的证券融资，但是投资银行关联的公司发生的并购却给公司带来财富损失。Burak 等（2008）进一步将银行关联分解成两种，即关系银行关联（公司与银行家所在的银行存在借贷关系）和非关系银行关联（公司与银行家所在的银行不存在借贷关系）。研究表明，关系银行关联可以为公司带来更多的银行贷款，而非关系银行关联并不能为公司带来更多的银行贷款。Ciamarra (2006) 对于美国公司的研究发现，任命银行背景的董事有助于企业获得更多的贷款，降低债务融资与有形资产之间的相关性，并减少企业的融资成本。Mitchell 等 (2010) 对于美国企业的研究也发现，企业任命银行董事有助于降低企业的破产风险和发生财务困境的可能性。但是，Byrd 和 Mizruchi (2005) 对美国大企业的研究则得出了不同的结论，他们发现贷款银行的代表加入企业的董事会降低了企业的负债水平。

余明桂和潘红波 (2009) 从社会资本、信息交换和融资技能三个角度分析银行关联可以为企业带来债务融资便利，并通过 1994—2007 年沪深非金融公司样本数据证实了银行关联能够使企业获得更多的银行贷款，同时这种贷款效应在市场化水平和金融发展水平较低的地区更强。具体针对银行关联董事而言，Byrd 和 Mizruchi (2005) 指出，企业聘请银行关联董事对企业具有三个方面优点：①银行关联董事能够为管理层提供专业咨询，尤其是融资和投资方面的咨询；②银行关联董事能够降低银行和企业的信息不对称程度，减少银行对企业的监督成本，并有助于银行对企业管理层的监督，从而降低企业的融资成本；③银行关联董事能够起到鉴证功能，帮助企业从其他银行、债券市场和投资者那里获取资金。也有学者持不同观点，Byrd 和 Mizruchi (2005) 通过对 1980 年世界 500 强公司的研究发现，银行关联可能降低企业的负债水平取决于银行关联董事的类型和企业的财务状况，贷款银行的代表加入董事会降低了企业的负债率 (即银行背景董事起到监督者作用)，而非贷款银行代表加入董事会对企业负债水平的影响取决于企业发生财务困境的可能性，对于处于财务困境的企业而言，来自非贷款银行的银行关联董事发挥专家咨询职能，能够显著提高企业的负债水平；对于未处于财务困境的企业而言，来自非贷款银行的银行关联董事则发挥监督职能。进一步细化考察银行关联的独立董事，刘浩等 (2012) 研究银行背景独立董事对企业信贷融资的影响时，发现银行背景的独立董事咨询职能发挥较为明显，改善了企业信贷融资情况，但其作为独立董事，监督职能并没有明确体现，在金融市场不发达的地区和银根紧缩时期，银行背景独立董事的咨询功能发挥更为明显。

(2) 银行关联贷款效应：基于调节因素视角。银行关联的贷款效应受到货币政策、金融发展水平、市场化程度、产权性质、企业规模等调节因素的因素。例如，郭田勇和李贤文 (2006) 采用企业经营年限作为银行关联强度指标，则发现大型企业存在银行关联对贷款量有显著影响，但中小企业存在银行关联对贷款量无显著影响，并认为这种差异可能原因是商业银行注重“硬信息”考察中小企业贷款，且中小企业并没有和商业银行保持长期关系；陈键 (2008) 以 2003 年美国 NSSBF 调查数据为样本，发现银行关系持续时间和中小企业贷款可获得性正相关；何韧、刘兵勇和王婧婧 (2012) 研究表明，中小微企业保持较多的关系银行数量能够显著增加其信贷可获得性，这种正向影响在经济发展水平高和法制化环境好的地区更明显；罗正英等 (2011) 发现，银行关系的密切程度对中小企业信贷融资有正向效应，金融生态环境的改善促进了这种正向效应，但不同规模的银行对银企关系的贷款效应无显著影响；苏灵等 (2011) 发现，银行关联董事的融资便利效应在规模较小、固定资产较少和成长速度较快的高风险企业中更强；余明桂和潘红波 (2009) 发现，银行关联的贷款效应在市场化水平和金融发展水平较低的地区更强。

(3) 银行关联对融资成本的影响。Lu 等 (2002) 从银行歧视的视角发现，民营企业在获得银行股份后可以降低利息支出及增加短期借款。曹敏等（2003）、周好文和李辉（2005）采用了与Pertersen和Rajan（1994）相同的方法检验银行关系在贷款定价中的作用，结果发现银行关系与贷款成本之间存在显著的负相关关系。Sisli－Ciamarra（2006）也证实，银行关联能够降低企业的债务融资成本。何韧（2010）研究表明，企业与较多的银行建立关系以及增加银行关系深度，有助于降低贷款成本，但与银行建立关系的时间长度对银行贷款没有显著影响。

也有不少学者持不同观点，Petersen和Rajan（1994）认为，即使是银企关系的延长可以使监督成本下降，但关系银行对借款人的贷款利率并没有降低，他们认为，密切的银企关系使得关系商业银行获得信息垄断地位，通过维持这种长期关系可达到对借款人的"信息俘获"并获得高额垄断性租金。Angelini等（1998）和Degryse等（2000）分别对意大利和比利时银行所做的研究表明，随着银企关系的加深，银行对借款人所要求的利率在上升。Rajan（1992）发现，银企关联在建立初期会对借款人降低贷款利率，随着关系的加深会提高利率以补偿。Machauer和Weber（1999）发现，规模较大的德国公司如果仅同一家银行建立银企关系，会面临较高的利息费用，解决这种套牢问题的办法是设法同多家银行建立银企关系，促使银行之间加剧竞争。中国学者余明桂和潘红波（2009）的研究并没有发现银行关联显著降低了银行借款成本。

政治关联和金融关联是否具有互补或替代效应？正式制度安排和非正式制度安排对保证契约的履行都有重要意义（孙铮等，2005），因此，考察正式制度安排（如区域经济发展、货币政策等）和非正式制度安排（如政治关联和金融关联）之间的关系，以及政治关联和金融关联之间的关系具有积极意义。唐建新等（2011）研究银行关联和政治关联两种非正式关系对民营企业贷款的影响，结果发现，银行关联有助于企业获得更多银行贷款，且在没有银行关联的公司，政治关联并不能显著促进企业获得更多贷款，最后，同时存在政治关联和银行关联的公司并没有比只有一种关联的公司获得更多银行贷款。杜颖洁和杜兴强（2013）发现，政治关联和银行关联均与民营上市公司长期借款显著正相关，而只有银行关联显著增加民营上市公司的短期借款。姚珊珊和沈中华（2015）以ST公司为样本，研究了政治关联和银行关系对企业财务困境修复的影响，结果发现，政治关联和银行关系都有助于ST公司摆脱财务困境，但这种影响却因企业性质而存在差异，对于国有困境企业来说，仅有政治关联帮助公司摆脱财务困境的效果显著，而对于非国有企业来说，银行关系相对于政治关联是一种更普遍和有效的非正式关系。

2. 金融关联对现金持有水平的影响

Lu等（2002）从银行歧视的视角发现，民营企业在获得银行股份后可以降低利息支出及增加短期借款，从而支持银行股权关联缓解信息不对称的融资约束假说，从而降低现金持有水平。Christopher等（2006）与Ostergaard等（2011）认为，公司持有现金是为了满足未来的投资需要，未来经济环境的不确定性迫使管理层调整当期现金持有水平，企业出于风险防范会持有大量的现金，而企业通过持股银行而建立的紧密银企关系，有助于企业的风险管理尤其是防范流动性冲击，相当于为企业的现金蓄水池增加了"缓冲垫"。陈栋和陈运森（2012）证实了，具有银行股权关联的公司现金持有水平较无关联公司低，并且在货币政策从紧时，具有银行股权关联的公司现金持有和调整水平均更低，从而得出参股金融可以抵消部分货币政策对微观企业冲击的结论。张改清和祁怀锦（2016）则发现，银行关联企业倾向于储备较低的财务弹性水平，这种影响在非国有企业中更明显。

3. 金融关联对资本市场、多元化、研发投资等的影响

在金融关联的市场反应方面，Rosenstein 和 Wyatt（1990）指出，聘请有金融背景的外部董事能获得显著的正的市场回报。Lee 等（1999）发现，当企业聘请具有金融机构（商业银行、投资银行和保险公司）背景的外部董事时，市场反应显著为正，而且这种效应主要体现在小公司中，因为小企业融资约束较大，而具有金融机构背景的外部董事能够帮助小企业进入金融市场和提供金融方面的咨询。

在金融关联对企业多元化的影响方面，罗付岩（2016a）研究发现，银行股权关联促进了公司多元化水平的提高，但是对非国有企业多元化的影响大于国有企业，与此同时，企业多元化和银行股权关联对企业的价值有显著的负向影响，两者的联合作用降低了企业的价值。

在金融关联对企业并购投资行为的影响方面，罗付岩（2016b）还发现，银行关联显著增加了企业并购概率，且董事会银行背景关联和银行股权关联都显著增加了企业并购的概率；银行关联公司的并购绩效显著低于非银行关联公司，董事会银行背景关联对企业并购的影响有限，股权关联显著降低了企业并购的绩效。在具体支付方式上，张改清（2016）发现，银企关联程度低的企业会选择储备较高的财务弹性水平，并购时更倾向于采用现金支付方式；然而，徐虹等（2015）进一步研究银企关系的不同形态对企业并购支付方式选择的影响，结果发现，具有良好银企关系的企业更倾向于采取现金并购支付方式，但是，银企关系的不同形态对企业并购支付方式的选择具有不同的影响，与企业持股银行（股权式银企关系）相比，企业高管的银行背景（信任式银企关系）更倾向于采取现金支付方式。

在金融关联对企业创新的影响方面，翟胜宝等（2018）研究银行关联与企业创新之间的微观机制，结果发现，银行关联企业比非银行关联企业的创新能力更强。同时，相比于国有企业、金融发展水平较高地区的企业以及代理成本较高的企业，民营企业、金融发展水平较低地区的企业和代理成本较低的企业，银行关联更加有助于提升其创新能力。进一步的研究表明：银行关联表现为银行持股企业或企业聘请具有银行背景的高管时，其对企业创新的促进作用更强；银行关联通过扩大贷款规模、延长贷款期限等方式为企业创新提供了资金。蒋艳等（2017）也进行了类似研究，结果发现，银行股权关联与高管权力都能促进企业创新，并且促进效应在国企与民企中有显著差异，在民企中促进效应更强，而且，银行股权关联的促进效应存在被高管权力异化的现象，高管权力越大，异化现象越明显。在具体研发投入方面，贺晓宇和张治栋（2018）则发现，企业参股商业银行能够对其研发投入增加起到较好的促进作用，且高管的研发技术背景对该作用有显著正向调节效应；反之，高管的政治关联背景对企业研发投入具有抑制作用，并对银行股权关联在研发激励方面的作用产生负向调节效应。

在金融关联对资本结构动态调整的影响方面，张胜等（2017）发现，相比于未持有银行股份的上市公司，持有银行股份的上市公司的资本结构动态调整更快，实际资本结构与目标资本结构的偏差更小，然而这种影响只在持股内资控股银行时成立。

三、本书的研究框架

在前文对金融关联的衡量方法、建立动因与经济后果三方面研究现状进行分析的基础上，我们重点分析金融关联对于下列财务行为的影响：债务融资、融资约束、会计信息债务契约的有用性、审计信息债务契约的有用性、会计稳健性、财务柔性、薪酬契约、薪酬契约有用性。在分析过程中，为了控制内生性问题的影响，我们将从金融环境、制度因素、公司特征三个方面考察企业建立金融关联的动因，并将动因与经济后果联系在一起。

1. 金融关联与债务融资关系研究。我们认为金融关联可能在以下三个方面影响企业债务融资：第一，金融关联为企业提供一种关系资源；第二，金融关联为企业提供了一种潜在担保与声誉；第三，金融关联为企业提供专业的融资技能。本部分主要分析金融关联对于企业的长期债务、短期债务、债务总量和债务期限结构影响，并分析在不同金融生态环境下金融关联与企业债务融资的关系。

2. 金融关联与会计信息债务契约有用性关系研究。由于贷款人的风险主要来源于贷款利息和本金能否按照事先约定的条件收回，而该风险主要受债务人的偿债能力和相关的制度约束，因此，理解债务契约的结构必须从债务人的偿债能力和相关的制度约束着手（孙铮等，2006）。会计信息综合反映了企业的财务状况和经营成果，对判断债务人的偿债能力具有重要作用（Altman 等，1968）。但是，会计信息也存在一定的局限，从而降低了会计信息在债务契约中的有用性。因此，会计信息存在的局限性使得其他非会计信息也会对债务契约产生影响，债权人可能会利用其他制度机制代替会计信息，进而降低对会计信息的依赖程度。金融关联这种特殊的关系机制既可以解决银行与企业信息不对称的问题，为企业提供隐性的担保，增强企业的信用和声誉，又可以改善和加强银企关系，从而降低贷款企业会计信息的有用性。本部分我们将分析：第一，在企业获取银行贷款上，金融关联与会计信息是否存在替代效应；第二，不同的金融生态环境下，金融关联对于会计信息债务契约有用性的影响是否存在显著不同；第三，金融关联对于债务契约的影响主要是源于银行关联信息沟通和声誉担保机制的作用，还是银行关联直接干预银行贷款决策的结果。

3. 金融关联与审计信息债务契约有用性关系研究。产权经济学认为，契约结构内生于制度约束，是契约成本最小化的结果。审计意见虽然在一定程度上可以影响债权人对于公司财务状况和偿债能力的判断，但由于其固有的局限性，如审计意见购买、审计合谋等（李爽等，2003；雷光勇，2005；赵国宇等，2009），审计信息并不能为债务契约提供充分信息。当其他替代变量能够提供有关债务人的有用信息时，债务契约将会弱化对审计信息的需求。此外，当存在相关机制可以干预银行的贷款决策时，也可能会降低审计信息在债务契约中的有用性。本部分的研究主要关注金融关联是否降低了非标准审计意见对于企业贷款融资的影响，在获得借款融资上，银行关联与审计信息是否存在显著的替代效应。

4. 金融关联与企业融资约束的关系研究。正是因为金融关联可能有助于企业获得外部资金的支持，也使得企业面对的融资约束可能会显著下降。本部分我们主要分析金融关联与企业融资约束的关系，并分析不同的金融环境下，金融关联对于融资约束的影响是否也存在显著不同。

5. 金融关联与企业会计稳健性的关系研究。稳健性是会计信息质量的一个重要指标，且会计稳健性一定程度上是由于债权人约束所引起的（Watts，2003），因此，会计稳健性是保护债权人的一种重要治理机制。金融关联提供了一种关系与声誉机制，从而可能降低债权人对于会计稳健性的需求。本部分将收集相关的数据，分析企业建立金融关联与企业会计稳健性的关系。

6. 金融关联与企业财务柔性关系研究。财务柔性（Financial Flexibility）是指企业调用或及时获取财务资源，以便应对外部环境变化和不确定性事件的影响，把握投资机会的能力（FASB，2009；Byoun，2011；曾爱民等，2013）。企业通过建立金融关联是企业改善财务柔性的重要手段。金融背景的高管不仅具有较强的风险控制意识，同时也具备较扎实的财务金融专业技能，可以为公司提供专业咨询，尤其是融资和投资方面的咨询。因此，当企业的财务柔性较差又面对较好的投资机会时，就很可能通过引入金融关联高管以改善企业的财务柔性，从而能更好地抓住机遇。因此，本部分的研究要解决以下几个重要的问题：第一，财务柔性是否是影响民营企业引入金融关联高管的重要因素，企业引入金融关联高管后能否真正发挥咨询作用，改善企业的财务柔性；第二，不同产业政策环境条件下，金融关联高管与财务柔性的关系是否存在显著的差别。

7. 金融关联与企业薪酬契约的关系研究。在中国外部金融市场欠发达和对民营企业依然存在信贷歧视的背景下，金融关联对于我国民营企业是有一定价值的。但是，企业引入金融关联高管也存在一定的直接成本，如可能要付出较高的薪酬成本。在我国，金融从业人员的高薪一直是不争的事实，因此，当民营企业邀请这些具有金融从业背景人员到企业担任高管时，也必定要为他们提供相当或有竞争力的薪酬待遇，同时，这些相对高薪的金融关联高管加入企业后，可能诱发企业管理层薪酬标准的整体提高，从而改变民营企业管理层整体的薪酬机制。本部分的研究将实证检验金融关联与高管薪酬契约的关系，分析金融关联是否改变了公司的薪酬决定机制。

8. 金融关联与高管薪酬契约有效性的关系研究。公司治理理论认为，可以通过薪酬机制的设计来解决股东与管理层存在的委托—代理问题，有效的薪酬契约应该将高管报酬与公司业绩紧密联系在一起，业绩与薪酬的相关性越强，说明公司的代理问题越轻。因此，薪酬业绩敏感性（Pay for Performance Sensitivity）是衡量薪酬契约有效性的重要标志之一（Jensen 等，1990；王会娟等，2012）。理论上，金融关联对于薪酬业绩敏感性的影响可能来自于两个方面的综合作用：一是基于有效薪酬理论的预期。诸多研究发现，金融关联有助于民营企业缓解融资约束，降低资本成本，改善资本结构（唐建新等，2011；罗正英等，2011；刘浩等，2012）。因此，金融关联可能会通过改善公司业绩来提升高管整体的薪酬水平，从而进一步提高高管薪酬业绩敏感性。二是基于管理层权力理论与锚定效应理论的预期。众所周知，金融从业人员的高薪酬是一种普遍现象。当相对高薪的金融高管加入公司后，会在公司中形成一个高的薪酬参照点，而管理层权力又会促使高管整体的薪酬水涨船高，这种效应可能就会降低高管的薪酬业绩敏感性。因此，金融关联是提高还是降低了民营企业的业绩与薪酬敏感性，金融关联是否会影响民营企业薪酬契约的有效性，这是本部分研究关注的重点。

第二章 金融关联与企业的债务融资

在转型经济国家中，持续地获得外部融资是促进私有经济快速发展的重要因素（Demirguc - Kunt 等，1998；Cull 等，2005；Johnson 等，2002）。国外很多跨国研究表明，在金融市场化和法律保护程度较高的地区中，企业的负债率较高，并且长期贷款的比重也较高，因此，金融和法制的发展有助于企业获得外部资金的支持（Shuenn - Ren Chenga 等，2007；Giannetti，2003；Demirguc - Kunt 等，1999）。在经济转型国家中，各种基础性的制度并不完善，具体表现为金融市场不发达和法律制度不完善，而 Allen 等（2005）却发现，中国在法律保护不充分和金融市场不发达的情况下，实现了经济的快速增长，特别是民营经济发展迅猛，从而形成 Murrell（2001）所说的“中国之谜”。Allen 等（2005）进一步指出，中国的关系机制与声誉机制起到了替代法律保护等正式制度安排的作用。我们认为，银行关联正是 Allen 等（2005）所强调的关系机制与声誉机制的重要组成部分。

事实上，我国很多民营企业通过聘请具有银行工作背景的人员担任公司的高管，从而与银行等金融机构形成紧密的关联。银行关联的天然特征是企业与银行等金融机构存在密切的直接联系，有些企业的高管甚至就是由银行等金融机构的现任高管兼任。本章主要分析银行关联这一重要的金融关联模式对于企业债务融资的影响。通过分析民营企业样本数据，研究发现：虽然银行关联并不能显著影响企业总的借款增量，但却有助于企业获得更多的长期借款增量，并且显著降低企业的短期借款增量，从而带来债务期限结构的变化，即存量的长期借款比重更高；金融生态环境显著影响了银行关联与债务融资的关系，在金融生态环境差的地区中，银行关联有助于民营企业获得更多的长期借款增量，并且显著降低企业的短期借款增量，从而导致存量的长期借款比重更高，但在金融生态环境好的地区中，银行关联并不能显著影响企业的债务融资。根据银行关联高管任职的银行层级及任职的职位，我们还将银行关联分解成高层银行关联与低层银行关联，并分析了这两种关联与债务融资的关系，我们发现：高层银行关联有助于民营企业获得更多的长期借款增量，并使得存量长期借款的比重更高，而且这种现象主要体现在金融生态环境差的地区中；低层银行关联不管是在金融生态环境差的地区，还是在金融生态环境好的地区中，都不能显著影响企业的债务融资。

本章的主要贡献在于：第一，大多数对于转型经济国家中非正式制度的研究主要集中在政治关联方面，我们考察了银行关联这一非正式制度形式与债务融资的关系，研究拓展了转型经济国家中非正式制度的研究领域；第二，我们考察了正式制度（金融生态环境）与非正式制度（银行关联）之间的相互作用，这有助于我们深入地理解转型经济国家中非正式制度的运行机制。第三，我们注意到目前关于银行关联的研究文献较为有限，并且这些研究文献主要是以发达经济体（主要是美国和德国）为分析对象的，缺乏对于转型经济国家的研究，同时，现有文献关于银行关联是否能增加企业的债务融资还存在一定的争议和模糊认识；第四，现有的研究文献并没有考察制度环境是否影响了银行关联与债务融资的关系。我们知道，制度分为正式制度（法律、政府政策法规等）和非正式制度（诸如风俗习惯、声誉机制、道德水平、文化等）两种，两者都对保证契约的履行起到重要作用（孙铮等，2005）。因此，在转型经济国家中，研究和分析正式制度（金融发展）与非正式制度（银行关联）的相互作用就显得尤其必要。

一、理论分析与研究假设

（一）银行关联与债务融资

相关研究认为，所有制歧视、金融压抑与国有银行垄断造成了银行业严重的信贷歧视，民营企业往往更难从银行体系中获得融资支持（林毅夫等，2001；卢峰和姚洋，2004），很多研究都发现国有企业的负债率显著高于民营企业。

我国民营企业融资的另一大问题是期限结构不合理，我们统计了 2018 年我国所有上市公司的债务期限结构，发现民营企业的长期借款占总借款的比重显著低于国有企业，说明我国企业的债务融资主要是以银行短期借款为主，特别是在民营企业中表现得更为明显。从债务成本来看，虽然短期贷款的成本较低，中长期融资成本较高，但是，如果用短期贷款做长期投资，往往会给企业带来很多风险。首先，这违反了银行贷款的相关规定，即贷款的投向与用途不符；其次，在短期贷款到期之后，再贷款之前，企业会有一个贷款大量偿付的阶段，如果企业没有足够的资金加以保证，恐怕会很危险。因此，短贷长投是造成很多民营企业资金链断裂的重要原因，如德隆、科龙和斯威特集团都是例证；最后，因为我国的宏观调控政策频繁调整，企业面对外部融资环境的不确定性较高，比如说企业今年可以申请授信，但是，明年调控政策变化，企业可能已经不具备这个额度的申请条件了，所以，企业可能更愿意提供一次授信资料而获取长期融资资金，而不是一年一年反复地申请授信。因此，从企业持续发展的角度上来看，民营企业可能更渴望获得长期的贷款融资。但是，正如 Diamond（1991）和 Rajan（1998）所指出的，因为存在信息不对称，长期贷款的还款期限比短期贷款长，所以银行难以监督获得长期贷款的债务人，导致银行受到债务人机会主义行为侵害的可能性较大，而对于短期债务融资来说，银行能及时地获得贷款企业有关生产和经营方面的信息，从而能较好地控制风险，并且，当企业面临破产时，短期债务融资也更有利于银行收回资金，因此，银行愿意提供的主要是短期债务融资。特别是我国民营企业从银行体系中获得长期贷款的难度更大。斯威特系的控制人严晓群在企业崩盘时感叹，“民营企业搞短贷长投是违规的，但想搞长贷长投，有谁会贷给我们呢？”①

① 严晓群：断裂的股市“金手指”，英才，2006 年 2 月 8 日。

我们认为，在民营企业融资渠道受限的条件下，银行关联至少可以在以下几个方面影响民营企业的债务融资和债务结构。

首先，Choi 等（1999）指出，在经济转型的过程中，由于缺乏良好的价格体系和完善的法律系统，从定价和法律执行的角度来看，交易成本将变得十分昂贵。这就意味着，经济转型中的企业更倾向于将人际关系网络作为自身经营战略的一部分（罗党论等，2009）。我国自古以来就有重视关系的文化传统，中国人广泛相信企业经营者的社会网络和关系是其企业成功的重要前提，甚至西方跨国公司都清楚地知道在中国做生意时“关系为王”（Vanhonacker，2000；巫景飞等，2008）。从这个意义上来说，关系不仅是一种资源，而且是一种能够调动和获得资源的资源。边燕杰和丘海雄（2000）强调，企业不是孤立的行动个体，而是与经济领域的各个方面发生种种联系的企业网络上的纽节，能够通过这些联系而获取稀缺资源是企业的一种能力，这种能力就是企业的社会资本。通过聘请具有银行工作背景的人员担任公司的高管正是民营企业获得社会资本的重要途径，银行关联有助于民营企业与银行等金融机构建立紧密的关系网络，这种关系网络可能会影响银行的贷款决策，帮助民营企业减轻或克服银行的信贷歧视问题。

而就长期贷款来说，基于“分级授权、区别授权、定期考核、适时调整”的原则，目前商业银行经营管理模式的主要特征是由上级银行对于下级银行进行信贷和资金等业务的授权管理。目前多数商业银行对于短期资金贷款审批权限基本上是授权到二级分行（地市级分行），而中长期贷款资金的审批权限主要集中在一级分行（省级分行）和总行[①]。同时，我们知道我国商业银行的贷款流程一般分成如下几个步骤：企业申请、企业提供相关的资料、客户经理实地调查、进行评级授信、客户经理形成贷款调查报告、贷款的审查与签批、发放贷款，其中，中长期项目贷款还需进行项目的可行性评估和环保评估。企业申请中长期贷款一般从基层的支、分行开始申请，逐层上报审批，所以，不同层级的银行关联对于长期贷款的影响程度可能也存在不同，虽然低层次的银行关联（如二级分行及以下）可以帮助企业获得更好的信用评级和与更有利的贷款调查报告（包括项目可行性报告的评估意见），进而有利于企业获得中长期贷款融资，但是，从更为重要的审批权限来说，高层次的银行关联（一级分行及总行）建立的关系网络对于企业获得长期贷款的帮助力度可能更大。

其次，在软的预算约束条件下，国有金融与国有企业的金融沟通依赖于国家自上而下建立的纵向信用联系，而就民营经济而言，其金融支持则需要通过一种横向的信用联系来实现，因为对国有银行来说，民营企业几乎完全是新客户，社会上也没有独立的资信评估机构及其服务可资利用，因此，对它们的信贷行为必定是谨慎的。从这种意义上看，民营经济的金融困境从根本上讲是一种信用困境（张杰，2000；罗党论等，2008）。青木昌彦（2001）认为，在发展中国家与转轨经济国家中，向企业贷款的风险很大，商业判断需要利用一些不易标准化与量化的信息，如企业与经理的特征等。在缺乏发达的第三方实施机

① 据我们了解，各个商业银行的授权力度大小、范围和层级都不太相同，如对于中长期贷款，中国银行、中国工商银行和中国农业银行的二级分行（地市级分行）没有审批权限，而中国建设银行的一些二级分行（地市级分行）具有一定的审批权限。同时，各个商业银行对于授权力度的大小、范围和层级也会随着宏观调控政策的不同而调整。

制的条件下，合同执行不得不求助于以企业家历史专门信息为基础的声誉机制（罗党论等，2008）。

孙铮等（2005）认为，具有良好信用与声誉的企业，银行相信其有动力（能力）最终履行债务契约，因此，这类企业与银行间的债务契约的履约成本就相对较低，他们认为若能从其他地方获得担保或者“借得”声誉，将对企业的债务融资起到重要的作用。La Porta 等（1997）从信任的角度分析了关系和声誉机制的重要性，他们认为在亲戚、朋友、生意伙伴之间，关系和声誉机制对于维系合作起到了重要作用，因为对熟悉的人撒谎很容易被发现，更会让撒谎人声誉扫地，从而失去未来大量的合作机会，得不偿失。聘请具有银行工作背景的人员（特别是银行现任的高层）担任公司的高管正是为企业提供了一种潜在担保与声誉，这些高管在帮助企业获得银行贷款时，会使得企业更容易获得银行的信任。因为这种关系型合约有凭借嵌入一定社会关系网络内的声誉机制和惩罚机制的约束作用，从而变成一种具有隐性契约特征的融资合约。另外，正是因为在金融领域中个人的信用与声誉机制至关重要，这些银行关联高管在帮助企业获得贷款时，可能也会约束企业的机会主义行为，进而避免提供虚假信息给贷款银行，这也有利于降低银行与企业的信息不对称问题。而就长期贷款融资来说，其风险性更大。孙铮等（2005）强调，债务期限越长，贷款人对外部履约机制的依赖性越强，他们认为在司法体系尚不完善的制度环境下，潜在的担保和声誉机制可以降低贷款人对借款人事后违约的预期成本，由此会对企业的债务期限结构产生影响。高层次银行关联可以提供更高级别的潜在担保与声誉机制，所以，高层次的银行关联将更有助于企业获得长期贷款。

最后，很多民营企业融资渠道不畅的重要原因在于，企业缺乏专业的金融人才为企业设计融资方案，通过聘请具有银行工作背景的人员（特别是高层次的银行人才）加入公司，可以利用自身的金融技能为企业量身打造创新性的融资方案，帮助企业获得贷款（特别是长期贷款融资），同时，银行关联的高管对于信贷申请程序和银行主要关注的风险点较为了解，这也有助于企业提供的贷款申请材料更容易获得银行的批准。

基于如上的分析，我们提出如下研究假设：

假设 1：银行关联有利于民营企业获得更多的贷款融资。

假设 2：银行关联有利于民营企业获得更多的长期贷款融资，从而使得长期借款占总借款的比重更高，而这种现象在高层次银行关联的企业中表现得更为明显。

（二）金融生态环境、银行关联与债务融资

制度经济学家认为，契约结构内生于制度约束。近年来，相关研究表明，制度环境的差异显著影响了企业的债务契约。Antoniou 等（2008）以英国、德国和日本的企业为样本研究发现，企业的债务融资由企业特征与其所处的制度背景共同决定。Fan 等（2003）的研究发现，国家制度的差异与行业特征对企业融资决策都有影响，但是国家制度的不同对资本结构与债务期限结构的差异更具有解释力。

改革开放以来，我国金融市场化进程呈稳步推进的状态。从 1979 年开始，我国进行金融体系改革，四大国有专业银行相继从中央银行独立出来或建立起来并行使商业银行的职能，这使我国的金融机构从一元化转向多元化，出现了以产业分工为主要特征的专业银

行机构（刘晓辉等，2005）。随后的1985—1992年期间，四大专业商业银行逐渐企业化，各股份制商业银行和非银行金融机构开始设立并进行了股份制改革。在此期间，国有银行占据绝对的垄断地位。但是，随着1986年交通银行成立，标志着我国银行业竞争的开始。其后，城市商业银行作为另一种体制外竞争元素开始产生并迅速增长。陈邦强等（2006）指出，1978—2004年，我国金融市场化相对水平由1978年的0.02提高到了2004年的8.84，由此带来的变革是，金融资源由过去的计划经济配置模式逐渐转向市场化配置模式。中国民生银行党委书记、行长郑万春在2018年撰文指出，2003年十六届三中全会提出“大力发展国有资本、集体资本和非公有资本等参股的混合所有制经济，实现投资主体多元化，使股份制成为公有制的主要实现形式”。2004年，国务院启动国有银行股份制改革，推进建立现代金融企业制度。与前两次改革不同的是，本次改革采取了更加彻底的市场化方式，措施包括国家注资、财务重组，彻底消化历史包袱；按照《公司法》《商业银行法》对国有银行进行股份制改革；引入境内外合格机构投资者，通过引资，实现“引智”“引制”，完善公司治理与内控管理；在境内外公开市场上市，接受市场监督。国有商业银行资产规模占比由2003年的58.03%下降到2016年的37.29%，股份制商业银行占比则由2003年的10.70%提升至2016年的18.72%。此外，加入WTO后，我国对外资银行进一步放开，相继取消了外资银行的区域限制，并允许其以人民币增资、投资境内银行业金融机构、放宽其市场准入。在此背景下，外资在华业务实现了快速发展，外资银行营业网点由2001年末的190家，大幅增加至2016年末的1031家；外资银行人民币资产规模也由2003年末的4160亿元，增加至2016年的2.93万亿元。说明金融业市场化水平不断在提高。

樊纲等（2010）、孙铮等（2005）的研究进一步表明，虽然我国的市场化进程已经取得了举世公认的成功，但是，这个进程却很不平衡，特别是在行政区域层面上表现得非常明显。在沿海发达地区，金融市场化进程已经取得了决定性进展，而在另外一些省份或地区，经济中非市场因素还占有非常重要的地位。关于各地区金融市场化程度的度量，李扬等（2005）、刘煜辉（2007）、李扬等（2009）进一步引入以城市为单位的金融生态环境来评价各地区金融市场化发展程度①，李扬等（2009）认为，金融生态环境主要由经济基础、金融发展、政府治理、制度文化五大方面构成。谢德仁和张高菊（2007）、谢德仁和陈运森（2009）进一步考察了金融生态环境与债务重组及债务治理效应的关系，他们发现，在金融生态环境越差的地区的公司更可能发生债务重组；融资性负债水平与债务重组之间存在正相关关系，但在金融生态环境较好地区，上市公司的融资性负债水平与债务重组之间的正相关关系相对较弱，他们的研究表明金融生态环境的改善有助于融资性负债发挥治理效应。

制度分为正式制度（法律、政府政策法规等）和非正式制度（诸如风俗习惯、声誉机制、关系机制、道德水平、文化等）两种，两者都对保证契约的履行起到重要作用。在某

① 朱凯和陈信元（2009）认为，以城市为单位衡量地区的金融发展环境可能更为合适，如以2004年的江苏省为例，苏州的金融生态环境排名第7位，而同属江苏省的徐州市却排在第50位；再比如以2008年的四川省为例，成都的金融生态环境排名第23位，而同属四川省的自贡市却排在第86位。

些情况下，非正式制度比正式制度还更为重要，且正式制度的缺陷至少还可以部分地通过非正式制度的运行得到弥补（林毅夫，1994）。因此，我们认为各个城市金融生态环境的不同也会影响银行关联这种非正式制度在债务融资中的作用。

首先，李扬等（2009）指出，在金融生态环境差的城市中，存在金融发展程度较低、政府对于经济与金融干预程度较大、市场竞争不充分、保护主义盛行、法制不完善和诚信制度不健全等问题，有关企业经营状况和发展前景的信息更不易于获得，可靠性更差，银行较不容易通过市场化的信息机制获得企业相关信息并作出有效评价，这也使得企业与外界信息不对称的程度更高。罗党论等（2008）也认为，银行在给予企业贷款的时候经常面临借贷双方的信息不对称和借款方的道德风险。这种现象在金融市场化程度低的地区中表现得更加严重。我们认为在此地区中，银行关联这种“声誉与隐性担保机制”在其中起的作用可能较大，因为银行关联为借款方变相提供一种信用增强的作用，使得企业更容易获得银行的信任。同时，银行关联也为银企之间搭建了一座沟通桥梁，有利于双方的信息沟通，从而为企业获得银行的贷款融资提供更多的帮助。而就长期贷款来说，很多城市所在的二级分行及以下支行并没有长期贷款的审批权限，企业的贷款申请必须从基层的支、分行向上申请，因此，一级分行和总行对于下级银行报上来的长期贷款的审批很大程度上取决于下级银行的贷款调查报告和对于当地经营环境的判断。当一个城市的金融生态环境越差时，说明企业当地的经营环境较为恶劣、信息不对称程度更高、企业项目投资面临的不确定程度更高，同时，也较缺乏高水平和专业性的信贷评估和管理人才，也使得贷款评估调查报告的可信度较弱，所以，贷款审批机构对外部履约机制（比如说声誉机制）的依赖性较强，因此，在此地区中，银行关联特别是高层次的银行关联提供了更可靠的声誉与隐性担保机制，这种机制一方面可以让企业更容易获得银行的信任，另一方面可以在一定程度上缓解银企的信息不对称问题，从而使得企业长期贷款的申请更容易得到批准。Allen等（2005）也认为，在金融市场化程度较低的地区，银行等金融机构对于声誉等非正式机制的依赖性更强，随着市场化程度的深化，银行等金融机构更倾向于采取正式的债务契约来保护自己的利益，而减少对于声誉等非正式机制的依赖。

其次，在金融生态环境差的城市中，由于存在金融发展较为滞后、信贷资金的规模较小、市场化制度和观念还未建立、关系机制与关系文化较为盛行等一系列问题，这也使得银行关联这种“关系机制”在其中起的作用可能较大。而对于长期贷款来说，在金融生态环境差的城市中，因为存在李扬等（2009）所描述的一系列问题，也使得一级分行和总行会减少该地区长期贷款资金的分配额度，同时对于来自于该地区长期贷款申请的审批更为谨慎。因此，银行关联（特别是高层次的银行关联）这种关系机制对于企业获取稀缺的长期贷款资金或许可以发挥更大的作用。

最后，在金融生态环境较差的地区中，金融人才较为缺乏，各种融资创新较为不足，因此，银行关联所带来的融资技能对于民营企业获得金融资源的作用比金融生态环境较好的地区更为重要。

基于以上的分析，我们提出如下假设：

假设3：在金融生态环境差的地区中，银行关联更加有助于民营企业获得贷款融资。

假设4：在金融生态环境差的地区中，银行关联（特别是高层次的银行关联）更加有助于民营企业获得长期贷款融资，从而使得长期借款占总借款的比重更高。

二、研究设计

（一）主要变量说明

1. 债务融资

我们通过以下两种方式来度量债务融资，一种为债务的增量，包括借款总增量、长期借款增量、短期借款增量，具体的定义如下：

（1）借款总增量：期末和期初的长、短期借款（包括长期借款、一年到期的长期负债、短期借款）的差额除以期初总资产。

（2）长期借款增量：期末和期初的长期借款（包括长期借款、一年到期的长期负债①）的差额除以期初总资产。

（3）短期借款增量：期末和期初短期借款的差额除以期初总资产。

另一种是债务期限结构，定义为：期末的长期借款余额除以总借款②。

2. 银行关联

银行关联的定义为：公司高管曾经或现在银行任职，其中公司的高管指的是董事与经理层，银行指的是指商业银行和政策性银行。

目前，多数商业银行中长期贷款资金的审批权限主要集中在一级分行（省级分行）和总行，根据银行关联高管所在银行的层级及其任职的职位，我们进一步将银行关联分解为高层与低层的银行关联：

（1）高层银行关联：企业中的高管曾经或现在一级分行（省级分行）及总行担任中高层职务（如行长、副行长、行长助理、董事、处长、部门经理等）。

（2）低层银行关联：企业中的高管曾经或现在二级分行（地市级分行）、支行及以下任职。

3. 金融生态环境

与很多用省级金融市场化指数衡量各地区的金融发展的研究不同，我们选用中国社会科学院金融研究所发布的《中国城市金融生态环境评价》指数来衡量各地区的金融生态环境，该指数评价的指标主要由地区经济基础、金融发展、政府治理、制度文化等方面构成。

（二）样本的选择和数据说明

2005 年，中国社会科学院金融研究所评价了 50 个大中城市的 2004 年金融生态环境，2007 年评价了 90 个中心城市 2006 年的金融生态环境，2009 年则评价了 100 个大中城市的

---

① 在企业的资产负债表中，一年内到期的长期负债是流动负债的一个组成部分，但从契约性质来看，它仍然属于长期负债，所以，这里将其划分到长期贷款中。

② 其中，长期借款包括长期借款与一年到期的长期负债之和；总借款为长期借款、一年到期的长期负债与短期借款之和。

2008 年金融生态环境。我们发现，在 2005 年评价的 50 个大中城市中，只有南通市没有在 2007 年的城市评价中出现，其余的 49 个城市都在 2007 年和 2009 年的评价指数中出现，我们就以注册地与李扬等（2005）所包括的 49 个城市（除南通市外）相同的非金融上市民营企业作为研究样本。

在样本选择中剔除以下类型样本：（1）买壳上市的民营企业，主要是考虑到这些公司的银行关联很可能在控制权转移之前就已经建立了，并且买壳上市后要形成一个较稳定的管理层也需要较长的一段时间；（2）金融、保险类公司；（3）数据和信息披露不详的样本。这样，我们就得到 201 家民营企业，总共 583 个样本观测值。

本章所使用的银行关联来自于对上市公司年报的手工整理。财务数据来源于 CSMAR 数据库和 CCER 中国金融数据库。金融生态环境数据来自于李扬等（2005）、刘煜辉（2007）、李扬等（2009）的《中国城市金融生态环境评价》。值得注意的是，在李扬等（2005）、刘煜辉（2007）、李扬等（2009）的研究中，其发布的《中国城市金融生态环境评价》只包含 2004 年、2006 年和 2008 年各城市的金融生态指数，我们的研究样本期间是 2004—2008 年，因此，对于 2005 年的金融生态环境数据，我们取 2004 年的数据加以代替，对于 2007 年的金融生态环境数据，取 2006 年的数据加以代替。

（三）检验模型

为了检验本章的研究假设，我们构造式（1）—（3）。

$$LOAN1 = C + \beta_1 BC + \beta_2 CONTROLS + \beta_3 YEAR + \beta_4 IND + \delta \tag{1}$$

$$LOAN2 = C + \beta_1 BC + \beta_2 CONTROLS + \beta_3 YEAR + \beta_4 IND + \delta \tag{2}$$

$$DSTR = C + \beta_1 BC + \beta_2 CONTROLS + \beta_3 YEAR + \beta_4 IND + \delta \tag{3}$$

式（1）—（3）中，LOAN1 是指公司借款总增量，LOAN2 是指长期借款增量，DSTR 是指债务期限结构。BC 是银行关联变量，包括三种度量方式：银行关联（BC）、高层银行关联（BC1）和低层银行关联（BC2）。

CONTROLS 是指控制变量。孙铮等（2005）、潘克勤（2009）、陆正飞等（2008）、孙铮等（2006）等的系列研究认为，资产负债率、盈利能力、资产规模、成长性、审计意见、股权结构、市场化程度、是否存在权益融资、自有资金规模与资产期限等因素会影响企业债务的增量和期限结构。所以，在回归模型中也控制了以上变量的影响。同时，肖作平（2004）和王正位等（2007）的研究发现，公司不断通过融资选择对于实际资本结构进行动态调整，以期达到目标资本结构。因为目标资本结构不可观测，所以，我们采用苏冬蔚等（2011）的方法，用前一年行业内所有民营企业资本结构的中位数作为目标资本结构的度量[①]。另外，企业当年长期借款的增量可能还受到前一年度长期债务结构的影响。因此，我们在回归模型中进一步引入了目标资本结构与长期债务结构的控制变量。YEAR 和 IND 是年度和行业虚拟变量。相关变量的定义见表 2-1。

---

① 因为国有企业与民营企业的资本结构存在显著的不同，因此，目标资本结构的度量只包括民营企业。以行业内所有企业（包括国有企业与民营企业）的资本结构的中位数作为目标资本结构的度量也不改变结论。

表 2-1　　　　变量的定义

变量	符号	定义
银行贷款增量	LOAN1	期末和期初的长、短期借款的差额除以期初总资产
银行长期贷款增量	LOAN2	期末和期初的长期借款的差额除以期初总资产
银行短期贷款增量	LOAN3	期末和期初的短期借款的差额除以期初总资产
债务期限结构	DSTR	期末的长期借款占总借款的比重
银行关联	BC	存在曾经或现在银行任职的高管取值1，否则取值0
高层银行关联	BC1	存在曾经或现在一级分行（省级分行）及总行担任过中高层职务的高管则取值1，否则取值0
低层银行关联	BC2	存在曾经或现在二级分行（地市级分行）、支行及以下担任职务的高管则取值1，否则取0
金融生态环境	FIN	如样本公司当年所在城市金融生态综合指数得分处于全国的前10位则取值1，否则取值0
目标资本结构	BDR	前一年行业内所有民营企业资产负债率的中位数①
审计意见	AD	前一年的审计意见，0表示标准无保留审计意见，1表示非标准的审计意见
盈利能力	ROA	前一年的净利润除以总资产②
负债水平	DEBT	前一年的总负债除以总资产
长期债务结构	LDT	前一年的长期借款占总负债的比率
再融资	SEO	本年度实施再融资（增发或配股）取值1，否则取值0
自有资金	CF	本年度经营性现金流净额除以期初总资产
股权结构	LGS	第一大股东的持股比例
资产期限	AM	期初固定资产占总资产的比重
成长性	TQ	销售收入增长率
公司规模	SIZE	期初总资产的自然对数
年度变量	YEAR	年度的虚拟变量
行业变量	IND	行业的虚拟变量

三、实证结果和分析

（一）描述性统计

在研究样本中，有201家民营企业，总共583样本观测值，其中，银行关联公司有67

① 根据2001年证监会公布的《上市公司行业分类指引》，将公司划分为21个行业，其中，除制造业划分到次类以外，其他行业划分到门类。

② 因为会计准则的影响，2004—2006年净利润指的是合并净利润，2007—2008年的净利润指的是归属于母公司股东的净利润。

家，共138个样本；非银行关联公司134家，共445个样本。

表2-2中，我们发现我国23.7%的民营企业存在不同程度的银行关联现象，银行关联高管人数最多达3人，存在一名银行关联高管的公司比重最高。

表2-3是银行关联高管任职的银行分布，我们发现，70.3%的银行关联高管是来自于四大国有商业银行和政策性银行，23.2%是来自于除四大国有商业银行之外的全国性股份制商业银行，地方性的商业银行占3.6%，外资银行占2.9%。

表2-4中，从银行关联高管所在银行的层级来看，18.8%的人员有在总行任职的背景，19.6%有在一级分行任职的背景，31.9%有在二级分行任职的背景，26.8%有在支行任职的背景。从银行关联高管在银行中任职的职位来看，我们发现银行关联高管在各级银行担任高层职务的比重达48.6%，担任中层职务的占34.8%。

表2-2　　我国民营企业银行关联的人数分布

	人数	1人	2人	3人
银行关联	样本数（比例）	101（17.3%）	33（5.7%）	4（0.69%）

注：表中的比例是指金融关联的样本数占总样本的比例。

表2-3　　银行关联高管任职的银行分布　　单位：人

	四大国有商业银行与政策性银行	全国性股份制商业银行	地方性商业银行	外资银行	合计
总行	9（6.5%）	16（10.8%）	1（0.7%）	0	26（18.8%）
一级分行	18（13.1%）	9（6.5%）	0	0	27（19.6%）
二级分行	38（27.5%）	6（4.3%）	0	0	44（31.9%）
支行	32（23.2%）	1（0.7%）	4（2.9%）	0	37（26.8%）
没有明确	0	0		4（2.9%）	4（2.9%）
合计	97（70.3%）	32（23.2%）	5（3.6%）	4（2.9%）	138（100%）

注：括号外指的是银行关联的样本数，括号内指的是占银行关联总样本的比重。

表2-4　　银行关联高管任职的职位分布　　单位：人

	高层	中层	没有职务	合计
总行	15（10.9%）	9（6.5%）	2（1.5%）	26（18.8%）

续表

	高层	中层	没有职务	合计
一级分行	7 (5.1%)	17 (12.3%)	3 (2.2%)	27 (19.6%)
二级分行	15 (10.9%)	16 (11.6%)	13 (9.4%)	44 (31.9%)
支行	30 (21.7%)	6 (4.3%)	1 (0.7%)	37 (26.8%)
外资银行	0	0	4 (2.9%)	4 (2.9%)
合计	67 (48.6%)	48 (34.8%)	23 (16.7%)	138 (100%)

注：高层指的是在银行担任董事、行长、副行长和行长助理等职位，中层指的是在银行担任部门经理、科长、处长等中层职务。括号外指的是样本数，括号内指的是样本数占银行关联总样本的比重。

表2－5是银行关联与非银行关联样本的行业分布及地区分布。表2－6是样本变量数据的描述性统计，值得注意的是，为了控制极端值的影响，我们对于所有连续变量的两端按1%分别进行了Winsorize处理。我们发现我国民营企业平均每年增长的借款融资占总资产的4.4%，其中，短期借款增长3.2%，长期借款只增长了1%，说明我国民营企业更容易得到的是短期债务融资，从债务的存量结构来看，长期借款只占总借款的19.6%。

表2－5　　银行关联与非银行关联样本的行业及地区分布

	具体行业	银行关联		非银行关联	
		观察值个数	占总样本的比例	观察值个数	占总样本的比例
行业分布	农、林、牧、渔业	4	0.7%	16	2.7%
	食品、饮料	2	0.3%	14	2.4%
	纺织、服装、皮毛	9	1.5%	42	7.2%
	木材、家具	0	0.0%	1	0.2%
	造纸、印刷	3	0.5%	11	1.9%
	石油、化学、塑胶、塑料	15	2.6%	40	6.9%
	电子	13	2.2%	42	7.2%
	金属、非金属	8	1.4%	23	3.9%
	机械、设备、仪表	23	3.9%	84	14.4%
	医药、生物制品	28	4.8%	42	7.2%
	其他制造业	8	1.4%	17	2.9%
	建筑业	2	0.3%	18	3.1%
	交通运输、仓储业	0	0.0%	12	2.1%

续表

	具体行业	银行关联		非银行关联	
		观察值个数	占总样本的比例	观察值个数	占总样本的比例
行业分布	信息技术业	5	0.9%	58	9.9%
	批发和零售贸易	5	0.9%	8	1.4%
	房地产业	4	0.7%	3	0.5%
	社会服务业	3	0.5%	2	0.3%
	综合类	6	1.0%	12	2.1%
地域分布	金融生态环境好的地区	68	11.7%	224	38.4%
	金融生态环境差的地区	70	12.0%	221	37.9%
	合计	138	23.7%	445	76.3%

表 2-6　　样本的描述性统计

	N	平均值	中位数	最小值	最大值	标准差
LOAN1	583	0.044	0.02	-0.203	0.406	0.107
LOAN2	583	0.01	0	-0.105	0.276	0.05
LOAN3	583	0.032	0.02	-0.32	0.34	0.1
DSTR	526	0.196	0.095	0	1	0.254
BC	583	0.24	0	0	1	0.425
FIN	583	0.5	1	0	1	0.5
BDR	583	0.508	0.5	0.18	0.406	0.08
AD	583	0.07	0	0	1	0.25
ROA	583	0.042	0.047	-0.326	0.19	0.066
DEBT	583	0.425	0.43	0.07	0.9	0.179
LDT	583	0.085	0.01	0	0.6	0.125
SEO	583	0.04	0	0	1	0.195
CF	583	0.05	0.05	-0.14	0.22	0.07
LGS	583	0.334	0.323	0.08	0.643	0.133
AM	583	0.245	0.224	0.02	0.632	0.137
GR	583	0.253	0.192	-0.653	25.3	0.485
SIZE	583	20.87	20.7	9.2	23.1	0.845

注：DSTR 对应只有 526 个样本，主要是因为有部分的样本没有长、短期借款和一年到期的长期负债，我们剔除了这部分的样本。

（二）单变量分析

在表 2-7 中，我们对比了银行关联与非银行关联企业在债务融资上的差异。在银行关联的样本中，我们发现民营企业获得的长期借款增量平均达 2%，高于短期借款增量

（1.25%），而在非银行关联的样本中，短期借款的增量平均达3.8%，远高于长期借款增量（0.7%）。对银行关联和非银行关联样本的借款总增量（LOAN1）的均值和中位数进行差异性检验，结果显示：两者不存在显著的差别。但是，不管是平均值还是中位数差异的检验，银行关联民营企业获得的长期借款增量（LOAN2）都显著高于非银行关联的企业，而前者获得的短期借款增量（LOAN3）却显著低于后者。从债务的存量结构（DSTR）来看，不管是平均值还是中位数检验，银行关联企业的长期借款占总借款比重都显著高于非银行关联企业。这说明，银行关联虽然不能显著影响企业总的借款融资量，但却有助于民营企业获得更多的长期借款增量，降低企业的短期借款水平，从而使得企业存量的债务期限结构更长。

表2-7中，我们还对比了不同层级的银行关联企业与非银行关联企业在债务融资上不同。在长期借款增量（LOAN2）和长期借款比重的存量（DSTR）上，高层银行关联的平均值与中位数都显著高于非银行关联企业。在短期借款的增量（LOAN3）上，高层银行关联企业的平均值显著低于非银行关联企业，但是，两者中位数的差异没有通过显著性检验。在总借款增量（LOAN1）上，高层银行关联与非银行关联企业没有存在显著的差别。

低层银行关联企业长期借款增量（LOAN2）和长期借款比重（DSTR）的平均值在一定程度上显著高于非银行关联的企业，短期借款增量（LOAN3）的平均值显著低于非银行关联企业。但是，在中位数差异的检验上，两者的长期借款增量、短期借款增量和长期借款比重都没有通过显著性的检验。

以上结论说明，银行关联显著影响了企业的债务融资，但是这种影响在高层银行关联企业中表现得更为显著。

表2-7　　单变量检验的结果①

		LOAN1	LOAN2	LOAN3	DSTR	样本数
银行关联	平均值	0.035	0.02	0.0125	0.256	138
	中位数	0.025	0	0.01	0.136	138
高层银行关联	平均值	0.045	0.027	0.011	0.254	48
	中位数	0.035	0	0.01	0.156	48
低层银行关联	平均值	0.036	0.019	0.016	0.238	81
	中位数	0.026	0	0.011	0.141	81
非银行关联	平均值	0.046	0.007	0.038	0.177	445
	中位数	0.018	0	0.02	0.066	445
银行关联与非银行关联的差异性检验	平均值检验	-1.168	2.167**	-2.725***	2.336**	
	中位数检验	-0.229	-1.956**	-1.684*	-2.062**	
高层银行关联与非银行关联的差异性检验	平均值检验	-0.107	1.966*	-1.737*	1.812*	
	中位数检验	-0.753	-1.878*	-1.344	-2.041**	

① 平均值的差异通过13%的显著性水平检验。

续表

		LOAN1	LOAN2	LOAN3	DSTR	样本数
低层银行关联与非银行关联的差异性检验	平均值检验	-0.929	1.546	-1.818*	1.713*	
	中位数检验	-0.947	-1.496	-0.373	-1.282	

注：后三行差异性检验中平均值检验的数值指的是T值，中位数检验的数值指的是Z值。***、**、*分别代表在1%、5%、10%的水平上显著。

（三）银行关联与债务融资的多元回归分析

我们通过式（1）—（3）分别检验假设1和假设2（见表2-8），模型1和模型2中的因变量分别是借款总增量（LOAN1）和长期借款增量（LOAN2）。

表2-8中，模型1中BC的系数不显著，模型2中BC的系数是0.09，显著为正，说明银行关联有助于民营企业获得更多的长期借款，但却不能显著增加企业总的借款增量。结合描述性统计分析的结果，我们认为会出现以上现象很可能是银行关联降低了企业的短期借款增量，因此，进一步分析银行关联对于短期借款增量的影响，模型3中，因变量为短期借款增量（LOAN3），我们发现BC的系数显著为负，表明银行关联的确显著降低了短期借款增量。

以上研究结论表明，虽然银行关联不能显著影响企业总体的借款融资量，但是，银行关联却有助于民营企业获得更多的长期借款增量，并降低企业的短期借款增量。假设1不成立。

模型4分析了银行关联与债务期限结构的关系，我们发现BC的系数通过11%的显著性检验，表明银行关联企业的长期借款比重更高。

表2-8　银行关联与企业的债务融资

变量	模型1	模型2	模型3	模型4
	LOAN1	LOAN2	LOAN3	DSTR
C	-0.139 (-1.048)	-0.144** (-2.169)	-0.04 (-0.289)	-0.818** (-2.534)
BC	-0.04 (-0.949)	0.09** (2.124)	-0.086** (-2.247)	0.067 (1.612)
ROA	0.132*** (2.85)	0.082* (1.672)	0.115** (2.503)	0.105** (2.13)
DEBT	-0.052 (-0.964)	0.109* (1.905)	-0.133** (-2.487)	0.166*** (2.932)
LDT	-0.05 (-1.125)	-0.223*** (-4.793)	0.088* (1.835)	
BDR	0.07 (0.952)	0.023 (0.289)	0.07 (0.87)	0.123 (1.435)

续表

变量	模型 1	模型 2	模型 3	模型 4
	LOAN1	LOAN2	LOAN3	DSTR
AD	-0.16*** (-3.472)	0.03 (0.559)	-0.189*** (-4.14)	0.01 (0.128)
FIN	0.01 (0.215)	-0.14*** (-3.153)	0.08** (2.091)	-0.144*** (-3.324)
CF	-0.295*** (-7.336)	-0.13*** (-3.057)	-0.268*** (-6.728)	0.026 (0.592)
SEO	-0.01 (-0.147)	-0.014 (-0.322)	-0.001 (-0.024)	0.025 (0.58)
LGS	0.05 (1.094)	0.04 (0.897)	0.014 (0.334)	0.07 (1.503)
AM	0.1** (2.129)	0.115** (2.351)	0.03 (0.678)	0.15*** (3.142)
GR	0.204*** (4.89)	0.04 (0.813)	0.2*** (4.84)	0.01 (0.183)
SIZE	0.04 (0.876)	0.102** (1.98)	0.013 (0.276)	0.095* (1.84)
YEAR	控制	控制	控制	控制
IND	控制	控制	控制	控制
ADJ_ R2	0.197	0.103	0.214	0.161
样本数	583	583	583	526

注：限于篇幅，表中没有报告行业和年度的虚拟变量的结果。括号内是检验的 T 值。***、**、* 分别代表在 1%、5% 和 10% 的水平上显著。

表 2-9 中，我们进一步分析了不同的银行关联层级对于债务融资的影响。模型 5—8 的回归模型中只包括高层银行关联与非银行关联的样本，因变量分别为总借款增量（LOAN1）、长期借款增量（LOAN2）、短期借款增量（LOAN3）和债务期限结构（DSTR）。模型 9—12 的回归模型中只包括低层银行关联与非银行关联的样本，因变量也分别为总借款增量（LOAN1）、长期借款增量（LOAN2）、短期借款增量（LOAN3）和债务期限结构（DSTR）。

我们发现模型 5 中，BC1 的系数不显著；模型 6 中，BC1 的系数显著为正；模型 7 中，BC1 的系数为负，但没能通过显著性检验；模型 8 中，BC1 的系数显著为正。模型 9

中，BC2 的系数不显著；模型 10 中，BC2 的系数为正，但没有通过显著性检验；模型 11 中，BC2 的系数为负，但也没能通过显著性检验；模型 12 中，BC2 的系数为正，也没能通过显著性检验。

研究结论表明，高层银行关联有助于民营企业获得更多的长期借款增量，进而使得长期借款占总借款的比重显著高于非银行关联的企业，低层银行关联对于增加企业长期借款融资的帮助并不显著。假设 2 得到证实。

表 2－8 模型 1—3 的控制变量中，我们发现公司的盈利能力（ROA）的系数显著为正，表明盈利能力越好的企业，越容易获得银行的长、短期贷款；前期资产负债率（DEBT）越高的企业，其当期获得长期借款的增量越高，但是与短期借款增量存在负相关关系，这个结论与陆正飞等（2008）的研究结论类似；前期长期借款比重（LDT）较高的企业，其当期长期借款的增量较低，但是，短期借款的增量较高，说明企业当期的长、短期借款增量与前期长期债务结构存在紧密的关系；BDR 的系数都不显著，表明目标资本结构对于企业的长、短期借款增量并不产生显著的影响；审计意见（AD）与成长性（GR）对于借款增量产生显著的影响，但是，这种影响主要体现在短期借款增量上。固定资产比重（AM）越高的企业，其长期借款增量越大；自有资金（CF）较为充裕的公司，其债务融资的需求越小。

表 2－8 模型 4 的控制变量中，ROA、DEBT 和 AM 的系数显著为正，表明盈利能力越好、债务比率越高和固定资产比重越高的企业，其长期借款占总借款比重越高。

在金融生态环境差（FIN）的地区中，长期借款增量较高，短期借款增量较低，同时，长期借款占总借款的比重更高。这与 Li 等（2007）、江伟等（2006）、孙铮等（2005）、陆正飞等（2008）对于我国研究的结果类似，他们的研究结论表明，市场化程度较低的地区，长期借款的增量较高，债务期限结构也较长。

表 2－9　　不同层级的银行关联与企业的债务融资

	高层银行关联				低层银行关联			
变量	模型 5	模型 6	模型 7	模型 8	模型 9	模型 10	模型 11	模型 12
	LOAN1	LOAN2	LOAN3	DSTR	LOAN1	LOAN2	LOAN3	DSTR
C	-0.187 (-1.209)	-0.18** (-2.461)	-0.04 (-0.273)	-0.98*** (-2.82)	-0.11 (-0.776)	-0.112 (-1.634)	-0.03 (-0.239)	-0.651* (-1.952)
BC1	0.02 (0.448)	0.12*** (2.65)	-0.05 (-1.212)	0.1** (2.225)				
BC2					-0.04 (-0.964)	0.05 (1.241)	-0.06 (-1.544)	0.03 (0.781)
ROA	0.16*** (3.165)	0.09* (1.672)	0.15*** (2.86)	0.12** (2.145)	0.136*** (2.9)	0.07 (1.409)	0.12** (2.522)	0.05 (1.01)
DEBT	-0.05 (-0.733)	0.096 (1.47)	-0.125** (-2.105)	0.17*** (2.705)	-0.04 (-0.765)	0.133** (2.248)	-0.124** (-2.23)	0.21*** (3.571)

续表

	高层银行关联				低层银行关联			
变量	模型 5	模型 6	模型 7	模型 8	模型 9	模型 10	模型 11	模型 12
	LOAN1	LOAN2	LOAN3	DSTR	LOAN1	LOAN2	LOAN3	DSTR
LDT	-0.04 (-0.805)	-0.26*** (-4.924)	0.097** (2.026)		-0.055 (-1.181)	-0.27*** (-5.465)	0.09** (2.01)	
BDR	0.134 (1.588)	0.03 (0.33)	0.13 (1.579)	0.09 (0.933)	0.11 (1.378)	0.04 (0.49)	0.09 (1.19)	0.125 (1.426)
AD	-0.2*** (-4.367)	-0.04 (-0.641)	-0.18*** (-3.527)	-0.06 (-1.214)	-0.15*** (-3.251)	0.04 (0.799)	-0.2*** (-4.234)	0.01 (0.138)
FIN	-0.003 (-0.06)	-0.14*** (-2.98)	0.07* (1.73)	-0.15*** (-3.33)	0.023 (0.549)	-0.104** (-2.321)	0.08* (1.822)	-0.11** (-2.512)
CF	-0.3*** (-6.832)	-0.11** (-2.33)	-0.3*** (-6.952)	0.04 (0.958)	-0.3*** (-7.413)	-0.15*** (-3.327)	-0.28*** (-6.74)	0.03 (0.697)
SEO	0.03 (0.68)	-0.01 (-0.248)	0.04 (0.853)	-0.01 (-0.298)	0.02 (0.517)	-0.02 (-0.371)	0.03 (0.7)	-0.02 (-0.491)
LGS	0.07 (1.563)	0.03 (0.637)	0.05 (1.135)	0.05 (0.968)	0.05 (1.192)	0.025 (0.552)	0.03 (0.672)	0.07 (1.457)
AM	0.00 (1.586)	0.170*** (3.194)	-0.012 (-0.244)	0.25*** (4.942)	0.1* (1.952)	0.13** (2.584)	0.02 (0.43)	0.16*** (3.284)
GR	0.19*** (4.367)	0.02 (0.392)	0.2*** (4.759)	0.022 (0.479)	0.213*** (5.027)	0.07 (1.546)	0.2*** (4.482)	0.03 (0.623)
SIZE	0.04 (0.731)	0.132** (2.27)	-0.004 (-0.1)	0.128** (2.285)	0.02 (0.359)	0.07 (1.24)	0.01 (0.101)	0.058 (1.089)
YEAR	控制	控制	控制	控制	控制	控制	控制	控制
IND	控制	控制	控制	控制	控制	控制	控制	控制
ADJ_ R2	0.205	0.086	0.244	0.21	0.212	0.122	0.225	0.198
样本数	493	493	493	493	526	526	526	526

注：限于篇幅，表中没有报告行业和年度的虚拟变量的结果。括号内是检验的 T 值。***、**、* 分别代表在 1%、5%和 10%的水平上显著。

（四）金融生态环境、银行关联与债务融资

在金融生态环境差的地区中，模型 13—16 的因变量分别是借款总增量（LOAN1）、长期借款增量（LOAN2）、短期借款增量（LOAN3）和债务期限结构（DSTR）。从表 2 - 10 中我们发现：模型 13 中，BC 的系数不显著；模型 14 中，BC 的系数显著为正；模型 15 中，BC 的系数显著为负；模型 16 中，BC 的系数显著为正。在金融生态环境好的地区中，模型 17—20 分别分析了银行关联与债务融资（LOAN1 、LOAN2、LOAN3 和 DSTR）的关

系，四个模型中 BC 的系数都不显著。假设 3 不成立。

以上结论表明：在金融生态环境差的地区中，银行关联有助于民营企业获得更多的长期借款增量，并显著降低企业的短期借款增量，从而使得存量的长期借款比重较高，债务期限结构更长；而在金融生态环境好的地区中，银行关联对于企业长、短期借款的增量和债务期限结构并不产生显著影响。孙铮等（2005）推断，在金融发展程度低的地区中，非正式制度（关系与声誉机制）还起着重要作用，从而造成在此地区中，长期负债的比重更高，我们从银行关联的角度提供了一定的证据支持。

表 2－10　　金融生态环境、银行关联与债务融资

	金融生态环境差的地区				金融生态环境好的地区			
变量	模型 13	模型 14	模型 15	模型 16	模型 17	模型 18	模型 19	模型 20
	LOAN1	LOAN2	LOAN3	DSTR	LOAN1	LOAN2	LOAN3	DSTR
C	-0.243 (-1.126)	-0.125 (-1.045)	-0.2 (-1.01)	-0.786 (-1.523)	-0.244 (-1.251)	-0.22*** (-2.692)	-0.01 (-0.04)	-0.76* (-1.694)
BC	-0.033 (-0.594)	0.133** (2.291)	-0.12** (-2.123)	0.14** (2.426)	-0.05 (-0.774)	0.05 (0.859)	-0.07 (-1.193)	0.096 (1.554)
ROA	0.04 (0.626)	0.03 (0.432)	0.05 (0.721)	0.07 (1.051)	0.25*** (3.522)	0.05 (0.667)	0.25*** (3.533)	0.07 (0.944)
DEBT	-0.03 (-0.373)	0.19** (2.432)	-0.18** (-2.356)	0.2*** (2.652)	-0.032 (-0.371)	-0.03 (-0.353)	-0.02 (-0.236)	0.174* (1.91)
LDT	-0.07 (-0.998)	-0.22*** (-3.015)	0.08 (1.136)		-0.04 (-0.636)	-0.32*** (-4.857)	0.101* (1.652)	
BDR	-0.05 (-0.412)	0.02 (0.175)	-0.042 (-0.4)	0.198 (1.563)	0.243** (2.09)	0.033 (0.277)	0.217* (1.911)	0.04 (0.353)
AD	-0.2*** (-2.77)	-0.05 (-0.624)	-0.2*** (-2.733)	-0.098 (-1.299)	-0.1 (-1.37)	0.05 (0.69)	-0.1* (-1.684)	0.07 (0.976)
CF	-0.3*** (-5.414)	-0.18*** (-3.025)	-0.26*** (-4.585)	-0.08 (-1.294)	-0.39*** (-4.717)	-0.04 (-0.558)	-0.3*** (-4.92)	0.19*** (2.944)
SEO	-0.01 (-0.133)	-0.05 (-0.902)	0.02 (0.36)	0.004 (0.07)	0.001 (0.023)	0.05 (0.883)	-0.02 (-0.381)	0.04 (0.726)
LGS	-0.01 (-0.1)	0.08 (1.275)	-0.07 (-1.176)	0.12* (1.86)	0.07 (1.17)	-0.03 (-0.537)	0.1 (1.412)	0.001 (0.01)
AM	0.03 (0.394)	0.01 (0.145)	0.001 (0.01)	0.07 (0.976)	0.15** (2.09)	0.3*** (3.956)	0.03 (0.464)	0.26*** (3.514)
GR	0.22*** (3.7)	0.1* (1.695)	0.17*** (2.957)	0.08 (1.362)	0.223*** (3.45)	-0.06 (-0.878)	0.258*** (4.076)	-0.102 (-1.492)
SIZE	0.1 (1.544)	0.06 (0.89)	0.1 (1.58)	0.05 (0.694)	0.03 (0.37)	0.2** (2.502)	-0.06 (-0.734)	0.12 (1.38)

续表

	金融生态环境差的地区				金融生态环境好的地区			
变量	模型 13	模型 14	模型 15	模型 16	模型 17	模型 18	模型 19	模型 20
	LOAN1	LOAN2	LOAN3	DSTR	LOAN1	LOAN2	LOAN3	DSTR
YEAR	控制	控制	控制	控制	控制	控制	控制	控制
IND	控制	控制	控制	控制	控制	控制	控制	控制
ADJ_ R2	0. 211	0. 14	0. 223	0. 237	0. 17	0. 104	0. 206	0. 176
样本数	291	291	291	265	292	292	292	264

注：限于篇幅，表中没有报告行业和年度的虚拟变量的结果。括号内是检验的 T 值。*** 、** 、* 分别代表在 1% 、5% 和 10% 的水平上显著。

从以上的分析中，我们知道在金融生态环境差的地区中，银行关联显著影响了民营企业的债务融资，那么，在此地区中，不同层级的银行关联与债务融资的关系是否也存在差异呢？

表 2 - 11 中，模型 21—24 的回归模型中只包括高层银行关联与非银行关联的样本，因变量分别为总借款增量（LOAN1）、长期借款增量（LOAN2）、短期借款增量（LOAN3）和债务期限结构（DSTR）。模型 25—28 的回归模型中只包括低层银行关联与非银行关联的样本，因变量也分别为总借款增量（LOAN1）、长期借款增量（LOAN2）、短期借款增量（LOAN3）和债务期限结构（DSTR）。我们发现：模型 21 中，BC1 的系数不显著；模型 22 中，BC1 的系数显著为正；模型 23 中，BC1 的系数为负，但不显著；模型 24 中，BC1 的系数显著为正。在金融生态环境好的地区中，模型 25—28 分别分析了低层银行关联与债务融资（LOAN1 、LOAN2、LOAN3 和 DSTR）的关系，四个模型中 BC2 的系数都不显著。

以上的结论说明，在金融生态环境差的地区中，高层银行关联可以给民营企业带来更多的长期借款增量，并使得企业的债务期限结构更长，而低层银行关联对于长期借款增量和债务期限结构的影响并不显著。假设 4 得到证实。

表 2 - 11　　　金融生态环境差的地区中的银行关联与债务融资关系

	高层银行关联				低层银行关联			
变量	模型 21	模型 22	模型 23	模型 24	模型 25	模型 26	模型 27	模型 28
	LOAN1	LOAN2	LOAN3	DSTR	LOAN1	LOAN2	LOAN3	DSTR
C	- 0. 05 (- 0. 178)	- 0. 128 (- 0. 93)	0. 01 (0. 04)	- 0. 901 (- 1. 558)	- 0. 146 (- 0. 637)	- 0. 07 (- 0. 63)	- 0. 145 (- 0. 682)	- 0. 53 (- 1. 018)
BC1	0. 07 (1. 148)	0. 24 *** (3. 546)	- 0. 1 (- 1. 241)	0. 22 *** (3. 29)				
BC2					- 0. 05 (- 0. 893)	0. 07 (1. 154)	- 0. 08 (- 1. 337)	0. 07 (1. 183)

续表

变量	高层银行关联				低层银行关联			
	模型 21	模型 22	模型 23	模型 24	模型 25	模型 26	模型 27	模型 28
	LOAN1	LOAN2	LOAN3	DSTR	LOAN1	LOAN2	LOAN3	DSTR
ROA	0.08 (1.061)	0.05 (0.582)	0.07 (1.002)	0.1 (1.297)	0.08 (1.194)	0.03 (0.45)	0.07 (0.977)	0.04 (0.498)
DEBT	-0.03 (-0.37)	0.169* (1.73)	-0.18** (-2.065)	0.16* (1.738)	0.001 (0.01)	0.236*** (2.947)	-0.14* (-1.82)	0.236*** (3.045)
LDT	-0.5 (-0.608)	-0.3*** (-3.459)	0.13* (1.658)		-0.07 (-0.989)	-0.24*** (-3.2)	0.07 (0.981)	
BDR	0.07 (0.596)	0.1 (0.819)	0.04 (0.373)	0.256* (1.819)	-0.03 (-0.229)	0.04 (0.366)	-0.4 (-0.376)	0.18 (1.41)
AD	-0.21** (-2.483)	-0.12 (-1.297)	-0.19** (-2.322)	-0.12 (-1.375)	-0.17** (-2.239)	0.002 (0.02)	-0.23*** (-2.917)	-0.07 (-0.875)
CF	-0.36*** (-5.648)	-0.19*** (-2.918)	-0.32*** (-5.258)	-0.09 (-1.357)	-0.33*** (-5.51)	-0.22*** (-3.636)	-0.27*** (4.538)	-0.07 (-1.212)
SEO	0.07 (1.038)	-0.024 (-0.356)	0.08 (1.337)	-0.03 (-0.489)	0.02 (0.344)	-0.05 (-0.765)	0.04 (0.736)	-0.05 (-0.739)
LGS	0.04 (0.065)	0.111 (1.528)	-0.03 (-0.422)	0.1568* (2.263)	-0.04 (-0.554)	0.04 (0.538)	-0.07 (-1.17)	0.07 (1.021)
AM	0.01 (0.11)	0.101 (1.237)	-0.07 (-0.959)	0.21*** (2.841)	0.02 (0.326)	0.02 (0.217)	-0.01 (-0.07)	0.09 (1.328)
GR	0.24*** (3.983)	0.104 (1.597)	0.22*** (3.692)	0.09 (1.425)	0.229*** (3.727)	0.146** (2.328)	0.16** (2.566)	0.104* (1.656)
SIZE	0.01 (0.114)	0.05 (0.551)	0.01 (0.138)	0.05 (0.603)	0.07 (0.926)	0.02 (0.34)	0.08 (1.196)	0.04 (0.498)
YEAR	控制	控制	控制	控制	控制	控制	控制	控制
IND	控制	控制	控制	控制	控制	控制	控制	控制
ADJ_ R2	0.235	0.127	0.29	0.285	0.218	0.185	0.224	0.264
样本数	244	244	244	220	265	265	265	237

注：限于篇幅，表中没有报告行业和年度的虚拟变量的结果。括号内是检验的 T 值。***、**、* 分别代表在 1%、5% 和 10% 的水平上显著。

（五）稳健性检验

一年内到期的长期负债除了长期借款之外，还包括“应付债券”“长期应付款”。我们在长期借款增量（LOAN2）、长期借款占总借款的比重（DSTR）中剔除了一年内到期的长期负债，重新进行回归分析，结论不发生改变。

在借款增量的回归分析中，有部分样本的增量小于0，说明这部分样本借款的流出量大于借款的流入量，我们剔除了增量小于0的样本，重新进行回归分析，结论不发生改变。表2-12中，我们将长期借款增量小于0的样本剔除，重新按照式（2）进行回归分析。表2-12模型29的分析样本只包括高层银行关联与非银行关联样本，我们发现，变量BC1的系数显著为正，表明高层银行关联与企业的长期借款增量显著正相关。模型30的分析样本只包括金融生态环境差的地区中的高层银行关联与非银行关联的样本，我们同样发现，变量BC1的系数显著为正，表明在金融生态环境差的地区中，高层银行关联与企业的长期借款增量显著正相关。模型31的分析样本只包括金融生态环境好的地区中的高层银行关联与非银行关联的样本，发现变量BC1的系数并不显著，表明在金融生态环境好的地区中，高层银行关联与长期借款增量不存在显著的相关关系。以上的结果与前面的研究结论是一致的。

表2-12　　高层银行关联与企业的长期借款增量

变量	模型29	模型30	模型31
	全样本	金融生态环境差的地区	金融生态环境好的地区
	LOAN2	LOAN2	LOAN2
C	-0.186** (-2.238)	-0.18 (-1.138)	-0.25** (-2.522)
BC1	0.118** (2.281)	0.199** (2.523)	0.04 (0.444)
ROA	0.1 (1.062)	-0.037 (-0.385)	0.06 (0.591)
DEBT	0.142* (1.903)	0.223* (1.851)	0.01 (0.06)
LDT	-0.225*** (-4.261)	0.07 (0.588)	0.102 (1.15)
BDR	0.03 (0.316)	0.07 (0.524)	0.09 (0.625)
AD	-0.011 (-0.242)	-0.21* (-1.835)	-0.011 (-0.122)
FIN	-0.193*** (-3.617)		
CF	-0.121** (-2.27)	-0.2** (-2.51)	-0.023 (-0.276)
SEO	-0.05 (-0.938)	-0.104 (-1.358)	0.064 (0.853)
LGS	-0.03 (-0.598)	0.03 (0.294)	-0.13* (-1.698)

续表

变量	模型 29	模型 30	模型 31
	全样本	金融生态环境差的地区	金融生态环境好的地区
	LOAN2	LOAN2	LOAN2
AM	0. 25 *** (3. 973)	0. 197 ** (2. 172)	0. 427 ** (4. 421)
GR	0. 03 (0. 56)	0. 03 (0. 432)	0. 06 (0. 701)
SIZE	0. 155 ** (2. 309)	0. 09 (0. 93)	0. 278 ** (2. 419)
YEAR	控制	控制	控制
IND	控制	控制	控制
ADJ_ R2	0. 18	0. 204	0. 157
样本数	358	173	185

注：限于篇幅，表中没有报告行业和年度的虚拟变量的结果。括号内是检验的 T 值。***、**、* 分别代表在 1%、5% 和 10% 的水平上显著。

表 2－13　　　银行关联高管任职前后企业债务融资的变化

		任职前一年	任职当年和后一年的平均值	差异性检验	样本数
LOAN1	平均值	0. 031	0. 036	－0. 183	37
	中位数	0. 04	0. 03	－0. 644	37
LOAN2	平均值	0. 011	0. 035	－1. 833 *	37
	中位数	0	0. 011	－2. 173 **	37
LOAN3	平均值	0. 02	0. 001	0. 854	37
	中位数	0. 039	0	－1. 681 *	37

注：差异性检验指的是任职前一年与任职当年和后一年平均值的差别检验。平均值检验的数值指的是 T 值，中位数检验的数值指的是 Z 值。***、**、* 分别代表在 1%、5%、10% 的水平上显著。

我们对于银行关联与债务融资进行时间序列的分析，考察银行关联高管任职前后企业融资的变化。在我们的研究样本中包括了 67 家共 138 个银行关联的样本，考虑到我们要研究银行关联任职前后的企业融资变化，因此，需要有任职前两年完整的财务报表。因为很多公司上市时间太短，剔除了 30 个没有完整任职前两年财务报表的公司，我们得到了 37 个样本。我们以任职前一年的借款总增量（LOAN1）、长期借款增量（LOAN2）和短期借款总增量（LOAN3）作为任职前一年的债务融资水平的度量。因为银行关联人员当年加入公司可能不一定在当年发挥作用，我们以任职当年与任职后一年的借款总增量（LOAN1）、长期借款增量（LOAN2）和短期借款总增量（LOAN3）的平均值作为任职后的债务融资水平的度量，并且比较这三组变量在任职前后的差异。表 2－13 中，通过配对的样本检验，我们发现，从总的借款融资量（LOAN1）来看，银行关联高管加入企业后企业的债务融资量并没有出现显著的差异。但是，不管是平均值还是中位数检验，银行关联高管任职后企业的长期借款融资量（LOAN2）显著增加。从短期借款增量（LOAN3）上看，银行关联高管加入企业后，短期借款增量有一定程度的下降，中位数的差异通过显著性检验，但是，平均值的差异并没有通过显著性检验。以上的结论与前面的分析结果大体相同①。

四、小结

本章从民营企业的债务融资出发，考察了银行关联这种非正式制度与债务融资的关系，主要研究发现如下：

1. 我国23.7%的民营企业存在不同程度的银行关联现象。银行关联与民营企业的债务融资存在紧密的联系，银行关联与企业总的借款增量不相关，但是，与企业的长期借款增量存在显著的正相关关系，与短期借款增量存在显著的负相关关系，这也导致了银行关联企业长期借款占总借款的比重更高，债务期限结构更长。我们还进一步将银行关联分解成高层银行关联与低层银行关联，发现高层银行关联与长期借款增量及长期借款占总借款的比重都存在显著的正相关关系，而低层银行关联与债务融资的关系不明显。

很多学者认为，研究转型经济国家中企业的财务行为必须考虑非正式制度的影响，我们从银行关联这一角度提供了一定的经验证据。

2. 在金融生态环境差的地区中，银行关联有助于民营企业获得更多的长期借款增量，并显著降低企业的短期借款增量，从而使得企业长期借款占总借款的比重更高；在金融生态环境好的地区中，银行关联不能显著影响企业的债务融资。进一步的分析还发现，在金融生态环境差的地区中，高层银行关联与企业的长期借款增量及长期借款占总借款的比重存在显著的正相关关系，但是，低层银行关联对于企业债务融资的影响也不显著。

以上的结论说明，在金融生态环境差的地区中，民营企业建立的银行关联（特别是高层银行关联）与企业的债务融资密切相关，金融生态环境的改善会减轻银行关联这种非正式机制的影响。

本章的研究结论有助于我们了解我国民营企业的成长途径和特征，加深我们对于转型经济国家中非正式制度作用的理解。同时，研究结论进一步丰富了Allen等（2005）学者关于转型经济国家中非正式制度的系列研究，也为全面解开“中国之谜”提供了一定的帮助。当然，本章的研究还存在一定的局限性，如研究样本观测值较少，可能影响结论的可靠性；由于上市公司对于借款银行的信息披露不足，导致我们无法获得企业到底有多少比例的贷款真正是来源于银行关联高管原来所在银行的相关数据，这也使得研究中无法有效区分长期借款的增加是因为银行关联高管的融资技能还是其私人关系及私人声誉所致。

---

① 因为样本的数量较少，我们没有将银行关联的样本进一步分解为高层次的银行关联和低层次的银行关联。

第三章　金融关联与会计信息债务契约的有用性

会计信息综合反映了企业的财务状况和经营成果，作为债务契约签约之前重要的信息来源，会计信息是银行评价企业偿债能力的重要信息，有助于降低债务契约的监督成本和执行成本。众多的研究文献发现，会计信息的重要功能之一是债务契约功能，比如债务契约中许多限制性条款就是以会计信息为基础的（Watts 和 Zimmerman，1986；孙铮等，2006）。同时，会计信息对公司破产概率的预测能力也证明了会计信息债务契约的有用性（Altman，1968）。但是，基于历史成本和货币计量的原则，会计信息难以全面、客观地反映企业的经营现状，并有效地预测未来，因此，会计技术固有的局限使得会计信息不能为债务契约提供充分的信息。一些研究表明，如果存在会计信息的替代机制，并能为债权人提供有关债务人的有用信息，债务契约将会弱化对会计信息的需求，从而降低会计信息在债务契约中的有用性（潘克勤，2009）。

我们认为，银行关联正是这种替代机制的重要组成部分。事实上，我国很多民营企业通过聘请具有银行工作背景的人员担任公司的高管，从而与银行等金融机构形成紧密的关联。这种特殊的关系机制既可以解决银行与企业信息不对称的问题，为企业提供隐性的担保，增强企业的信用和声誉，又可以改善和加强银企关系，并利用良好的银企关系获得银行的贷款，从而降低贷款企业会计信息的有用性。

本章主要分析银行关联这一重要的金融关联模式对于会计信息在债务契约的影响，通过分析民营企业样本数据，研究发现：第一，银行关联显著降低了会计信息在债务契约中的作用，说明在获取银行贷款上，银行关联与会计信息存在替代效应；第二，现有的研究发现，政治关联可以降低会计信息在债务契约中的有用性，但是，我们在控制了银行关联的影响后，发现政治关联并不能显著影响会计信息与债务契约的关系，我们的研究进一步表明：以往一些研究发现的政治关联可以降低会计信息在债务契约的有用性主要是源于这些政治关联企业同时存在银行关联；第三，不同的金融生态环境下，银行关联对于会计信息债务契约有用性的影响也存在显著不同，在金融生态环境差的地区中，银行关联显著降低了会计信息在债务契约中的有用性；而在金融生态环境好的地区中，银行关联对于会计信息与债务契约的关系并不产生显著影响；第四，在我国，特别是在金融生态环境差的地区中，与非银行关联企业相比，银行关联企业发生债务违约的概率更小，这说明，银行关联对于债务契约的影响主要是源于银行关联这种信息沟通和声誉担保机制的作用，而非银行关联直接干预银行贷款决策的结果。研究结论进一步表明，在我国，特别是在金融发展较为落后的地区中，形成有效的“沟通与声誉机制”比“关系机制”更为重要。

本章的主要贡献在于：第一，我们分析了银行关联是否降低了会计信息对于债务契约的敏感性，本章的研究拓展了转型经济国家中非正式制度的研究领域；第二，我们考察了正式制度（金融生态环境）与非正式制度（银行关联）之间的相互作用，这有助于我们深入地理解转型经济国家中的非正式制度的运行机制；第三，我们还从“关系机制”和“沟通与声誉机制”两个方面分析了银行关联影响会计信息与债务契约关系的真正原因，国内外相关研究对于非正式制度中的“关系机制”和“沟通与声誉机制”如何影响债务契约存在模糊的认识，研究结论有助于进一步澄清这种模糊认识。

一、理论分析与研究假设

（一）银行关联与会计信息债务契约的有用性

由于贷款人的风险主要来源于贷款利息和本金能否按照事先约定的条件收回，而该风险主要受债务人的偿债能力和相关的制度约束，因此，理解债务契约的结构必须从债务人的偿债能力和相关的制度约束着手（孙铮等，2006）。会计信息综合反映了企业的财务状况和经营成果，对判断债务人的偿债能力具有重要作用（Altman 等，1968）。但是，会计信息也存在一定的局限，从而降低了会计信息在债务契约中的有用性：第一，会计信息是以历史成本计价属性为主的历史信息，历史信息虽能在一定程度上预测企业未来，但并不是对未来的真实描述；第二，会计信息是以货币为计量工具的货币化信息，对预测企业未来更有价值的一些非货币化信息无法进入会计信息系统（潘克勤，2009）。因此，会计信息存在的局限性使得其他非会计信息也会对债务契约产生影响，债权人应该会利用其他制度机制代替会计信息，进而降低对会计信息的依赖程度。

孙铮等（2006）的研究表明，产权性质的差异影响了会计信息在债务契约的有用性，他们发现国有企业的会计信息在债务契约中的作用要低于私有企业，国有企业较低的会计信息债务契约有用性主要源于政府对国有企业提供隐性担保的作用。这在一定程度上说明，在预算软约束条件下，国有金融与国有企业的金融沟通依赖于国家自上而下建立的纵向信用联系，而就民营经济而言，其金融支持则需要通过一种横向的信用联系来实现，因为对国有银行来说，民营企业几乎完全是新客户，社会上也没有独立的资信评估机构及其服务可资利用，因此，对它们的信贷行为必定是谨慎的，从这种意义上看，民营经济的金融困境从根本上讲是一种信用困境（张杰，2000；罗党论等，2008）。青木昌彦（2001）认为在发展中国家与转轨经济中，向企业贷款的风险很大，商业判断需要利用一些不易标准化与量化的信息，如企业与经理的特征等等。在缺乏发达的第三方实施机制的条件下，合同执行不得不求助于以企业家历史专门信息为基础的声誉机制（罗党论等，2008）。Ongena 和 Smith（2000）认为，由于中小企业内部信息透明度较低，银企之间常常会产生严重的信息不对称问题，因此，需要银行与企业保持长期密切的联系。La Porta 等（1997）从信任的角度分析了关系和声誉机制的重要性，他们认为关系和声誉机制对于维系合作起到了重要作用。潘克勤（2009）进一步从政治关联的角度提供了关系机制替代会计信息的证据，潘克勤通过对我国民营企业的研究发现，实际控制人的政治身份降低了会计信息债务契约的有用性，而且该效应随政治身份级别提高而加强，潘克勤认为，实际控制人具备的政治身份对于债务契约具有潜在的担保作用，从而使得银行会在一定程度上忽视民营企业的会计信息。

另一方面，Choi 等（1999）指出，在经济转型的过程中，由于缺乏良好的价格体系和完善的法律系统，从定价和法律执行的角度来看，交易成本将变得十分昂贵。这就意味着，经济转型中的企业更倾向于将人际关系网络作为自身经营战略的一部分（罗党论等，2009）。我国自古以来就有重视关系的文化传统，中国人广泛相信企业经营者的社会网络和关系是其企业成功的重要前提，甚至西方跨国公司都清楚地知道在中国做生意时“关系为王”（Vanhonacker，2000；巫景飞等，2008）。从这种意义上来说，关系不仅是一种资源，而且是一种能够调动和获得资源的资源。边燕杰和丘海雄（2000）强调，企业不是孤立的行动个体，而是与经济领域的各个方面发生种种联系的企业网络上的纽节，能够通过这些联系而获取稀缺资源是企业的一种能力，这种能力就是企业的社会资本。

我们认为，一方面，银行关联有助于银企双方的信息沟通，从而在一定程度上降低银企双方的信息不对称，同时，银行关联变相为企业提供一种隐性的信用担保，这种合约凭借嵌入一定社会关系网络内的声誉机制和惩罚机制的约束作用，变成一种具有隐性契约特征的融资合约，这有助于降低债权人对于会计信息的需求；另一方面，银行关联这种特殊的关系资源可能会干预银行的贷款决策，使得贷款银行在一定程度上会忽略企业的会计信息。

基于以上的分析，我们提出如下假设：

假设 1：民营企业的银行关联会降低债权人对会计信息的敏感性。

（二）金融生态环境、银行关联与会计信息债务契约的有用性

改革开放以来，我国金融市场化进程呈稳步推进的状态。从 1979 年开始，我国进行金融体系改革，四大国有专业银行相继从中央银行独立出来或建立起来并行使商业银行的职能，这使我国的金融机构从一元化转向多元化，出现了以产业分工为主要特征的专业银行机构（刘晓辉等，2005）。随后的 1985—1992 年期间，四大专业商业银行逐渐企业化，各股份制商业银行和非银行金融机构开始设立并进行了股份制改革。在此期间，国有银行占据绝对的垄断地位。但是，随着 1986 年交通银行成立，标志着中国银行业竞争的开始。其后，城市商业银行作为另一种体制外竞争元素开始产生并迅速增长。陈邦强等（2006）指出从 1978 至 2004 年期间，中国金融市场化相对水平由 1978 年的 0.02 提高到了 2004 年的 8.84，由此带来的变革是金融资源由过去的计划经济配置模式逐渐转向市场化配置模式。公开资料显示，2018 年，我国共有城商行 134 家，农商行较 2017 年末新增 49 家至 1311 家。

樊纲等（2010）和孙铮等（2005）的研究进一步表明，虽然中国的市场化进程已经取得了举世公认的成功，但是，这个进程却很不平衡，特别是在行政区域层面上表现得非常明显。在某些省份，特别是沿海发达地区，金融市场化进程已经取得了决定性进展，而在另外一些省份，经济中非市场因素还占有非常重要的地位。

我们知道制度分为正式制度（法律、政府政策法规等）和非正式制度（诸如风俗习

惯、声誉机制、道德水平、文化等）两种，两者都对保证契约的履行起到重要作用（孙铮等，2005）。一些研究则表明正式制度与非正式制度存在一定的相互影响作用。比如 Chen 等（2005）和罗党论等（2009）分析了制度环境与民营企业政治关联程度的关系，他们发现当地方产权保护越差、政府干预越多、金融发展水平越落后时，民营上市公司中政治关联的程度越高。孙铮等（2005）进一步指出，要理解转型经济国家的债务契约，必须考虑正式制度与非正式制度的相互作用，因此，外部制度环境的不同必然影响到银行关联在贷款契约中的作用。

罗党论等（2008）指出，金融机构在给予企业贷款融资时经常面临借贷双方的信息不对称和借款方的道德风险，我们认为这种现象在金融生态环境差的地区①中表现得更加严重。同时，在此地区中，由于政企分开等市场化政策还不盛行，企业融资契约更多的不是透过市场机制，而是暗箱操作，从而使得企业的贷款申请和批准更加不透明和不公正。因此，在金融生态环境差的地区中，民营企业建立的银行关联更加有助于解决借贷双方的信息不对称，并提供一种特殊的关系资源，从而显著影响企业会计信息在债务契约中的作用。

基于以上的分析，我们提出如下假设：

假设 2：在金融生态环境差的地区中，银行关联更加有助于降低债权人对会计信息的敏感性。

二、研究设计

（一）主要变量说明

（1）债务契约。我们采用债务的增量来衡量债务契约，债务契约特征还包括资金成本、担保抵押、债务期限等。由于上市公司年报对贷款利息、抵押担保等信息披露很少，而且债务期限结构也只能从资产负债表获得静态的长短期债务比例，该比例数据是企业过往多年累积的结果，不是一个很好的债务契约替代指标（潘克勤，2009；陆正飞等，2008），因此采用反映年度动态借款增量指标来度量债务契约。

①借款总增量：期末和期初的长、短期借款（包括长期借款、一年到期的长期负债、短期借款）的差额。

②长期借款增量：期末和期初的长期借款（包括长期借款、一年到期的长期负债②）的差额。

③短期借款增量：期末和期初短期借款的差额。

（2）银行关联，定义为公司高管③中是否存在曾经或现在银行任职的高管。

---

① 我们引入金融生态环境来定义和表征各地区的金融发展制度环境。李扬等（2009）认为，金融生态环境主要由经济基础、金融发展、政府治理、制度文化五大方面构成。

② 在企业的资产负债表中，一年内到期的长期负债是流动负债的一个组成部分，但从契约性质来看，它仍然属于长期负债，所以，这里将其划分到长期贷款中。

③ 高管包括董事会和经理层。

（3）会计信息。债权人在贷款决定时主要是考虑企业的财务风险，而评估财务风险的重要渠道是来源于企业的会计信息。Altman（1968）年对美国破产和非破产生产企业进行观察，利用会计信息建立了著名的 Z - score 模型，以预测企业的财务风险，该指标越小，企业财务风险越大，反之亦然。Z - score 模型在美国、澳大利亚、巴西等发达和发展中国家都得到了广泛的应用。随后，为适应形势的需要，很多研究对 Z - score 模型进行修正。与 Graham（1998）和 Byrd 等（2005）的研究相似，我们采用修正后的 Z 指数模型来度量企业的财务风险，即：

$$3.3\times\frac{息税前利润}{总资产}+1.0\times\frac{销售收入}{总资产}+1.4\times\frac{留存收益}{总资产}+1.2\times\frac{营运资本}{总资产}$$

其中：息税前利润 = 利润总额 + 财务费用；留存收益 = 盈余公积 + 未分配利润；营运资本 = 流动资产 - 流动负债

（4）金融生态。与很多用省级金融市场化指数衡量各地区的金融发展的研究不同，我们选用中国社会科学院金融研究所发布的《中国城市金融生态环境评价》指数来衡量各地区的金融生态环境，该指数评价的指标主要由地区经济基础、金融发展、政府治理、制度文化等方面构成。我们认为以城市为对象衡量金融发展环境更为准确。如以 2004 年的江苏省为例，苏州的金融生态环境排名第 7 位，而同属江苏省的徐州市却排在第 50 位；再比如以 2008 年的四川省为例，成都的金融生态环境排名第 23 位，而同属四川省的自贡市却排在第 86 位。朱凯和陈信元（2009）也认为，以省份为单位衡量地区的金融发展环境并不合适。

（二）样本的选择和数据说明

2005 年，中国社会科学院金融研究所评价了 50 个大中城市的 2004 年金融生态环境，2007 年评价了 90 个中心城市 2006 年的金融生态环境，2009 年则评价了 100 个大中城市的 2008 年金融生态环境。我们发现在 2005 年评价的 50 个大中城市中，只有南通市没有在 2007 年的城市评价中出现，其余的 49 个城市都在 2007 年和 2009 年的评价指数中出现，我们就以注册地与李扬等（2005）所包括的 49 个城市（除南通市外）相同的非金融上市民营企业作为研究样本。

在样本选择中剔除以下类型样本：（1）买壳上市的民营企业，主要是考虑到这些公司的银行关联很可能在控制权转移之前就已经建立了，并且买壳上市后要形成一个较稳定的管理层也需要较长的一段时间；（2）金融、保险类公司；（3）数据异常和信息披露不详的样本。这样，我们就得到 189 家民营企业，总共 583 个样本观测值。

本章所使用的银行关联和政治关联数据均来自于对上市公司年报的手工整理。财务数据和审计信息来源于 CSMAR 数据库和 CCER 中国金融数据库。金融生态环境数据来自于李扬等（2005）、刘煜辉（2007）、李扬等（2009）的《中国城市金融生态环境评价》。值得注意的是，在李扬等（2005）、刘煜辉（2007）、李扬等（2009）的研究中，其发布的《中国城市金融生态环境评价》只包含 2004 年、2006 年和 2008 年各城市的金融生态指数，我们的研究样本期间是 2004—2008 年，因此，对于 2005 年的金融生态环境数据，我们取 2004 年的数据加以代替，对于 2007 年的金融生态环境数据，取 2006 年的数据加以代替。

（三）检验模型

为了检验研究假设，我们构造式（1）。

$$LOAN = C + \beta_1 BC + \beta_2 ZS + \beta_3 BC \times ZS + \beta_4 CONTROLS + \beta_6 YEAR + \beta_7 IND + \delta \quad (1)$$

式（1）中，LOAN 是指公司当年借款的增量水平，包括三个变量：借款总增量（L1）、长期借款增量（L2）、短期借款增量（L3）。BC 是银行关联变量，ZS 是修正后的 Z 指数用以衡量公司的财务风险。CONTROLS 是控制变量，包括：金融生态环境（FIN）、政治关联（POL）、审计意见（AD）、公司规模（SIZE）、资产结构（AM）、成长机会（Tobin'Q）、股权结构（LGS）、是否存在权益融资（SEO）、自有资金充裕程度（CF）、投资需求（INV）。IND、YEAR 分别作为行业和年度的控制变量，相关变量的定义见表 3－1。

表 3－1　　　　变量的定义

变量	符号	定义
总借款增量	L1	期末和期初的长、短期借款的差额除以期初总资产
长期借款增量	L2	期末和期初的长期借款的差额除以期初总资产
短期借款增量	L3	期末和期初的短期借款的差额除以期初总资产
银行关联	BC	存在曾经或现在银行任职的高管取值 1，否则取值 0
金融生态环境	FIN	当样本公司当年所在城市金融生态综合指数得分处于全国的前 10 位，则取值 1，否则取值 0
会计信息（财务风险）	ZS	期初修正后的 Z 指数
审计意见	AD	前一年的审计意见，0 表示标准无保留审计意见，1 表示非标准的审计意见
政治关联	POL	最终控制者曾经或现在政府，或人大，或政协工作，则认定有政治关联公司，取值 1，否则取值 0
再融资	SEO	本年度实施再融资（增发或配股）取值 1，否则取值 0
自有资金	CF	本年度经营性现金流净额除以期初总资产
投资需求	INV	期末和期初固定资产的差额除以期初固定资产
股权结构	LGS	第一大股东的持股比例
资产结构	AM	期初固定资产占总资产的比重
成长机会	TOBIN'Q	期初的 TOBIN'Q，其中 TOBIN'Q =（年末流通市值 + 非流通股份占净资产的金额 + 长期负债合计 + 短期负债合计）/年末总资产
公司规模	SIZE	期初总资产的自然对数
年度变量	YEAR	年度的虚拟变量
行业变量	IND	行业的虚拟变量，根据 2001 年证监会公布的《上市公司行业分类指引》，将公司划分为 21 个行业，其中除制造业划分到次类以外，其他行业划分到门类

三、实证结果和分析

（一）描述性统计与相关性分析

表3－2中，我们发现我国23.7%的民营企业存在不同程度的银行关联现象，银行关联高管人数最多达3人，公司中存在一名银行关联高管的公司比重最高。

表3－2　　我国民营企业银行关联的人数分布

	人数	1人	2人	3人
银行关联	样本数（比例）	102（17.5%）	33（5.7%）	4（0.68%）

注：表中的比例是指银行关联的样本数占总样本的比例。

表3－3是相关变量的描述性统计。我们发现我国民营企业平均每年增长的借款融资占总资产的4.3%，其中短期借款增长3.1%，长期借款只增长了1.2%，说明我国民营企业更容易得到的是短期债务融资。在银行关联的样本中，我们发现民营企业获得的长期借款增量达2.3%，高于短期借款增量1.3%，而在非银行关联的样本中，短期借款的增量达3.7%，远高于长期借款增量（0.9%）。对银行关联和非银行关联样本的借款总增量（L1）的均值进行差异性检验，结果显示：两者不存在显著的差别。但是，银行关联民营企业获得的长期借款增量（L2）显著高于非银行关联的企业，而前者获得的短期借款增量（L3）却显著低于后者。这说明银行关联虽然不能显著影响企业总的债务融资，但却有助于民营企业获得更多的长期借款，降低企业的短期借款水平，从而优化债务结构，改善短贷长投的问题，降低企业的财务风险。

表3－3　　主要变量的描述性统计

	总样本		银行关联		非银行关联		均值差异的T检验值
	平均值	标准差	平均值	标准差	平均值	标准差	
L1	0.043	0.12	0.036	0.102	0.046	0.12	0.788
L2	0.012	0.067	0.023	0.097	0.009	0.055	2.185**
L3	0.031	0.11	0.013	0.105	0.037	0.11	2.217**
ZS	1.29	0.899	1.085	0.89	1.36	0.892	3.14***
CF	0.045	0.076	0.046	0.07	0.043	0.08	0.426
INV	0.299	0.694	0.217	0.541	0.335	0.733	1.868*
LGS	0.339	0.135	0.344	0.126	0.337	0.138	0.544
AM	0.245	0.139	0.258	0.145	0.24	0.136	1.319
TOBIN'Q	0.735	0.119	0.732	0.124	0.737	0.118	0.373
SIZE	20.86	0.86	20.93	0.974	20.85	0.823	0.882
样本数	583	138	445				

注：T检验是针对银行关联与非关联的差异检验。***、**、*分别代表在1%、5%、10%的水平上显著。

表3-3中，银行关联修正后的Z指数平均值为1.085，显著低于非银行关联的1.36，这说明与非银行关联的企业相比，银行关联民营企业前期的会计信息越差，财务风险越高，这可能是因为会计信息与银行关联存在一定的替代效应，当民营企业前期的财务状况不好时，企业更可能在当期引入银行关联的高管，从而有助于削弱会计信息对当期债务融资的负向影响。其实，从动态的银行关联角度来看，企业存在四种状态：（1）t-1期是非银行关联，t期是银行关联；（2）t-1期是非银行关联，t期也是非银行关联；（3）t-1期是银行关联，t期也是银行关联；（4）t-1期是银行关联，t期是非银行关联。第一种状态就是银行关联加强，即企业从非银行关联成为银行关联企业；第二种和第三种状态是企业的t期与t-1期的银行关联状态保持一致；第四种是银行关联削弱，即企业从银行关联变成非银行关联企业。因此，可以进一步检验，当前期企业财务状况不好，会计信息不佳时，企业是否会加强银行关联。我们对银行关联加强变量（BCA）进行定义：如果民营企业处于第一种状态时，即t-1期是非银行关联，t期是银行关联，BCA取值1，否则取值0。我们发现银行关联加强变量（BCA）与会计信息（ZS）存在显著的负相关关系，相关系数-0.11，通过5%的显著性检验，这进一步证实我们前面的推断，即会计信息与银行关联存在一定的替代效应，当民营企业前期的会计信息不佳时，企业会在当期引入银行关联的高管。

表3-4是主要变量的相关性分析，其中，我们发现会计信息（ZS）与总的借款增量（L1）存在显著的正相关关系，与长期借款增量（L2）不存在显著的相关关系，与短期借款增量（L3）存在显著的正相关关系，说明财务会计信息对于企业获取短期银行贷款的作用较大，而对于获得长期贷款资金不能提供明显的帮助。

表3-4　　主要变量的相关系数

	L1	L2	L3	BC	ZS	FIN	POL	AD	SEO
L1	1	0.41***	0.8***	-0.033	0.24***	0.03	0.06	-0.3***	0.06
L2		1	-0.17**	0.09**	-0.06	-0.1**	0.01	0.02	-0.01
L3			1	-0.09**	0.3***	0.08**	0.06	-0.32***	0.07*
BC				1	-0.13**	0.02	-0.06	0.07*	-0.05
ZS					1	0.09**	0.11***	-0.49***	0.06
FIN						1	-0.05	0.023	-0.03
POL							1	-0.02	0.1***
AD								1	-0.05
SEO									1

注：***、**、*分别代表在1%、5%、10%的水平上显著。

（二）银行关联与会计信息债务契约的有用性

我们通过式（1）来检验假设1。表3-5中，模型1的因变量是总借款增量（L1），我们发现ZS的系数显著为正，表明企业前期的财务状况越好，财务风险越小，企业获得的借款融资量越大，会计信息与企业的贷款融资联系紧密。这与孙铮等（2006）及潘克勤

（2009）的研究发现类似。但是，交叉变量（BC×ZS）的系数显著为负，说明在银行关联的企业中，会计信息与借款总增量的正相关性显著小于非银行关联的企业，银行关联降低了会计信息在债务融资中的有用性。假设1得到证实。模型2的因变量是短期借款增量（L3），我们同样发现ZS的系数显著为正，交叉变量（BC×ZS）的系数显著为负。从表3-4的相关性分析中，我们发现会计信息（ZS）与长期借款增量（L2）不存在显著关系[①]，因此，以下的分析中，因变量（债务契约）主要是指短期借款增量（L3）。

模型1和模型2的分析表明，在贷款银行对企业发放贷款时，银行关联可以起到替代会计信息的作用，其实，潘克勤（2009）对我国民营企业的研究发现政治关联也可以降低会计信息在企业贷款契约中的有用性。银行关联与政治关联作为我国民营企业两种重要的非正式机制，哪种机制与会计信息的替代效应更强呢？模型3中，我们引入了政治关联与会计信息的交叉变量（POL×ZS）代替BC×ZS，我们发现POL×ZS的系数显著为负，表明政治关联显著降低了会计信息在贷款契约上的有用性，这与潘克勤（2009）的发现类似。模型4中，我们将BC×ZS与POL×ZS两个交叉变量都引入到模型中，BC×ZS的系数显著为负，而POL×ZS的系数也为负，但不再显著，表明在控制了银行关联的替代效应后，政治关联对于会计信息与债务契约的关系并不产生显著的影响。以上结论说明，政治关联对于会计信息的替代效应可能源于这些政治关联企业同时存在银行关联。在模型5—7中，我们剔除了同时存在政治关联和银行关联的样本进行回归分析。模型5中，POL×ZS的系数不显著，与模型3相比，其系数与T检验值出现了显著的衰减。模型6中，BC×ZS的系数依然显著为负，模型7将POL×ZS与BC×ZS同时放入模型中进行分析，结果显示：BC×ZS的系数显著为负，但POL×ZS的系数并不显著。以上结论进一步证实了我们的推断，即相关研究发现的政治关联可以降低会计信息在贷款融资的有用性主要是源于这些企业同时存在银行关联。这也进一步说明，我们得出的银行关联与会计信息存在替代效应的结论是稳健的。

表3-5　　银行关联、会计信息与债务契约

变量	模型1	模型2	模型3	模型4	模型5	模型6	模型7
	L1	L3	L3	L3	L3	L3	L3
C	-0.05 (-0.39)	0.04 (0.333)	0.03 (0.292)	0.03 (0.304)	0.01 (0.107)	0.01 (0.1)	0.008 (0.07)
ZS	0.27*** (5.035)	0.32*** (5.967)	0.32*** (5.662)	0.353*** (6.069)	0.31*** (5.55)	0.32*** (6.077)	0.346*** (5.837)
BC	0.111* (1.769)	0.07 (1.139)	-0.05 (-1.211)	0.06 (0.983)	-0.05 (-1.244)	0.04 (0.535)	0.05 (0.712)
BC×ZS	-0.13** (1.955)	-0.147** (-2.283)		-0.139** (-2.164)		-0.111* (-1.65)	-0.116** (-1.816)

① 在控制相关变量的基础上，我们运用式（1）以长期借款增量作为应变量进行回归分析，但是结果表明，ZS的系数不显著，ZS×BC的系数也不显著。

续表

变量	模型 1	模型 2	模型 3	模型 4	模型 5	模型 6	模型 7
	L1	L3	L3	L3	L3	L3	L3
POL	-0.02 (-0.46)	-0.01 (-0.268)	0.1 (1.31)	0.1 (1.1)	0.1 (0.11)	-0.03 (-0.61)	0.04 (0.483)
POL×ZS			-0.129* (-1.644)	-0.116 (-1.473)	-0.04 (-0.429)		-0.08 (-0.881)
AD	-0.17*** (-3.7)	-0.19*** (-4.029)	-0.166*** (-3.619)	-0.179*** (-3.871)	-0.17*** (-3.656)	-0.18*** (-3.906)	-0.177*** (-3.844)
FIN	0.05 (1.188)	0.117*** (2.929)	0.11*** (2.837)	0.117*** (2.94)	0.108*** (2.609)	0.108*** (2.652)	0.11*** (2.627)
CF	-0.3*** (-7.637)	-0.269*** (-6.801)	-0.267*** (-6.726)	-0.265*** (-6.691)	-0.278*** (-6.873)	-0.278*** (-6.898)	-0.275*** (-6.794)
INV	0.13*** (3.226)	0.09** (2.23)	0.1** (2.351)	0.09** (2.242)	0.09** (2.294)	0.09** (2.218)	0.09** (2.222)
SEO	-0.01 (-0.182)	0.002 (0.1)	0.001 (0.003)	0.001 (0.03)	0.01 (0.4)	0.01 (0.4)	0.01 (0.33)
LGS	0.05 (1.21)	0.04 (0.991)	0.03 (0.776)	0.04 (0.91)	0.04 (0.83)	0.04 (0.974)	0.04 (0.966)
AM	0.19*** (3.906)	0.15*** (2.941)	0.138*** (2.739)	0.14*** (2.762)	0.15*** (3.023)	0.16*** (3.133)	0.151*** (2.994)
TOBIN'Q	-0.01 (-0.359)	-0.01 (-0.343)	-0.008 (-0.176)	-0.013 (-0.29)	-0.009 (-0.194)	-0.014 (-0.312)	-0.01 (-0.27)
SIZE	0.004 (0.1)	-0.03 (-0.745)	-0.03 (-0.716)	-0.03 (-0.763)	-0.022 (-0.52)	-0.022 (-0.52)	-0.02 (-0.533)
YEAR	控制	控制	控制	控制	控制	控制	控制
IND	控制	控制	控制	控制	控制	控制	控制
R^2	0.262	0.266	0.262	0.269	0.275	0.279	0.28
样本数	583	583	583	583	551	551	551

注：限于篇幅，表中没有报告行业和年度的虚拟变量的结果。括号内是检验的 T 值。***、**、* 分别代表在 1%、5% 和 10% 的水平上显著。

表 3-5 中，POL 的系数并不显著，表明政治关联并不能显著影响民营企业的债务契约①，这与国外一些研究结果不同（Faccio，2006；Charumilind 等，2006；Khwaja 和 Mian，2005；Claessens 等，2006）。我们注意到，以上的研究主要是用负债率来衡量企业的债务

① 我们将政治关联的重新定义为董事长或总经理是否具有人大代表或政协委员资格（县、市、省和全国）或者具有曾（现）在政府工作的背景，如果具备这种工作经历，POL 取值 1，否则取值 0。研究结论同样表明政治关联并不对债务契约造成显著影响。

契约，但是，陆正飞等（2008）认为，银行借款余额是企业过往多年累积的结果，因此，负债率可能受到较多噪声的影响。潘克勤（2009）对于我国民营企业的研究也发现，最终控制人的政治身份对企业借款增量没有造成明显影响。

表 3 - 5 的模型 1 中，FIN 的系数不显著，而模型 2 中 FIN 的系数显著为正，说明在金融生态环境好的地区中，短期借款增量较高。这一结果与 Demirgu - Kunt 等（1999）、Giannetti（2003）以及 Fan 等（2008）的研究结论预示相反，而与 Qian 等（2007）、Bae 等（2007）以及 Li 等（2007）的研究结果相类似。Qian 等（2007）的研究发现，在发展中国家，债权人法律保护与公司债务期限结构之间呈负相关关系，虽然这种相关性并不显著。Li 等（2007）、江伟等（2006）、孙铮等（2005）对于我国研究的结果也表明，市场化程度越高的地区，企业的短期债务比重越高。

表 3 - 5 中，AD 的系数都显著为负，表明非标准审计意见对于企业获取银行贷款产生显著的负面影响。AM 的系数显著为正，表明固定资产比重越高的公司，债务融资比重越高，说明银行在贷款时会关注企业可抵押资产的比重。CF 的系数显著为负，说明自有资金较为充裕的公司，其债务融资的需求越小。

（三）金融生态环境、银行关联与会计信息债务契约的有用性

我们进一步分析在不同金融生态环境下，银行关联对会计信息债务契约有用性的影响是否存在不同。因为会计信息对于债务契约的影响主要体现在短期债务契约上，因此，在以下的回归分析中，因变量都是指短期借款增量（L3）。

从表 3 - 6 中我们发现，在金融生态环境差的地区中，模型 8 的 ZS 的系数显著为正，而交叉变量 BC × ZS 的系数显著为负，表明银行关联显著降低了会计信息在企业获取银行贷款中的有用性。模型 9 中，进一步引入政治关联与会计信息的交叉变量（POL × ZS），我们发现 BC × ZS 的系数显著为负，POL × ZS 的系数为负但不显著，表明在金融生态环境差的地区中，在控制了银行关联的替代效应后，政治关联并不能对会计信息与企业债务契约的关系产生显著影响。

在金融生态环境好的地区中，模型 10 和 11 中，ZS 的系数显著为正，而交叉变量 BC × ZS 和 POL × ZS 的系数并不显著，表明在金融生态环境好的地区中，银行关联与政治关联并不能显著影响会计信息与债务契约的关系。

以上结论表明，银行关联显著地降低了会计信息在债务契约中的有用性，但是这种现象主要是出现在金融生态环境差的地区中，在金融生态环境好的地区中，银行关联并不显著影响会计信息与债务契约的关系。

（四）进一步的分析和敏感性检验

1. 银行关联对于会计信息债务契约有用性的影响："关系机制" 还是 "沟通与声誉机制" 在起作用？

从以上研究中我们发现，银行关联可以降低会计信息在债务契约的有用性，银行关联与会计信息存在一定的替代效应。当然，一方面，这种替代效应可能是因为银行关联提供了一种信息交换和传递机制，并为企业提供一种隐性担保和声誉保障，从而有助于缓解银

企之间的信息不对称，并进一步降低了银行对于会计信息的需求，我们把这种机制称为“沟通与声誉机制”；另一方面，也有可能是因为银行关联提供了一种特殊的关系资源，从而干预银行的贷款决策，使得债权银行忽视了贷款企业的会计信息，我们把这种机制称为“关系机制”。那么，银行关联降低了会计信息在债务契约的有用性，到底是“沟通与声誉机制”还是“关系机制”在起主要作用呢？

我们认为如果银行关联对于企业债务契约的影响是“关系机制”作用的结果，则银行的放贷更多的是被动行为，贷款对象可能并不具备贷款条件，这将导致这类企业无法按期偿还借款的可能性较高；但是，如果是“沟通与声誉机制”作用的结果，则企业违约的概率相对较小。因此，我们可以通过考察银行关联与非银行关联企业在事后的违约概率来对以上两种情况予以区分。

表 3-6 金融生态、银行关联、会计信息与债务契约

变量	金融生态环境差的地区		金融生态环境好的地区	
	模型 8	模型 9	模型 10	模型 11
	L3	L3	L3	L3
C	-0.166 (-0.87)	-0.171 (-0.896)	0.214 (1.411)	0.2 (1.241)
BC	0.12 (1.37)	0.9 (1.186)	-0.04 (-0.331)	-0.04 (-0.307)
ZS	0.34*** (4.59)	0.366*** (4.585)	0.23** (2.546)	0.242** (2.26)
BC×ZS	-0.254*** (-3.103)	-0.242*** (-2.908)	0.02 (0.146)	0.01 (0.117)
POL	0.01 (0.1)	0.1 (0.778)	-0.04 (-0.739)	-0.02 (-0.17)
POL×ZS		-0.09 (-0.878)		-0.03 (-0.18)
AD	-0.21*** (-2.819)	-0.2*** (-2.629)	-0.122* (-1.84)	-0.122* (-1.833)
CF	-0.28*** (-5.186)	-0.27*** (-5.031)	-0.253*** (-4.184)	-0.253*** (-4.18)
INV	0.08 (1.419)	0.08 (1.439)	0.126** (2.027)	0.126** (2.022)
SEO	0.02 (0.374)	0.02 (0.327)	0.002 (0.03)	0.002 (0.03)
LGS	-0.06 (-1.064)	-0.06 (-1.041)	0.14** (2.25)	0.137** (2.209)

续表

变量	金融生态环境差的地区		金融生态环境好的地区	
	模型 8	模型 9	模型 10	模型 11
	L3	L3	L3	L3
AM	0.08 (1.501)	0.1 (1.451)	0.15* (1.891)	0.147* (1.861)
TOBIN'Q	-0.028 (-0.416)	-0.03 (-0.422)	0.002 (0.03)	0.003 (0.05)
SIZE	0.05 (0.785)	0.05 (0.793)	-0.1 (-1.521)	-0.11 (-1.51)
YEAR	控制	控制	控制	控制
IND	控制	控制	控制	控制
R^2	0.343	0.349	0.253	0.253
样本数	291	291	292	292

注：限于篇幅，表中没有报告行业和年度的虚拟变量的结果。括号内是检验的 T 值。***、**、* 分别代表在 1%、5% 和 10% 的水平上显著。

参考孙铮等（2006）的研究，我们以企业上年度短期借款（包括一年内到期的长期负债）与当期偿还借款额度（对应现金流量表中“偿还债务所支付的现金”）的差额来衡量公司是否按期偿还了借款。当该差额大于零时，表示企业没有按期偿还本金①，则变量 DEF 取 1，否则取 0。

表 3-7 的模型 12—14 列示了以公司是否违约（DEF）为因变量的 Logistic 回归结果。结果显示：模型 12 中（总样本），BC 的系数显著为负，模型 13 中（金融生态环境差的地区），BC 的系数显著为负；模型 14 中（金融生态环境好的地区），BC 的系数为负，但没有通过显著性检验。以上结论表明：银行关联企业发生债务违约的概率更小，特别是在金融生态环境差的地区中表现得更为明显。这个结论说明银行关联降低了会计信息在债务契约中的有用性主要是源于“沟通与声誉机制”的作用，而非“关系机制”的影响。

表 3-7　银行关联、债务融资与违约概率

	总样本	金融生态环境差的地区	金融生态环境好的地区
	模型 12	模型 13	模型 14
	DEF	DEF	DEF
C	-0.618 (0.02)	3.734 (0.268)	-4.919 (0.567)

① 值得注意的是，当该差额小于 0 时，并不代表企业一定按期偿还了借款，因为“偿还债务所支付的现金”中可能包括本期借入并在本期偿还的短期借款。因此，该指标衡量的公司违约概率可能低于公司实际的违约概率。但是，除非银行关联企业和非银行关联企业在本期借入并在本期偿还的短期借款存在系统性差异，该偏差不会对本章的研究结论产生实质性影响。

续表

	总样本	金融生态环境差的地区	金融生态环境好的地区
	模型 12	模型 13	模型 14
	DEF	DEF	DEF
BC	-1. 18*** (6. 569)	-1. 167* (3. 32)	-1. 45 (2. 39)
ZS	-1. 743*** (35. 29)	-1. 156*** (10. 4)	-3. 202*** (23. 5)
AD	1. 59*** (8. 9)	1. 97** (5. 789)	-0. 12 (0. 1)
POL	-0. 782* (3. 136)	-1. 611** (5. 36)	0. 749 (0. 81)
INV	0. 02 (0. 06)	0. 231 (0. 617)	-0. 441 (0. 37)
CF	-2. 01 (0. 778)	-5. 89** (4. 255)	5. 891 (1. 457)
LGS	-1. 184 (0. 8)	1. 06 (0. 345)	-5. 57** (4. 124)
AM	-0. 023 (0. 231)	3. 717** (4. 225)	-7. 795** (5. 288)
TOBIN'Q	1. 221 (0. 485)	7. 279*** (6. 996)	-8. 686** (5. 484)
SIZE	0. 014 (0. 01)	-0. 535 (2. 081)	0. 661* (3. 728)
YEAR	控制	控制	控制
Cox & Snell R^2	0. 234	0. 281	0. 261
样本数	583	291	292

注：在 Logistic 回归过程中，我们发现再融资变量（SEO）及很多行业虚拟变量存在“完全分离”的异象，具体表现为系数很大，并且系数估计的标准误非常大，因此，在以上的分析模型中没有包括再融资变量（SEO）及行业控制变量。括号内是检验的 WALD 值。***、**、*分别代表在 1%、5% 和 10% 的水平上显著。限于篇幅，表中没有报告行业和年度的虚拟变量的结果。

另外，我们进一步考察了银行关联与非银行关联企业在贷款诉讼方面的差异。我们认为，如果银行关联对于贷款决策是“沟通与声誉机制”作用的结果，那么，该笔贷款事后违约的概率较小，从而受银行起诉的概率较小；反之，如果银行关联对于贷款决策是“关系机制”作用的结果，那么，该笔贷款事后违约的概率较大，从而受银行起诉的概率较大。我们从 CCER 数据库中搜集了 2004—2009 年度样本公司披露的由于欠款纠纷而受到银行诉讼的所有数据，为了与研究的样本数据相合，我们只选择贷款合约签订发生在 2004—2008 年度而后受到银行起诉的样本，我们以贷款合约签订时间所在年度作为时点，对是否银行关联进行区分。根据统计，在我们的样本中共有 9 家公司受到银行的起诉，以年度公司作为样本点衡量，总共有 11 个样本观测点。受到起诉公司每年度的平均受起诉次数为 3.54 次，受起诉总数达 39 次，在这 11 个样本观测点中，属于银行关联的只有 1 个样本，占贷款诉讼样本的 9.1%；银行关联企业受起诉次数 1 次，占受起诉总数的 2.56%。以上数据表明：银行关联企业发生欠款纠纷而受到银行起诉的概率要小于非银行关联企业①，这也进一步说明，银行关联降低会计信息在债务契约中的有用性主要是源于银行关联这种信用和声誉担保机制的作用，而非银行关联干预银行贷款决策的结果。

2. 敏感性检验

我们改变对于会计信息的度量方式，以商业银行在贷款过程中主要关注的会计信息为基础，选择了流动比率、速动比率、现金流动负债比率、现金负债率、资产负债比率、总资产收益率、营业利润率、总资产利润率、营业收入利润率共 9 个会计指标②来衡量企业的财务状况，用以代替分析模型中的修正 Z 指数变量（ZS）。为了避免指标过多而导致结论不清以及共线性问题，我们运用了因子分析（Factor Analysis）方法，根据特征值大于 1 的规则，选择了 Factor1 和 Factor2 两个公因子，这两个因子解释了标准差的 94%。Factor1 主要对反映偿债能力的指标具有大的正载荷，而 Factor2 则对反映盈利能力的指标具有大的正载荷，因此，我们将 Factor1 和 Factor2 分别称为偿债能力公因子和盈利能力公因子。将 Factor1 和 Factor2 放入回归模型以取代修正 Z 指数变量（ZS），研究结论不发生改变。

一年内到期的长期负债除了长期借款之外，还包括“应付债券”“长期应付款”。我们在长期借款增量（L2）中剔除了一年内到期的长期负债，重新进行回归分析，结论也不发生改变。篇幅关系，以上分析没有给出研究结果。

四、小结

本章分析了银行关联对会计信息债务契约有用性的影响。通过对 A 股民营上市公司样本进行分析，我们的主要研究发现如下：

1. 我国 23.7% 的民营企业存在银行关联的现象，银行关联显著地降低了会计信息与债务契约（主要是短期债务融资）的相关性，说明在银行关联的民营企业中，债权人降低了对于会计信息的依赖，银行关联与会计信息具有一定的替代效应。

2. 一些研究发现政治关联可以降低会计信息在债务契约中的有用性，在控制了银行关联的影响后，我们发现政治关联并不能显著影响会计信息与债务契约的关系，我们的研究表明：以往一些研究发现的政治关联可以降低会计信息在债务契约的有用性，主要是源

---

① 我们以每家公司在每个年度受到的起诉次数为因变量，在控制相关变量的基础上，通过 TOBIT 模型来检验银行关联与非银行关联企业发生欠款纠纷而后受到起诉的可能性。我们发现，BC 的系数显著为负，这说明银行关联企业签订的贷款合约事后受到银行起诉的次数较少，这也进一步证实了上面的结论。篇幅关系，我们没有给出检验的结果。

② 变量的定义如下：流动比率 = 流动资产除以流动负债；速动比率 =（流动资产 - 存货）除以流动负债；现金流动负债比率 = 现金除以流动负债；现金负债率 = 现金除以总负债；资产负债比率 = 总资产除以总负债；总资产收益率 = 利润总额除以总资产；营业利润率 = 营业利润除以主营业务收入；总资产利润率 = 净利润除以总资产；营业收入利润率 = 净利润除以主营业务收入。

于这些政治关联企业同时存在银行关联。

3. 与现有很多用省级区域划分金融发展程度的研究不同，我们采用了城市的金融生态环境指数来定义不同地区的金融发展。研究发现，在金融生态环境差的地区中，银行关联显著地降低了会计信息与债务融资的相关性。在金融生态环境好的地区中，银行关联并不影响会计信息与债务融资的关系。

4. 在我国，特别是在金融生态环境差的地区中，与非银行关联企业相比，银行关联企业发生债务违约的概率更小。结论表明：在我国，特别是在金融生态环境差的地区中，银行关联降低会计信息在债务契约中的有用性主要是源于银行关联这种沟通和声誉担保机制的作用，而非银行关联直接干预银行贷款决策的结果。研究结论说明，在我国，特别是金融发展较为落后的地区中，形成有效的“沟通与声誉机制”比“关系机制”更为重要。

第四章 金融关联与审计意见债务契约有用性

会计报表是投资者和债权人获取有关企业信息的重要来源。然而在各种因素的作用下，公司可能会选择各种会计方法粉饰财务报表，甚至人为操纵会计信息，扭曲会计信息与企业经济业务的关系。不实和扭曲的会计信息向市场传递了公司错误的信息，会导致债权人和投资者的决策错误，最终给债权人和投资者带来损失。注册会计师以第三方的中立身份对企业财务报告及其他经济信息进行鉴证，从而提高了报表的可信赖程度。因此，很多研究表明，审计意见具有信息含量（李增泉，1999；宋常等，2005）。如果公司被出具了非标准的审计意见书，那就意味着上市公司在信息披露、财务管理、公司治理、可持续经营能力上存在问题，这会对债权人与投资者的决策产生重要影响。胡奕明等（2007）的问卷调查发现，银行在审贷过程中除了要求借款人提供一般信息外，还要求提供近三年经审计的财务报告。一些研究进而从实证上证明，审计意见显著影响了银行的贷款决策（高雷等，2010；李海燕等，2008；Bamber 和 Stratton，1997）。

产权经济学认为，契约结构内生于制度约束，是契约成本最小化的结果。审计意见虽然在一定程度上可以影响债权人对于公司财务状况和偿债能力的判断，但由于其固有的局限性，如审计意见购买、审计合谋等（李爽等，2003；雷光勇，2005；赵国宇等，2009），审计信息并不能为债务契约提供充分信息。当其他替代变量能够提供有关债务人的有用信息时，债务契约将会弱化对审计信息的需求。此外，当存在相关机制可以干预银行的贷款决策时，也可能会降低审计信息在债务契约中的有用性。

我们认为，银行关联正是这种替代机制和干预机制的重要组成部分。事实上，我国很多民营企业通过聘请具有银行工作背景的人员担任公司的高管，从而与银行等金融机构形成紧密的关联。这种特殊的关系机制既可以解决银行与企业信息不对称的问题，为企业提供隐性的担保，增强企业的信用和声誉，又可以改善和加强银企关系，并利用良好的银企关系帮助企业获得银行的贷款，从而降低银行对于审计信息的依赖性。孙铮等（2005）指出，在转型经济中，关系与声誉机制对于债务契约的履行起到了重要的作用。目前，虽然有一些研究考察了审计信息与债务契约的关系，但是，在债务契约上，关系机制（银行关联）是否与审计信息存在替代效应，还未曾见到相关的研究，我们的研究有助于填补这方面的研究空白。

本章主要是分析银行关联这一重要的金融关联模式对于审计意见债务契约有用性的影响，通过分析民营企业样本数据，本章研究发现：（1）非标准审计意见与企业的银行借款融资（主要是短期借款）存在显著的负相关关系，但是，民营企业建立的银行关联却有助于降低非标准审计意见对于企业获得银行借款融资的负面影响；（2）当被出具了非标准审计意见后，民营企业会引入银行关联高管，以缓解非标准审计意见所带来的负面影响。研究结论表明：在获得借款融资上，银行关联与审计信息存在显著的替代效应。

一、理论分析与研究假设

现有的研究表明，审计意见具有信号传递功能。信息不对称会导致利益相关者对公司经营风险与履约责任的认识存在差异，而审计意见通过对财务报表的鉴证和审核，将影响投资者和债权人对公司的信任程度（Titman 和 Truman，1986）。Bamber 和 Stratton（1997）以债权人为研究对象，发现审计意见显著影响了债权人的风险评价、信贷决策和贷款资金的利率。Copley 等（2002）指出，好的审计意见将向市场发出该公司资产质量良好的信号，增强投资者的投资信心，从而改善公司的融资约束问题。王少飞等（2009）与朱凯和陈信元（2009）对于我国的研究也表明，好的审计意见能够有效缓解上市公司所面临的融资约束。反之，非标准审计意见在一定程度上隐含着公司偿债能力下降、债务违约概率上升、管理层粉饰财务报表和掩盖公司不利信息等问题。因此，非标准审计意见会显著影响债权人和投资者的决策。Lin 等（2003）对我国的研究表明，被出具非清洁审计意见的公司，银行等债权人会对其财务报告的信任度打折扣。李海燕等（2008）发现，非清洁审计意见与公司利息支出率显著正相关。高雷等（2010）的研究表明，获得标准无保留的审计意见有利于企业获得更多的银行贷款以及提供较少的担保费用比例。廖义刚等（2010）等的研究表明，被出具了非标准审计意见的上市公司，次年银行贷款水平有显著的降低。胡奕明和唐松莲（2007）认为，银行的贷款利率无论长期还是短期都与借款企业的审计意见有关。这些研究表明，审计意见作为一种信息传递机制，可以减少企业与债权人的信息不对称问题，从而影响债权人的决策。

但是，正如孙铮等（2005）指出的，研究转型经济国家中的债务契约问题必须考虑制度环境的影响，具有良好声誉和关系机制的企业，银行相信其有动力（能力）最终履行债务契约，所以这类企业与银行间的债务契约履约成本相对较低。我们认为，银行关联是转型经济国家中关系机制的重要组成部分，必将显著影响审计意见与债务契约的关系。但遗憾的是，目前还未曾见到这方面的研究。

近年来，逐渐有一些研究关注了银行关联的现象，即银行家加入非金融类企业的董事会。多数研究主要是分析了银行关联是否有利于增加企业的银行贷款，降低企业的贷款成本和破产风险等。Booth 等（1999）对美国大企业的研究发现，银行家出任企业董事能够显著提高企业的负债率。Burak 等（2008）对于美国公司的研究表明，商业银行家加入公司的董事会有助于公司获得外部银行融资，而投资银行家加入公司则可以为企业带来更多的证券融资。Ciamarra（2006）对于美国公司的研究发现，任命银行背景的董事有助于企业获得更多的贷款，降低债务融资与有形资产之间的相关性，并减少企业的融资成本。但是，Byrd 和 Mizruchi（2005）对美国大企业的研究则得出了不同的结论，他们发现，贷款银行的代表加入企业的董事会降低了企业的负债水平。根据文献检索我们发现，国内对于银行关联现象还没有进行系统的研究，多数学者主要考察了企业与银行长期借贷过程中建立的银企关系（曹敏等，2003）。并且，现有的这些研究并没有考察银行关联与审计信息对于债务契约的交互影响。

我们认为银行关联会从以下三个方面影响审计信息在债务契约中的有用性。

首先，银行关联有助于降低银企双方的信息不对称程度，从而弱化审计信息在债务契约中的作用。企业通过聘请具有银行工作背景的人员担任公司的高管，从而形成银行关联，这种机制有利于银企双方的信息沟通，消除贷款银行的疑虑，进而将有助于降低企业与银行的信息不对称程度，所以，在贷款决策上，银行关联可能与审计信息形成一定的替代效应。

其次，银行关联所带来的信用与声誉担保机制有助于降低债权银行对于审计信息的关注。相关研究认为，所有制歧视、金融压抑与国有银行垄断造成了银行业严重的信贷歧视，非国有企业深受其害。在预算软约束条件下，国有金融与国有企业的金融沟通依赖于国家自上而下建立的纵向信用联系，而就民营经济而言，其金融支持则需要通过一种横向的信用联系来实现。对国有银行来说，民营企业几乎完全是新客户，社会上也没有独立的资信评估机构及其服务可资利用，因此，对它们的信贷行为必定是谨慎的，从这种意义上看，民营经济的金融困境从根本上讲是一种信用困境（张杰，2000；罗党论等，2008）。青木昌彦（2001）认为，在发展中国家与转轨经济中，向企业贷款的风险很大，商业判断需要利用一些不易标准化与量化的信息，如企业与经理的特征等等。在缺乏发达的第三方实施机制的条件下，合同执行不得不求助于以企业家历史专门信息为基础的声誉机制（罗党论等，2008）。La Porta 等（1997）从信任的角度分析了关系和声誉机制的重要性，他们认为关系和声誉机制对于维系合作起到了重要作用。潘克勤（2009）进一步从政治关联的角度提供了关系机制影响债务契约的证据，他认为实际控制人具备的政治身份对于债务契约具有潜在的担保作用，从而使得银行会在一定程度上忽视民营企业相关的财务会计信息。我们认为，银行关联变相为企业提供一种隐性的信用担保与声誉保障，这有助于降低债权人对于审计信息的需求。

最后，银行关联可能会干预银行的贷款决策，使得贷款银行在一定程度上会忽略企业的审计信息。Choi 等（1999）指出，在经济转型的过程中，由于缺乏良好的价格体系和完善的法律系统，从定价和法律执行的角度来看，交易成本将变得十分高昂。这就意味着，经济转型中的企业更倾向于将人际关系网络作为自身经营战略的一部分（罗党论等，2009）。我国自古以来就有重视关系的文化传统，中国人广泛相信企业经营者的社会网络和关系是其企业成功的重要前提，甚至西方跨国公司都清楚地知道在中国做生意时“关系为王”（Vanhonacker，2000；巫景飞等，2008）。从这意义上来说，关系不仅是一种资源，而且是一种能够调动和获得资源的资源。边燕杰和丘海雄（2000）强调，企业不是孤立的行动个体，而是与经济领域的各个方面发生种种联系的企业网络上的纽节，能够通过这些联系而获取稀缺资源是企业的一种能力，这种能力就是企业的社会资本。一些学者，如 Booth 等（1999）、Burak 等（2008）、Ciamarra（2006）对于国外的研究表明，银行关联有助于企业获得更多的银行贷款。我们认为，在我国经济转轨的背景下，银行关联这种特殊的关系资源在干预银行的贷款决策上可能可以发挥更大的作用，从而使得贷款银行在一定程度上忽略企业的审计信息。

基于以上的分析，我们提出如下的假设：

假设 1：民营企业的银行关联会降低债权人对审计信息的敏感性。

二、研究设计

（一）检验模型

为了检验研究假设，我们构造式（1）如下。

$$LOAN = C + \beta_1 BC + \beta_2 AD + \beta_3 BC \times AD + \beta_4 CONTROLS + \beta_5 YEAR + \beta_6 IND + \delta \tag{1}$$

式（1）中，LOAN 是指公司当年借款的增量水平，包括三个变量：借款总增量（L1）、长期借款增量（L2）、短期借款增量（L3）。我们采用债务的增量来衡量债务契约，债务契约特征还包括资金成本、担保抵押、债务期限等。由于上市公司年报对贷款利息、抵押担保等信息披露很少，而且债务期限结构也只能从资产负债表获得静态的长短期债务比例，该比例数据是企业过往多年累积的结果，不是一个很好的债务契约替代指标（潘克勤，2009；陆正飞等，2008），因此，我们采用反映年度动态借款增量指标来度量债务契约。

BC 是银行关联变量，定义为公司高管中是否存在曾经或现在银行任职的高管①。

AD 是指审计意见。目前会计师出具的审计意见主要有：无保留、附加解释段的无保留、保留、拒绝表示意见和否定等意见类型，我们将后四种意见合称为非标准意见，而将第一种意见（无保留）称为标准审计意见。

CONTROLS 是控制变量，包括：财务风险（ZS）、金融生态环境（FIN）、政治关联（POL）、公司规模（SIZE）、资产结构（AM）、成长机会（Tobin'Q）、股权结构（LGS）、是否存在权益融资（SEO）、自有资金充裕程度（CF）。IND、YEAR 分别作为行业和年度的控制变量。

其中：ZS 是指公司的财务风险。债权人在贷款决定时主要是考虑企业的财务风险，而评估财务风险的重要渠道是来源于企业的会计信息。Altman（1968）年对美国破产和非破产生产企业进行观察，利用会计信息建立了著名的 Z - score 模型，以预测企业的财务风险，该指标越小，企业财务风险越大，反之亦然。Z - score 模型在美国、澳大利亚、巴西等发达和发展中国家都得到了广泛的应用。随后，为适应形势的需要，很多研究对 Z - score 模型进行修正。与 Graham（1998）和 Byrd 等（2005）的研究相似，我们采用修正后的 Z 指数模型来度量企业的财务风险②，即：

$$3.3 \times \frac{息税前利润}{总资产} + 1.0 \times \frac{销售收入}{总资产} + 1.4 \times \frac{留存收益}{总资产} + 1.2 \times \frac{营运资本}{总资产}$$

其中：息税前利润 = 利润总额 + 财务费用；留存收益 = 盈余公积 + 未分配利润；营运

① 高管包括董事会和经理层。

② 向德伟（2002）的研究表明，Z 指数模型在度量我国上市公司的财务风险上具有较强的使用价值，并且随着会计准则与国际接轨、会计信息真实性的提高，其在国内的适用前景将更加广泛。姜付秀等（2009）和周春生等（2006）也采取了 Z 指数模型来度量我国上市公司的财务风险。

资本 = 流动资产 - 流动负债

FIN 是指金融生态环境。与很多用省级金融市场化指数衡量各地区的金融发展的研究不同，我们选用中国社会科学院金融研究所发布的《中国城市金融生态环境评价》指数来衡量各地区的金融生态环境，该指数评价的指标主要由地区经济基础、金融发展、政府治理、制度文化等方面构成。我们认为，以城市为对象衡量金融发展环境更为准确。如以 2004 年的江苏省为例，苏州的金融生态环境排名第 7 位，而同属江苏省的徐州市却排在第 50 位；再比如以 2008 年的四川省为例，成都的金融生态环境排名第 23 位，而同属四川省的自贡市却排在第 86 位。朱凯和陈信元（2009）也认为，以省份为单位衡量地区的金融发展环境并不合适。

相关变量的定义见表 4 - 1。

表 4 - 1　　变量的定义

变量	符号	定义
总借款增量	L1	期末和期初的长、短期借款（包括长期借款、一年到期的长期负债、短期借款）的差额除以期初总资产
长期借款增量	L2	期末和期初的长期借款（包括长期借款、一年到期的长期负债①）的差额除以期初总资产
短期借款增量	L3	期末和期初的短期借款的差额除以期初总资产
银行关联	BC	存在曾经或现在银行任职的高管取值 1，否则取值 0
审计意见	AD	前一年的审计意见，0 表示标准无保留审计意见，1 表示非标准的审计意见
金融生态环境	FIN	样本公司当年所在城市金融生态综合指数得分处于全国的前 10 位则取值 1，否则取值 0
财务风险	ZS	期初修正后的 Z 指数
政治关联	POL	最终控制者曾经或现在政府，或人大，或政协工作，则认定有政治关联公司，取值 1，否则取值 0
再融资	SEO	本年度实施再融资（增发或配股）取值 1，否则取值 0
自有资金	CF	本年度经营性现金流净额除以期初总资产
股权结构	LGS	第一大股东的持股比例
资产结构	AM	期初固定资产占总资产的比重
成长机会	TOBIN'Q	期初的 TOBIN'Q，其中 TOBIN'Q =（年末流通市值 + 非流通股份占净资产的金额 + 长期负债合计 + 短期负债合计）/年末总资产
公司规模	SIZE	期初总资产的自然对数
年度变量	YEAR	年度的虚拟变量
行业变量	IND	行业的虚拟变量，根据 2001 年证监会公布的《上市公司行业分类指引》，将公司划分为 21 个行业，其中除制造业划分到次类以外，其他行业划分到门类

① 在企业的资产负债表中，一年内到期的长期负债是流动负债的一个组成部分，但从契约性质来看，它仍然属于长期负债，所以，这里将其划分到长期贷款中。

（二）样本的选择和数据说明

本章选择的研究期间是2004—2008年在A股上市的民营企业作为研究样本。2005年，中国社会科学院金融研究所评价了50个大中城市的2004年金融生态环境，2007年评价了90个中心城市2006年的金融生态环境，2009年则评价了100个大中城市的2008年金融生态环境。我们发现在2005年评价的50个大中城市中，只有南通市没有在2007年的城市评价中出现，其余的49个城市都在2007年和2009年的评价指数中出现，我们就以注册地与李扬等（2005）所包括的49个城市（除南通市外）相同的非金融上市民营企业作为研究样本。

在样本选择中剔除以下类型样本：（1）买壳上市的民营企业①；（2）金融、保险类公司；（3）数据异常和信息披露不详的样本。这样我们就得到201家民营企业，总共583个样本观测值。

本章所使用的银行关联和政治关联数据均来自于对上市公司年报的手工整理。财务数据和审计信息来源于CSMAR数据库和CCER中国金融数据库。金融生态环境数据来自于李扬等（2005）、刘煜辉（2007）、李扬等（2009）的《中国城市金融生态环境评价》。值得注意的是，在李扬等（2005）、刘煜辉（2007）、李扬等（2009）的研究中，其发布的《中国城市金融生态环境评价》只包含2004年、2006年和2008年各城市的金融生态指数，我们的研究样本期间是2004—2008年，因此，对于2005年的金融生态环境数据，我们取2004的数据加以代替，对于2007年的金融生态环境数据，取2006年的数据加以代替。

三、实证结果和分析

（一）描述性统计

表4-2中，我们发现我国23.7%的民营企业存在不同程度的银行关联现象，银行关联高管人数最多达3人，公司中存在一名银行关联高管的公司比重最高。

表4-2　　我国民营企业银行关联的人数分布

	人数	1人	2人	3人
银行关联	样本数 （比例）	101 （17.3%）	33 （5.7%）	4 （0.68%）

注：表中的比例是指银行关联的样本数占总样本的比例。

表4-3中，从总的借款融资量来看，上年度获得非标准审计意见的公司，下一年总借款融资量是-8%，而上年度获得标准审计意见的公司，下一年总借款融资量是5.3%，

① 一方面，买壳上市会导致管理层发生变动，而且可能持续一到两年的时间，这也使得样本中的银行关联作用可能受到影响；另一方面，买壳上市样本的资产和业务可能会发生很大的变化，这也使得企业的贷款融资能力会发生显著变化，而我们很难控制这些因素的影响。

两者的差异通过了1%的显著性检验。从长期借款融资量来看，上年度获得非标准审计意见的公司，下一年长期借款融资量是1.2%，而上年度获得标准审计意见的公司，下一年长期借款融资量是1.7%，两者的差异并没有通过显著性检验。从短期借款融资量来看，上年度获得非标准审计意见的公司，下一年短期借款融资量是-9.7%，而上年度获得标准审计意见的公司，下一年短期借款融资量是4.1%，两者的差异通过了1%的显著性检验。以上结论说明，非标准审计意见对于企业的贷款融资产生极为不利的影响，但是，这种影响主要体现在短期借款融资上，非标准审计意见对于企业获得长期借款融资并不产生显著的影响。李海燕等（2008）也发现，非标准审计意见与公司长期借款的获取不具有显著的关系。

表4-3　　审计意见与债务契约的描述性统计

	总样本		标准审计意见		非标准审计意见		均值差异的T检验值
	平均值	标准差	平均值	标准差	平均值	标准差	
L1	0.043	0.12	0.053	0.112	-0.08	0.143	7.065***
L2	0.012	0.067	0.017	0.082	0.012	0.067	0.478
L3	0.031	0.11	0.041	0.1	-0.097	0.15	5.72***
样本数	583		543		40		

注：T检验是针对标准审计意见与非标准审计意见的差异检验。***、**、*分别代表在1%、5%、10%的水平上显著。

（二）银行关联、审计信息与债务契约

我们通过式（1）来检验假设1。表4-4中，模型1的因变量是总借款增量（L1），我们发现AD的系数显著为负，表明企业上年度被出具了非标准审计报告，则企业当年获得的借款融资量较少，审计信息与企业的贷款融资联系紧密。这与高雷等（2010）的研究发现类似。但是，交叉变量（BC×AD）的系数显著为正，说明在银行关联的企业中，审计信息与借款总增量的相关性显著小于非银行关联的企业，银行关联降低了审计信息在债务融资中的有用性。假设1得到证实。模型2的因变量是长期借款增量（L2），我们发现AD与BC×AD的系数都不显著。模型3的应变量是短期借款增量（L3），我们同样发现AD的系数显著为负，交叉变量（BC×AD）的系数显著为正。以上结论说明，银行关联降低了审计信息在债务融资（主要是短期债务融资）中的有用性，在贷款银行对企业发放贷款时，银行关联可以起到替代审计信息的作用。

表4-4　　银行关联、审计信息与债务契约

变量	模型1	模型2	模型3
	L1	L2	L3
C	0.0004 (0.0001)	-0.07 (-1.061)	0.08 (0.695)

续表

变量	模型 1	模型 2	模型 3
	L1	L2	L3
BC	-0.014 (-0.342)	0.085** (2.059)	-0.07* (-1.778)
AD	-0.22*** (-4.13)	-0.001 (-0.02)	-0.236*** (-4.888)
BC×AD	0.09* (1.841)	-0.008 (-0.16)	0.1** (2.11)
POL	-0.01 (-0.314)	-0.01 (-0.357)	-0.05 (-0.123)
ZS	0.243*** (4.911)	-0.032 (-0.566)	0.288*** (5.761)
FIN	0.04 (0.945)	-0.11** (-2.508)	0.1*** (2.736)
CF	-0.3*** (-7.161)	-0.09** (-2.033)	-0.256*** (-6.457)
SEO	0.01 (0.356)	-0.004 (-0.09)	0.01 (0.428)
LGS	0.05 (1.359)	0.03 (0.627)	0.04 (1.047)
AM	0.16*** (3.27)	0.1 (1.516)	0.125** (2.566)
TOBIN'Q	-0.01 (-0.15)	0.001 (0.01)	-0.01 (-0.165)
SIZE	-0.004 (-0.1)	0.049 (1.088)	-0.03 (-0.836)
YEAR	控制	控制	控制
IND	控制	控制	控制
R^2	0.247	0.113	0.257
样本数	583	583	583

注：限于篇幅，表中没有报告行业和年度的虚拟变量的结果。括号内是检验的 T 值。***、**、*分别代表在 1%、5%和 10%的水平上显著。

表 4-4 中，POL 的系数并不显著，表明政治关联并不能显著影响民营企业的债务契约[①]，这与国外一些研究结果不同（Faccio，2006；Charumilind 等，2006；Khwaja 和 Mi-

① 我们将政治关联重新定义为董事长或总经理是否具有人大代表或政协委员资格（县、市、省和全国）或者具有曾（现）在政府工作的背景，如果具备这种工作经历，POL 取值 1，否则取值 0。研究结论同样表明，政治关联并不对债务契约造成显著影响。

an，2005；Claessens 等，2006）。我们注意到，以上的研究主要是用负债率来衡量企业的债务契约，但是，陆正飞等（2008）认为银行借款余额是企业过往多年累积的结果，因此负债率可能受到较多噪声的影响。潘克勤（2009）对于我国民营企业的研究也发现，最终控制人的政治身份对企业借款增量没有造成明显影响。

表 4－4 中，模型 1 的 FIN 的系数不显著，而模型 2 中 FIN 的系数显著为正，模型 3 中 FIN 的系数显著为负，说明在金融生态环境好的地区中，短期借款增量较高，而金融生态环境差的地区中，长期借款增量较高。这一结果与孙铮等（2005）对于我国研究的结论类似。

表 4－4 的模型 1 中，ZS 的系数显著为正，表明企业的财务状况越好，财务风险越小，越容易获得银行的贷款，会计信息在企业获得贷款中具有重要的作用。这与潘克勤（2009）的研究发现类似。但是，模型 2 中 ZS 的系数并不显著，模型 3 中 ZS 的系数显著为正，表明财务会计信息对于企业获取短期银行贷款的作用较大，而对于获得长期贷款资金不能提供明显的帮助。AM 的系数基本显著为正，表明固定资产比重越高的公司，债务融资比重越高，说明银行在贷款时会关注企业可抵押资产的比重。CF 的系数显著为负，说明自有资金越充裕的公司，其债务融资的需求越小。

（三）进一步的分析

从前面的分析中，我们发现银行关联可以降低审计信息在债务契约中的有用性，银行关联与审计信息存在一定的替代效应。为了进一步证实这种替代效应的存在，我们认为当企业上一年度被出具了非标准审计意见后，则企业当年的借款融资将会面临严峻的挑战，此时如果银行关联真的与审计信息存在替代效应，则当期企业应该会引入银行关联高管，以降低非标准审计意见对于债务融资的负面影响。因此，前一期的非标准审计意见与当期银行关联高管的引入应存在显著的正相关关系。

我们进一步从动态的银行关联角度进行分析，企业存在四种状态：（1）t－1 期是非银行关联，t 期是银行关联；（2）t－1 期是非银行关联，t 期也是非银行关联；（3）t－1 期是银行关联，t 期也是银行关联；（4）t－1 期是银行关联，t 期是非银行关联。第一种状态就是银行关联引入，即企业从非银行关联成为银行关联企业；第二和第三种状态是企业的 t 期与 t－1 期的银行关联状态保持一致；第四种是银行关联削弱，即企业从银行关联变成非银行关联企业。因此，可以进一步检验，当企业上一年度被出具非标准审计意见后，企业是否会在当年加强银行关联。

我们定义了以下两种银行关联加强的变量：

（1）银行关联加强变量 1（BCA1）：如果民营企业处于第一种状态时，即 t－1 期是非银行关联，t 期是银行关联，BCA 取值 1；如果民营企业处于第二和第四种状态时，即 t－1 期是非银行关联，t 期也是非银行关联，或 t－1 期是银行关联，t 期是非银行关联，BCA2 取 0①。

（2）银行关联加强变量 2（BCA2）：如果民营企业处于第一种状态时，即 t－1 期是非

① 对此变量的定义不包括第三种状态。

银行关联，t 期是银行关联，BCA 取值 1；如果民营企业处于第二种状态时，即 t－1 期是非银行关联，t 期也是非银行关联，BCA3 取 0①。

表 4－5 列示了以公司是否银行关联加强（BCA1、BCA2）为因变量的 Logistic 回归结果。我们发现 AD 的系数显著为正，表明当企业上一年度被出具了非标准审计意见后，企业在当年引入银行关联高管的概率较高。这也进一步证实了银行关联与审计意见存在显著的替代效应。

表 4－5 中，FIN 的系数显著为正，表明金融生态环境较好的地区，民营企业更容易引入银行关联高管；LGS 的系数显著为正，说明第一大股东的持股比例越大，民营企业引入银行关联高管的概率越高；POL 的系数显著为负，表明政治关联企业引入银行关联高管的激励较弱。

表 4－5　　审计意见与银行关联的加强

变量	模型 4	模型 5
	BCA1	BCA2
C	－32.09 (0.001)	－32.7 (0.001)
AD	2.864 ** (6.654)	3.11 *** (6.78)
POL	－2.729 (5.359)	－3.061 ** (5.753)
ZS	－0.085 (0.05)	0.072 (0.032)
FIN	1.855 ** (5.46)	1.884 ** (5.481)
CF	－3.797 (0.683)	－3.496 (0.573)
SEO	－17.3 (0.001)	－17.5 (0.001)
LGS	10.3 *** (9.162)	9.771 *** (8.7)
AM	3.797 (0.683)	1.505 (0.236)
TOBIN'Q	1.184 (0.172)	2.096 (0.511)
SIZE	0.258 (0.45)	0.253 (0.43)

① 对此变量的定义不包括第三种状态和第四种状态。

续表

变量	模型 4	模型 5
	BCA1	BCA2
YEAR	控制	控制
IND	控制	控制
loglikelihood	-42	-42
样本数	312	293

注：括号内是检验的 WALD 值。***、**、* 分别代表在 1%、5% 和 10% 的水平上显著。限于篇幅，表中没有报告年度和行业的虚拟变量的结果。

(四) 敏感性检验

我们改变对于财务风险的度量方式，以商业银行在贷款过程中主要关注的会计信息为基础，选择了流动比率、速动比率、现金流动负债比率、现金负债率、资产负债比率、总资产收益率、营业利润率、总资产利润率、营业收入利润率共 9 个会计指标[①]来衡量企业的财务状况，用以代替分析模型中的修正 Z 指数变量（ZS）。为了避免指标过多而导致结论不清以及共线性问题，我们运用了因子分析（Factor Analysis）方法，根据特征值大于 1 的规则，我们选择了 Factor1 和 Factor2 两个公因子，这两个因子解释了标准差的 94%。Factor1 主要对反映偿债能力的指标具有大的正载荷，而 Factor2 则对反映盈利能力的指标具有大的正载荷，因此，我们将 Factor1 和 Factor2 分别称为偿债能力公因子和盈利能力公因子。将 Factor1 和 Factor2 放入回归模型以取代修正 Z 指数变量（ZS），研究结论不发生改变。篇幅关系，以上分析没有给出研究结果。

四、小结

本章分析了银行关联对审计信息债务契约有用性的影响。通过对民营上市公司样本进行分析，研究发现：

（1）非标准审计意见与企业的短期借款融资存在显著的负相关关系，但是，与长期借款融资不存在显著的相关关系，说明非标准审计意见对于企业债务契约的影响主要体现在短期借款上。研究结论证明了我国资本市场中审计信息在融资契约中的有用性。

（2）我国 23.7% 的民营企业存在银行关联的现象。在银行关联企业中，非标准审计意见对于债务契约的负向影响要弱于非银行关联的企业，说明银行关联显著降低了审计信息在债务契约中的有用性。

（3）非标准审计意见的出现会导致企业引入银行关联的高管，以降低非标准审计意见对于债务契约的负面影响，这也进一步证实了银行关联与审计意见存在一定的替代效应。

① 变量的定义如下：流动比率 = 流动资产除以流动负债；速动比率 =（流动资产 - 存货）除以流动负债；现金流动负债比率 = 现金除以流动负债；现金负债率 = 现金除以总负债；资产负债比率 = 总资产除以总负债；总资产收益率 = 利润总额除以总资产；营业利润率 = 营业利润除以主营业务收入；总资产利润率 = 净利润除以总资产；营业收入利润率 = 净利润除以主营业务收入。

第五章　金融关联与企业的融资约束

相关研究表明，持续地获得外部融资是促进私有经济快速发展的重要因素。Johnson 等（2002）及 Cull 和 Xu（2005）的研究表明，在转型经济国家，外部融资对私有企业的发展和再投资具有重要的推动作用。然而，多数学者对于我国的研究却表明大部分的金融资源主要流向了国有企业，民营企业仍面临严重的融资渠道不畅问题（Cull 和 Xu，2005；Allen 等，2005）。尽管我国的民营企业面临着严重的融资约束，但是，民营企业迅速发展已成为一个不争的事实。2018 年，《民营经济改变中国——改革开放 40 年民营经济主要数据简明分析》的数据显示，1978 年，中国个体工商户只有 15 万家，没有一家私营企业。到 2016 年，中国私营控股企业法人 1253.7 万家，占全国企业法人总数的 86%，全部民营企业法人占全国的 95% 以上。到 2017 年，中国个体工商户已达 6579 万家。1978 年，中国城镇就业人员 9514 万人中，国有单位 7451 万人，占 78.3%；集体单位 2048 万人，占 21.5%，个体户只有 15 万人。2016 年，城镇就业人员 41428 万人，国有单位 6170 万人，占 14.9%；外资单位 2666 万人，占 6.4%；私营单位 12083 万人，个体 8627 万人，两者占 50%；全部民营单位就业占全国城镇就业的近 80%。从 GDP 总量来看，目前民营经济占中国 GDP 的 2/3。这说明民营企业有一套克服不利于自身发展的替代机制。Allen 等（2005）进一步指出中国的关系机制与声誉机制起到了替代法律保护和金融发展等正式制度安排的作用。我们认为金融关联正是 Allen 等（2005）所强调的关系机制与声誉机制的重要组成部分。

很多民营企业聘请具有金融背景（如银行、证券、信托、保险、基金）的人员担任公司的高管，从而与金融机构形成金融关联。我们认为金融关联可以从以下几个方面改善民营企业面临的融资约束。第一，通过聘请具有金融工作背景的人员担任公司的高管有助于民营企业与金融机构建立紧密的关系网络，这种关系网络可能会影响金融机构的决策，从而改善民营企业的融资环境；第二，金融关联是一种声誉和隐性的担保机制，有利于增强企业的信用和声誉，同时，金融关联为民营企业与金融机构搭建了一座沟通的桥梁，可以在一定程度上解决金融机构与企业信息不对称的问题，这些都有助于民营企业获得外部金融资源的支持；第三，通过聘请具有金融机构工作背景的人员加入公司，可以借助这些金融人才的技能为企业打造创新性的融资方案，从而缓解企业的融资约束。

通过分析民营上市企业的样本数据，我们发现：金融关联能有效缓解民营企业存在的融资约束；在金融市场化程度低的地区中，金融关联对于缓解企业融资约束的作用显著高于金融市场化程度高的地区；政治关联程度较低的民营企业中，金融关联缓解融资约束的作用较大，相反，政治关联程度较高的民营企业中，金融关联起的作用较小，这说明金融发展、政治关联与金融关联在缓解民营企业的融资约束上存在替代效应。进一步的研究还发现，金融关联在缓解民营企业融资约束上比政治关联更为有效。我们还分析了两种不同形式的金融关联（即银行关联、证券公司关联）与融资约束的关系，研究结论同样表明，银行和证券公司关联有效地缓解了民营企业的融资约束；在金融市场化程度低的地区，银行关联和证券公司关联对于缓解民营企业融资约束的作用显著高于金融市场化程度高的地区；政治关联程度较低的民营企业中，银行关联和证券公司关联缓解融资约束的作用较大，相反，政治关联程度较高的民营企业中，银行关联和证券公司关联起的作用较小。

本章的主要贡献在于：多数学者对于正式制度与非正式制度的研究主要考虑了两者的相互作用，如很多学者从制度环境和政治关联的角度分析这两种不同的制度安排对于企业财务行为、特征和效率的交互影响（罗党论等，2008；唐建新等，2009；余明桂等，2008；余明桂等，2010；邓建平等，2009），我们不仅从金融关联这一新角度为这方面的研究提供了新的证据，更为重要的是，现有研究文献并没有考察制度环境和政治关联特征对于金融关联与融资约束关系的不同影响作用。我们知道，制度分为正式制度（法律、政府政策法规等）和非正式制度（诸如风俗习惯、声誉机制、道德水平、文化等）两种，两者都对保证契约的履行起到重要作用（孙铮等，2005）。因此，在转型经济国家中，研究和分析正式制度（金融发展）与非正式制度（金融关联）及非正式制度（金融关联与政治关联）之间的替代效应就显得尤其必要。我们研究了不同的非正式制度（金融关联与政治关联）之间存在的替代效应，并且分析了金融关联与政治关联在缓解民营企业融资约束作用上的差别，研究结论为正确理解转型经济国家中非正式制度的运行机制提供了一定的帮助。

一、理论分析与研究假设

（一）金融关联与企业的融资约束

在过去数十年的改革过程中，中国金融体系重建、发展和改革的每一步，都是与国有企业改革紧密联系的。国有企业问题的根源在于它承担着社会性和政策性战略负担，由此带来了国有企业的预算软约束问题和“自生能力”问题。但是，中国的市场化改革使得国有企业所承担的政策性负担由隐性变为显性，政府需要对这些由于政策性负担造成的国有企业亏损负责。因此，我国的金融资源多数流向国有企业，如银行贷款大多都贷给了国有企业，而股票市场的上市公司大多也是国企（林毅夫等，2005），这也导致了民营企业难以从正规金融体系中获得外部融资。同时，为了控制整个社会的金融资源，政府必然对金融体系进行垄断，由此形成了以国有银行为主导的金融体系，这种金融体系必然是以国有大中型企业为主要服务对象，因此，“所有制歧视”进一步限制了民营企业从国有银行体系中获取债务融资的能力和规模（林毅夫等，2001）。卢峰和姚洋（2004）也认为，金融压抑与低效率的国有银行垄断造成了银行业严重的信贷歧视，非国有企业深受其害。我们认为，在民营企业融资渠道严重受限的条件下，金融关联至少可以在以下几个方面影响民营企业的融资约束。

首先，Choi等（1999）指出，在经济转型的过程中，由于缺乏良好的价格体系和完善的法律系统，从定价和法律执行的角度来看，交易成本将十分昂贵。这就意味着，经济转型中的企业更倾向于将人际关系网络作为自身经营战略的一部分（罗党论等，2009）。我国自古以来就有重视关系的文化传统，中国人广泛相信企业经营者的社会网络和关系是其企业成功的重要前提，甚至西方跨国公司都清楚地知道在中国做生意时“关系为王”（Vanhonacker，2000；巫景飞等，2008）。从这种意义上来说，关系不仅是一种资源，而且是一种能够调动和获得资源的资源。边燕杰和丘海雄（2000）强调，企业不是孤立的行动个体，而是与经济领域的各个方面发生种种联系的企业网络上的纽节，能够通过这些联系而获取稀缺资源，是企业的一种能力，这种能力就是企业的社会资本。通过聘请具有银行、证券、信托、保险、基金等金融工作背景的人员担任公司的高管，正是民营企业获得社会资本的重要途径，金融关联有助于民营企业与金融机构、监管部门和外部投资者等建立紧密的关系网络，这种关系网络可能会影响金融机构与相关部门的决策，从而改善民营企业的融资环境，进而缓解企业的融资约束。比如，具有银行工作背景的人员加入民营企业成为公司的高管，这些人很可能会利用其在银行行业内广泛的人脉关系影响银行的贷款决策，从而帮助民营企业减轻或克服银行的信贷歧视问题。而具有证券公司工作背景的人员加入公司后，必然有助于改善企业的融资环境，因为证券公司关联高管与监管部门、证券公司、投资银行和投资公司等关系紧密，这种关系资源对于民营企业发行公司债券、资产抵押债券、可转债、短期融资券等各种形式债券，对于企业进行股权再融资、结构性融资（如银团贷款、出口信贷、表外融资、项目融资），对于企业引入战略投资者、股权投资基金、政府创新基金和产业投资基金等外部资金支持具有重要的作用。

其次，我们也知道不同的金融行业之间业务存在交叉，关系紧密。事实上，很多金融机构已形成金融控股集团，存在几种不同的金融业务，比如，中信就拥有银行、证券、保险、信托、基金等金融子公司。这也使得不同方式的金融关联会利用其在金融领域中的人脉关系影响企业的融资约束。比如，证券公司关联的高管很可能与银行、信托公司也存在紧密的关系，从而也会影响银行和信托公司的决策，进而缓解企业的融资约束。

再次，在软的预算约束条件下，国有金融与国有企业的金融沟通依赖于国家自上而下建立的纵向信用联系，而就民营经济而言，其金融支持则需要通过一种横向的信用联系来实现，因为对国有银行来说，民营企业几乎完全是新客户，社会上也没有独立的资信评估机构及其服务可资利用，因此，对它们的信贷行为必定是谨慎的。从这种意义上看，民营经济的金融困境从根本上讲是一种信用困境（张杰，2000；罗党论等，2008）。青木昌彦（2001）认为，在发展中国家与转轨经济中，向企业贷款的风险很大，商业判断需要利用一些不易标准化与量化的信息，如企业与经理的特征等等。在缺乏发达的第三方实施机制的条件下，合同执行不得不求助于以企业家历史专门信息为基础的声誉机制（罗党论等，2008）。Ongena和Smith（2000）认为，由于中小企业内部信息透明度较低，银企之间常常会产生严重的信息不对称问题，因此，需要银行与企业保持长期密切的联系，从而形成“超出一般简单的、匿名的金融交易之外的一种特殊的关系”。这种关系型合约凭借嵌入一定社会关系网络内的声誉机制和惩罚机制的约束作用，从而变成一种具有隐性契约特征的融资合约。La Porta 等（1997）从信任的角度分析了关系和声誉机制的重要性，他们认为，在亲戚、朋友、生意伙伴之间，关系和声誉机制对于维系合作起到了重要作用。

孙铮等（2005）认为，具有良好信用与声誉的企业，银行相信其有动力（能力）最终履行债务契约，因此，这类企业与银行间的债务契约的履约成本就相对较低，他们认为若能从其他地方获得担保或者“借得”声誉，将对企业的债务融资起到重要的作用。各种形式的金融关联正是为企业提供了一种潜在担保与声誉，这有助于强化金融机构与相关部门对于民营企业的信心。另外，金融关联为民营企业与金融机构等外部相关部门搭建了一座沟通桥梁，有利于缓解民营企业与外界存在的信息不对称问题，这些都有助于民营企业获得金融机构与相关部门的支持，从而缓解企业的融资约束。比如，具有银行工作背景的人员加入企业有助于增强民营企业的声誉，变相为民营企业提供一种担保，同时，银行关联有利于民营企业与贷款银行的信息沟通，缓解双方的信息不对称问题，这些优势都有助于民营企业获得银行的贷款。对于证券公司关联的民营企业来说，这种关联有利于民营企业与证券公司等金融机构及外部投资者进行信息交流与合作，并为企业提供一定的声誉和担保机制，从而有利于增强外界对于民营企业的信心。

最后，很多民营企业融资渠道不畅的重要原因在于企业缺乏专业的金融人才为企业设计融资方案，通过聘请具有金融机构工作背景的人员加入公司，有助于借助这些金融人才的技能为企业量身打造创新性的融资方案，这也有利于民营企业获得外部金融资源的支持，从而缓解企业的融资约束。我们基于以上分析，提出假设 1。

假设 1：民营企业的金融关联程度越高，则融资约束越弱。

（二）金融发展、金融关联与企业的融资约束

制度经济学家认为，契约结构内生于制度约束，是契约成本最小化的结果。相比于成熟经济体的企业，转轨国家企业所面临的外部不确定性更高，企业必须时刻关注制度变迁过程中自身所面临的发展机遇以及制度变迁对企业发展战略、投融资行为、经营决策、交易成本的影响（孙铮等，2005）。近年来，“法与金融”的诸多实证研究表明，一国的制度因素会对经济发展与企业的财务决策产生重要影响。因此，要理解转型经济中非正式制度在企业融资约束中的作用，就必须考虑转型经济特殊制度环境的影响。发达的金融市场能有效地减轻信息不对称程度和代理问题，并进而降低企业的融资约束。如 Rajan（1998）等发现，企业的融资约束不但受到企业的规模、成长性以及资产结构等自身因素的影响，而且在很大程度上取决于一个国家的金融发展水平，如金融业的市场化程度、竞争程度以及信贷资金分配的市场化程度等。Love（2001）发现，企业的融资约束会随着一国金融发展水平的提高而降低，他进而指出，金融发展能通过减少信息不对称和契约不完备所导致的资本市场的不完善，从而减轻企业的融资约束，提高资源的配置效率。朱红军等（2006）也发现，我国的金融发展有助于缓解企业的融资约束。

改革开放以来，我国金融市场化进程呈稳步推进的状态。从 1979 年开始，我国进行金融体系改革，四大国有专业银行相继从中央银行独立出来或建立起来，并行使商业银行的职能，这使我国从金融机构的一元化转向多元化，出现了以产业分工为主要特征的专业银行机构（刘晓辉等，2005）。随后的 1985—1992 年期间，四大专业商业银行逐渐企业

化，各股份制商业银行和非银行金融机构开始设立并进行了股份制改革或是发行上市。在此期间，国有银行占据绝对的垄断地位。但是，随着 1986 年交通银行成立，标志着中国银行业竞争的开始。其后，城市商业银行作为另一种体制外竞争元素开始产生并迅速增长，从 1995 年第一家城市商业银行在深圳成立以来，截至 2009 年底，全国城市商业银行已达 144 家，资产规模达 5. 68 万亿元，存款规模达 4. 65 万亿元，贷款规模达 2. 89 万亿元。而到了 2015 年底，我国共有 4261 家银行业金融机构，其中，农村信用社 1373 家，村镇银行 1311 家，农村商业银行 859 家，城市商业银行 133 家，股份制商业银行 12 家、民营银行 5 家。陈邦强等（2006）指出，1978—2004 年，中国金融市场化相对水平由 1978 年的 0. 02 提高到了 2004 年的 8. 84，由此带来的变革是，金融资源由过去的计划经济配置模式逐渐转向市场化配置模式。与此同时，我国于 1990 年成立上海证券交易所，随后又成立了深圳证券交易所，2004 年，证监会批准在深圳证券交易所设立中小企业板，2009 年，证监会批准深圳证券交易所设立创业板。目前，我国已初步建成了多层次资本市场，股权投融资文化逐渐兴起。到 2010 年底，我国的资本市场的总市值已名列全球第二位。

樊纲等（2010）和孙铮等（2005）的研究进一步表明，虽然中国市场化进程已经取得了举世公认的成功，但是，这个进程却很不平衡，特别是在行政区域层面上表现得非常明显。因此，金融市场化程度不同的地区，金融关联在其中起的作用也必然存在显著的差别。

第一，在金融市场化程度较低的地区，由于政企分开等市场化政策还不盛行，这使得金融关联这种“关系机制”在其中起的作用可能较大。比如，在此地区中，银行信贷规模较小，信贷资源的市场化配置程度低，企业贷款契约更多的不是透过市场机制，而是行政审批，从而使得贷款申请和批准更加不透明和不公正，银行关联这种关系机制，对于民营企业获得银行贷款的作用比金融市场化程度高的地区来说更为重要。

另一方面，在金融市场化程度较低的地区中，战略投资者、股权投资基金、政府创新基金和产业投资基金等外部资金较为缺乏，证券公司关联有助于为民营企业争取到外部投资者的资金支持。如郑德理等（2010）的研究发现，目前我国私募股权投资基金的地域集聚现象相当明显，基本上集中在我国经济发展最活跃的三个地区，即环渤海地区、长三角地区和珠三角地区。与此相对应，上述三个地区分别孕育了北京、天津、上海、深圳等在所在区域、甚至在全国均具有影响力的 PE 中心。他们发现，北京、上海、天津、深圳、广州等城市已率先出台了一些鼓励政策和措施推动股权投资的发展，这些鼓励措施具体包括税收优惠、财政资助、融资支持、风险补贴等①。另外，根据投资中国网站的统计②，获得 VC、PE 投资企业的地区分布来看，东部沿海地区是创投机构最为关注的地区，不管是投资案例数量还是投资金额，名列前五名都是北京、广东、上海、江苏和浙江这五个省市。从创业板企业地域分布来看，北京、广东、浙江、上海等地的创业板公司也占据了半

① 单是广州市及辖下区政府就投资了超过 10 亿元股权投资基金，北京、天津、上海等地的政府投资于股权基金、引导基金、产业基金的数额，远远超过 10 亿元。

② http：//www. chinaventuregroup. com. cn/.

壁江山。从资本市场的环境来看，我国的多层次资本市场建设已显露了雏形，而这些资本市场也是主要集中在环渤海地区、长三角地区和珠三角地区。第一层次是上海和深圳交易所的主板市场；第二层次是深圳交易所的创业板市场；第三层次是柜台交易市场。2009年，正式设立了广州私募股权交易所。同时，国务院批准的《天津滨海新区综合配套改革试验金融创新专项方案》则要求天津扎实做好设立天津滨海新区柜台交易市场的前期准备。因此，在金融市场化程度高的地区中，企业面临着更为多样化的金融环境，其获取外部金融资源的渠道也更为广泛，而在金融市场化程度低的地区中，企业面对的金融环境较为恶劣，外部的金融资源也较为缺乏。因此，证券公司关联有助于为民营企业与外部金融机构架起一座沟通的桥梁，同时也可以利用其在金融行业的广泛人脉关系，为企业获得外部资金的支持发挥更为重要的作用。

此外，在金融市场化程度低的地区中，不管是发行公司债券、资产抵押债券、可转债等形式的债券，还是进行股权再融资或结构性融资，在政策、规章和观念上，民营企业受到的制约更为严重，证券公司关联更加有利于民营企业获得监管部门和证券公司等外部金融机构的支持和配合。

第二，在金融市场化程度低的地区，企业与外界信息不对称的程度更高，金融关联这种“声誉与担保机制”在其中起的作用可能较大。比如，罗党论等（2008）指出，银行在给予企业贷款的时候经常面临借贷双方的信息不对称和借款方的道德风险，这种现象在金融市场化程度低的地区中表现得更加严重。因此，在这种地区中，民营企业建立的银行关联更加有助于缓解借贷双方的信息不对称，并且也为借款方变相提供一种信用增强的作用。

另一方面，樊纲、王小鲁和朱恒鹏（2010）的研究发现，我国各地区的法律保护和市场中介组织的发育程度存在显著的差异，总的来看，1997—2007年这十年中，法律保护和市场中介组织的发育程度较好的几个省市分别为：上海、广东、北京、天津、浙江和江苏。张维迎等（2002）调查分析了我国跨省的信任度，他们发现在我国不同区域的信用存在显著的区别，全国信用最好的几个省市依次为：上海、北京、广东、山东、江苏和浙江。以上数据说明：这些法律保护制度较为健全、信任文化较为发达的地区主要也是集中在环渤海地区、长三角地区和珠三角地区等金融市场化程度较高的地区。与此相对应的是，在金融市场化程度低的地区中，各种法律保护制度较不健全，信任文化较为缺失，证券公司关联所带来声誉与担保机制对于民营企业获得金融机构和外部投资者的信任和支持将起到更为重要的作用。

第三，在金融市场化程度低的地区中，金融人才较为缺乏，各种形式的融资创新较不发达，因此，金融关联所带来的融资技能对于民营企业获得金融资源的作用比市场化程度高的地区更为重要。

基于以上的分析，我们提出如下假设：

假设2：在金融市场化程度低的地区中，金融关联对于缓解企业融资约束的作用显著高于金融市场化程度高的地区。

（三）政治关联、金融关联与企业的融资约束

国内外的大量研究表明，政治关联民营企业可以获得更多的银行贷款，降低企业的融

资约束。Faccio（2002）对于42个国家的研究发现，政治关联企业的债务比率显著高于非政治关联的企业。Charumilind等（2006）对泰国的实证研究表明，在亚洲金融危机发生前，与政府及银行关系好的企业获得了较多的长期贷款，并且只需要提供较少的抵押资产。Khwaja和Mian（2005）对于巴基斯坦的研究表明，政治关联企业的银行借款是非政治关联企业的两倍，但违约概率是后者的两倍。Claessens等（2006）对于巴西1998—2002年选举的政治捐献进行研究发现，为当选的联邦政党捐献的企业，其银行负债比率显著增加。余明桂等（2008）对于我国企业的研究发现，有政治关系的民营企业获得了更多银行贷款和更长的贷款期限。罗党论等（2008）、唐建新等（2009）进一步发现，政治关联有助于缓解民营企业的融资约束。

因为政治关联可以为民营企业带来更多的金融资源，从而缓解企业的融资约束，所以，政治关联的民营企业中，企业建立金融关联可能还有其他目的。比如，Lorsch等（1989）的研究表明，董事会中的银行董事有助于为公司提供管理经验，特别是投资建议。Burak等（2008）进一步发现，具有投行背景董事的企业更喜欢从事并购重组。正因为如此，我们认为：政治关联程度较高的民营企业中，金融关联在缓解民营企业的融资约束上的作用可能较弱，而政治关联程度较低的民营企业中，企业建立金融关联的目的可能就是为了打通联系外界的金融通道以获取金融资源，缓解企业的融资约束。基于以上的分析，我们提出如下假设：

假设3：政治关联程度较低的民营企业中，金融关联缓解融资约束的作用较大。

Faccio（2006a）发现，在一些腐败较为严重、对外投资限制较多和官员行为较不受制约的国家中，政治关联的现象更为普遍。Chen等（2005）发现，我国财政赤字和政府任意行为越严重的地区，企业越容易建立政治关联。罗党论等（2009）发现，当地方产权保护越差、政府干预越大以及金融发展水平越落后的时候，民营上市公司更有动机去与政府形成政治关系。这些研究表明，民营企业建立政治关联最重要的目的并不只是为了缓解企业的融资约束，保护产权、避免受到政府的过度干预、提高企业办事效率、减少企业的交易成本是民营企业建立政治关联的重要原因。与政治关联不同，民营企业建立金融关联最重要的目的很可能就是为了解决企业融资渠道不畅的问题。因此，从民营企业建立政治关联和金融关联的目的来看，金融关联的目的性更为明确。

从对融资约束的影响途径和效果来分析，罗党论等（2008）和唐建新等（2009）认为，主要有以下两方面的原因可能导致政治关联企业的融资约束较弱：其一，政治关联可以为民营企业带来一定的声誉机制和替代性的担保，因此，银行认为其贷款风险较小，民营企业也就更容易获得贷款融资；其二，通过参与政治改善政企关系，进而影响银企关系，这种关系机制为民营企业的融资带来了便利。但是，潘克勤（2009）的研究表明，政治关联对于民营企业债务融资的影响更多是源于声誉机制的作用，而不是关系机制作用的结果。至于替代性担保机制对于融资约束的影响，可能主要是源于政治关联企业在发生财务危机时更容易受到政府的救济和补助（Faccio，2006b；潘越等，2009）。但是，潘越等（2009）对于我国的研究表明，只有在地方财政有充足财力的情况下，民营企业才可能利用政治关联获得更多的政府补助。而金融关联的天然特征是企业与金融机构存在密切的直接联系，很多企业的高管甚至就由银行等金融机构现任高管兼任，这种关系机制必然显著影响金融机构的决策。同时，我们知道在金融行业中声誉机制至关重要，从美国麦道夫的事件中，我们可以理解声誉机制所带来的作用和声誉败坏所引起的后果，因此，金融关联所带来的声誉和担保机制对于民营企业的信用增强也起到重要的影响作用。

另外，金融关联高管还可以利用其金融技能为企业设计独特和创新性的融资方案，这方面的能力也是政治关联高管所不具备的。

因此，在缓解民营企业融资约束的作用上，与政治关联相比，金融关联起的作用可能更大。基于此，我们提出如下假设：

假设 4：不存在政治关联和金融关联的企业融资约束最强；存在政治关联但不存在金融关联次之；存在金融关联但不存在政治关联的再次之；既存在金融关联也存在政治关联的最弱。

二、研究设计

（一）研究样本与数据来源

本章选用 2004—2008 年所有在深沪两地上市的民营企业作为研究对象①。在样本选择中剔除以下类型样本：（1）买壳上市的民营企业，主要是考虑这部分样本中的高管可能较不纯粹，因为这些公司的金融关联和政治关联很可能在转化之前就已经建立了，并且要形成一个较稳定的管理层也需要较长的一段时间；（2）金融、保险类公司；（3）数据和信息披露不详及相关财务数据在 1% 和 99% 分位数之外的极端值样本。这样，我们就得到 250 家民营企业，总共 800 个样本观测值。本章所使用的金融关联和政治关联数据均来自于对上市公司年报的手工整理。制度环境数据来自于樊纲等（2010）编制的中国各地区（包括 31 个省、自治区和直辖市）市场化指数体系。财务数据来源于 CSMAR 数据库和色诺芬 CCER 金融数据库。

（二）检验模型及相关变量说明

Fazzari 等（1988）在投资模型的基础上引入现金流变量构造了融资约束模型，实证检验了公司投资与内部现金流的相关关系。公司中融资约束的严重程度用模型中现金流变量的系数大小（投资—现金流敏感系数，Investment - cash Flow Sensitivity）反映。如果公司面临融资约束越大，那么，投资—现金流敏感系数就会越大。随后，很多学者也采用了相同的研究思路和类似的模型来考察融资约束对投资行为的影响（Burak 等，2008；Houstou 和 James，2001；李焰等，2007）。在参考以上研究的基础上，为了检验本章提出的研究假设，我们分别构造式（1）—（4）：

$$I = C + \beta_1 CF + \beta_2 FIN + \beta_3 FIN \times CF + \beta_4 CONTROLS + \beta_5 YEAR + \beta_6 INDUSTRY + \delta \quad (1)$$

---

① 选择的研究年份从 2004 年开始，主要是因为 2003 年以前上市公司并没有详细披露高管的工作简历，从 2004 年开始，上市公司对于公司高管的工作简历披露较为详细，而这对于论文的主要变量（金融关联和政治关联）的资料获取非常重要。

$$I = C + \beta_1 CF + \beta_2 FIN + \beta_3 FM + \beta_4 FIN \times CF + \beta_5 FM \times CF + \beta_6 FIN \times FM \times CF + \beta_7 CONTROLS + \beta_8 YEAR + \beta_9 INDUSTRY + \delta \quad (2)$$

$$I = C + \beta_1 CF + \beta_2 FIN + \beta_3 POL + \beta_4 FIN \times CF + \beta_5 POL \times CF + \beta_6 FIN \times POL \times CF + \beta_7 CONTROLS + \beta_8 YEAR + \beta_9 INDUSTRY + \delta \quad (3)$$

$$I = \beta_1 FP + \beta_2 FP \times CF + \beta_3 POLD + \beta_4 POLD \times CF + \beta_5 FIND + \beta_6 FIND \times CF + \beta_7 NFP + \beta_8 NFP \times CF + \beta_9 CONTROLS + \beta_{10} YEAR + \beta_{11} INDUSTRY + \delta \quad (4)$$

式（1）—（4）中，I是当年的资本支出水平，CF是当年的经营性现金净流量，CF项前的系数就是投资—现金流敏感系数，用于测度上市公司的融资约束水平。

我们知道现代金融中介机构主要包括银行、证券公司、信托投资公司、保险公司和基金管理公司等。FIN是指金融关联程度，即公司高管[①]中曾经或现在银行、证券公司、信托公司、保险公司和基金公司任职的高管人数占高管总人数的比例。在本章的样本数据中，我们发现民营企业主要是聘请具有银行和证券公司工作背景的人员担任公司高管，以达到与金融机构关联的目的，通过银行和证券公司形成的金融关联占总金融关联公司比例的91.3%。因此，我们还进一步考察了两种不同模式的金融关联（即银行关联、证券公司关联）与融资约束的关系，对于银行关联和证券公司关联的定义如下：（1）银行关联程度（FIN1），公司高管中曾经或现在银行任职的高管占高管总人数的比例；（2）证券公司关联程度（FIN2），公司高管中曾经或现在证券公司任职的高管占高管总人数的比例。

FM是金融市场化程度变量，我们选用樊纲、王小鲁和朱恒鹏（2010）编写《中国市场化指数》中的“金融业市场化”指数来度量各地区的金融市场化程度[②]。如样本公司所在省份的当年得分处于全国前10位，则FM取值1，否则取值0。

POL是政治关联变量，即曾经或现在政府，或人大，或政协工作的公司高管占公司总高管的比例。

为了检验假设4，式（4）中我们引入四个变量：当公司既存在政治关联也存在金融关联时，FP取值1，否则取值0；当公司只存在政治关联时，POLD取值1，否则取值0；当公司只存在金融关联时，FIND取值1，否则取值0；当公司既不存在政治关联也不存在金融关联时，NFP取值1，否则取值0。

CONTROLS是其他的控制变量，包括：CASH用于衡量企业的现金存量；TOBIN’Q用于衡量公司的投资机会；DEBT用于衡量公司的负债水平；LNSIZE用于控制公司规模的影响；LGS是第一大股东持股比率；IPOT是公司的上市年龄；COMP是高管薪酬；COST是管理费用率。INDUSTRY作为行业控制变量；YEAR是年度控制变量。相关变量的定义见表5-1。

---

① 高管包括董事会和经理层，不包括监事会，以下同。

② 需要注意的是，樊纲等（2010）的市场化指数体系只涵盖到2007年，而我们的样本涵盖2004—2008年。对于2008年的指数，本章采用2006年和2007年的平均值来代替。余明桂等（2010）也采取类似的处理方式。

表 5-1　变量的定义

变量	符号	定义
投资	I	固定资产净值增加值与年度折旧之和除以年初的固定资产净值
现金流量	CF	公司当年经营活动产生的现金流量净额与年初固定资产的比值
金融关联程度	FIN	金融关联高管人数占高管总和的比例，其中，金融关联高管包括银行关联高管、证券公司关联高管、信托公司关联高管、保险公司关联高管、基金公司关联高管
银行关联程度	FIN1	银行关联高管占高管总和的比例
证券公司关联程度	FIN2	证券公司关联高管占高管总和的比例
政治关联程度	POL	曾经或现在政府，或人大，或政协工作的公司高管占公司总高管的比例
同时存在政治关联与金融关联	FP	当公司既存在政治关联，又存在金融关联时，FP 取值 1，否则取值 0
只存在政治关联	POLD	当公司只存在政治关联时，POLD 取值 1，否则取值 0
只存在金融关联	FIND	当公司只存在金融关联时，FIND 取值 1，否则取值 0
非政治关联与金融关联	NFP	当公司既不存在政治关联也不存在金融关联时，NFP 取值 1，否则取值 0
金融市场化程度	FM	当样本公司当年所在省份得分处于全国的前 10 位，则取值 1，否则取值 0
年初现金余额	CASH	公司年初现金余额与年初总资产的比值
成长机会	TOBIN'Q	期初的 TOBIN'Q，其中 TOBIN'Q =（年末流通市值 + 非流通股份占净资产的金额 + 长期负债合计 + 短期负债合计）/年末总资产
公司规模	LNSIZE	公司年初总资产的自然对数
资产负债率	DEBT	公司年初的总负债除以总资产
管理费用率	COST	公司管理费用除以主营业务收入
第一大股东持股比率	LGS	第一大股东的持股数除以总股数
上市年龄	IPOT	考察年度减去样本的上市年
高管薪酬	COMP	金额最高的前三名高级管理人员的报酬总额的自然对数
年度变量	YEAR	年度的虚拟变量
行业变量	INDUSTRY	行业的虚拟变量，根据 2001 年证监会公布的《上市公司行业分类指引》，将公司划分为 21 个行业，其中除制造业划分到次类以外，其他行业划分到门类

三、实证结果

（一）描述性统计

表 5-2 中，我们发现我国 47.8% 的民营企业存在不同程度的金融关联现象，金融关联高管占总高管人数比例平均在 5% 左右，最大值高达 40%。通过证券公司关联和银行关

联形成金融关联的比重最高，分别达到总样本的29.9%和22.3%。

表5-3是金融关联人数分布的描述性统计，40%左右的公司中具有一至两名金融关联的高管。金融关联高管在公司最多达到6人。

表5-2　　我国民营企业金融关联的总体情况

	占高管总人数的比例			存在金融关联样本占总样本的比例
	最大值	最小值	平均值	
金融关联	40%	0	5%	47.8%
其中：1. 银行关联	22%	0	2%	22.3%
2. 证券公司关联	23%	0	2.5%	29.9%
3. 信托公司关联	15%	0	1%	9%
4. 保险公司关联	11%	0	0.2%	3.1%
5. 基金公司关联	10%	0	0.1%	1.1%

注：各种形式的金融关联可能存在重复，如一个董事可能同时具有在银行和证券公司工作的背景，在计算金融关联时只计算一次。

表5-3　　我国民营企业金融关联的人数分布

		人数						人数平均值
		1人	2人	3人	4人	5人	6人	
金融关联	样本数（比例）	223（27.9%）	117（14.6%）	31（3.8%）	8（1%）	2（0.2%）	1（0.1%）	0.75
1. 银行关联	样本数（比例）	125（15.6%）	45（5.6%）	7（0.9%）	1（0.1%）	0（0%）	0（0%）	0.3
2. 证券公司关联	样本数（比例）	189（23.6%）	41（5.1%）	9（1.1%）	0（0%）	0（0%）	0（0%）	0.37
3. 信托公司关联	样本数（比例）	60（7.5%）	12（1.5%）	0（0%）	0（0%）	0（0%）	0（0%）	0.1
4. 保险公司关联	样本数（比例）	25（3.1%）	0（0%）	0（0%）	0（0%）	0（0%）	0（0%）	0.03
5. 基金公司关联	样本数（比例）	8（1%）	1（0.1%）	0（0%）	0（0%）	0（0%）	0（0%）	0.01

注：表中的比例是指各种金融关联的样本数占总样本的比例。人数平均值是指每家公司平均拥有的金融关联人数。

（二）金融关联与企业的融资约束

我们通过OLS回归方法来检验假设1。表5-4中，我们发现所有模型中CF的系数都显著为正，表明我国民营企业存在严重的融资约束问题。

模型1中，交互变量FIN×CF的系数为-0.264，在1%的水平上显著为负，说明金融关联强度越高的民营企业，其面对的融资约束越弱，民营企业建立的金融关联有助于缓解企业存在的融资约束困难。假设1得到证实。

进一步，我们考虑几种不同模式的金融关联与融资约束的关系，模型2中，我们将银行关联与证券公司关联及交互变量都引入回归模型。FIN1×CF的系数显著为负，说明民营企业中具有银行工作背景高管的比例越高，企业的融资约束越弱；FIN2×CF的系数也显著为负，同样说明民营企业中具有证券公司工作背景高管的比例越高，企业的融资约束也越弱。

以上结论表明：不论是总的金融关联，还是银行关联和证券公司关联，都可以缓解民营企业的融资约束。Myer等（1984）认为信息不对称增加企业的外部融资成本，公司会优先选择成本较低的内部资金以满足投资需要，信息不对称程度越高，外部融资成本越大，企业就越依赖于内部资金进行投资。另外，很多学者认为由于转轨经济的特殊性，关系成为正式制度的一种替代机制以保证商业交易的进行（Allen等，2005）。我们的研究进一步表明民营企业建立的金融关联有助于降低金融机构与民营企业双方的信息不对称，减轻所有制歧视所带来的融资限制，进而帮助民营企业打通联系外部金融资源的通道，从而能有效地缓解民营企业存在的融资约束，金融关联正是Allen等（2005）强调的非正式制度的重要组成部分。

表5-4　　金融关联与民营企业的融资约束

变量	模型1	模型2
C	0.025 (0.04)	-0.219 (-0.316)
CF	0.413*** (10.08)	0.403*** (9.924)
FIN	0.045 (1.359)	
FIN×CF	-0.264*** (-6.396)	
FIN1		0.01 (0.045)
FIN1×CF		-0.193*** (-5.288)
FIN2		0.048 (1.454)
FIN2×CF		-0.168*** (-4.451)
LGS	0.04 (1.106)	0.036 (1.08)
IPOT	-0.242*** (-5.773)	-0.24*** (-5.704)

续表

变量	模型 1	模型 2
COMP	-0.018 (-0.463)	-0.015 (-0.398)
COST	-0.03 (-0.77)	-0.025 (-0.768)
TOBIN'Q	0.01 (0.247)	0.02 (0.386)
CASH	0.05 (1.29)	0.055 (1.476)
DEBT	-0.045 (-0.894)	-0.05 (-0.979)
LNSIZE	0.026 (0.656)	0.04 (0.912)
YEAR	控制	控制
INDUSTRY	控制	控制
Adjusted R^2	0.261	0.26
样本数	800	800

注：限于篇幅，表中没有报告行业和年度的虚拟变量的结果。括号内是指检验的 T 值。***、**、* 分别代表在 1%、5% 和 10% 的水平上显著。

（三）金融发展、金融关联与融资约束

我们运用 OLS 回归方法来检验假设 2。表 5-5 中，我们发现交互变量 FM×CF 的系数显著为负，表明金融市场化程度较高的地区，企业融资约束较弱，这与 Love 等（2001）、朱红军等（2006）的研究发现相似。

模型 3 中，我们发现交互变量 FIN×CF 的系数显著为负，而交互变量 FM×FIN×CF 的系数显著为正，这表明金融关联强度越高的企业，其融资约束越弱，但是，在金融市场化程度高的地区中，金融关联对于民营企业融资约束的缓解作用弱于金融市场化程度低的地区，以上结论进一步表明：在缓解民营企业融资约束这一问题上，作为非正式制度安排的金融关联与金融发展程度存在显著的替代作用。假设 2 得到证实。

模型 4 中，我们将银行关联与证券公司关联及交互变量都引入回归模型。交互变量 FIN1×CF 的系数显著为负，而交互变量 FM×FIN1×CF 的系数显著为正；交互变量 FIN2×CF 的系数显著为负，而交互变量 FM ×FIN2×CF 的系数也在 11% 的水平上显著为正。这说明与银行和证券公司关联强度越高的企业，其融资约束越弱，并且在金融市场化程度低的地区中，这两种金融关联对于民营企业融资约束的缓解作用显著强于金融市场化程度高的地区。

表 5 - 5　　金融发展、金融关联与民营企业的融资约束

变量	模型 3	模型 4
C	0.087 (0.127)	-0.267 (-0.386)
CF	0.548*** (8.958)	0.528*** (8.733)
FIN	0.055* (1.66)	
FIN × CF	-0.732*** (-4.281)	
FM	0.02 (0.47)	0.013 (0.371)
FM × CF	-0.185*** (-2.751)	-0.174*** (-2.623)
FM × FIN × CF	0.52*** (3.02)	
FIN1		0.025 (0.752)
FIN1 × CF		-0.534*** (-2.964)
FM × FIN1 × CF		0.371*** (2.058)
FIN2		0.05 (1.598)
FIN2 × CF		-0.43** (-2.298)
FM × FIN2 × CF		0.301 (1.616)
LGS	0.04 (1.152)	0.035 (1.041)
IPOT	-0.24*** (-5.754)	-0.24*** (-5.718)
COMP	-0.02 (-0.516)	-0.013 (-0.326)
COST	-0.01 (-0.731)	-0.023 (-0.724)

续表

变量	模型 3	模型 4
TOBIN'Q	-0.01 (-0.02)	0.01 (0.242)
CASH	0.05 (1.327)	0.056 (1.49)
DEBT	-0.035 (-0.667)	-0.042 (-0.817)
LNSIZE	0.025 (0.634)	0.04 (0.953)
YEAR	控制	控制
INDUSTRY	控制	控制
Adjusted R^2	0.27	0.267
样本数	800	800

注：模型 4 中的 FM × FIN2 × CF 的系数通过 11% 的显著性检验。限于篇幅，表中没有报告行业和年度的虚拟变量的结果。括号内是指检验的 T 值。*** 、** 、* 分别代表在 1% 、5% 和 10% 的水平上显著。

一些学者对于我国的研究表明，在影响企业财务行为和特征上，正式制度与非正式制度安排存在替代效应，如罗党论等（2008）就发现，在金融发展水平越低的地区，民营企业的政治关系对其融资的帮助越明显。我们进一步从金融关联这一角度为非正式制度与正式制度存在的替代效应提供了新的证据，并对于在正式制度不完善的市场中，民营企业如何通过非正式制度安排帮助企业解决融资困难提供了新的逻辑解释。

（四）政治关联、金融关联与融资约束

多数研究表明政治关联有助于民营企业获得更多的银行贷款，并进而缓解民营企业的融资约束。政治关联和金融关联作为缓解民营企业融资困难的两种重要的非正式制度选择，是否具有替代作用呢？

我们运用 OLS 回归方法来检验假设 3。表 5-6 中，我们发现交互变量 POL × CF 的系数显著为负，说明政治关联程度较高民营企业的融资约束较弱，这与罗党论等（2008）、唐建新等（2009）的研究发现相似。模型 5 中，我们发现交互变量 FIN × CF 的系数显著为负，而交互变量 POL × FIN × CF 的系数显著为正，这表明政治关联程度较低的民营企业中，金融关联缓解融资约束的作用较大，而政治关联程度较高的民营企业中，金融关联起的作用较小，以上结论表明：在缓解民营企业融资约束这一问题上，金融关联与政治关联存在显著的替代效应。假设 3 得到证实。

表 5-6　　政治关联、金融关联与民营企业的融资约束

变量	模型 5	模型 6
C	-0.13 (-0.19)	-0.753 (-1.088)
CF	0.57*** (10.2)	0.559*** (10.03)

续表

变量	模型 5	模型 6
FIN	0.02 (0.697)	
FIN × CF	-0.352 *** (-7.65)	
POL	0.04 (0.992)	0.04 (1.11)
POL × CF	-0.25 *** (-4.284)	-0.254 *** (-4.302)
POL × FIN × CF	0.141 *** (2.966)	
FIN1		-0.01 (-0.406)
FIN1 × CF		-0.252 *** (-6.391)
POL × FIN1 × CF		0.131 *** (3.02)
FIN2		0.04 (1.159)
FIN2 × CF		-0.236 *** (-5.694)
POL × FIN2 × CF		0.07 * (1.884)
LGS	0.04 (1.211)	0.04 (1.197)
IPOT	-0.239 *** (-5.745)	-0.236 *** (-5.663)
COMP	-0.01 (-0.165)	-0.01 (-0.125)
COST	-0.03 (-0.89)	-0.03 (-0.91)
TOBIN'Q	0.03 (0.522)	0.04 (0.688)
CASH	0.05 (1.296)	0.056 (1.503)
DEBT	-0.05 (-0.991)	-0.06 (-1.092)
LNSIZE	0.024 (0.61)	0.03 (0.87)
YEAR	控制	控制
INDUSTRY	控制	控制
Adjusted R^2	0.277	0.275
样本数	800	800

注：括号内是指检验的 T 值。限于篇幅，表中没有报告行业和年度的虚拟变量的结果。***、**、* 分别代表在 1%、5% 和 10% 的水平上显著。

模型6中，我们将银行关联与证券公司关联及交互变量都引入回归模型。交互变量FIN1×CF的系数显著为负，而交互变量POL×FIN1×CF的系数显著为正；交互变量FIN2×CF的系数显著为负，而交互变量POL×FIN2×CF的系数显著为正。结论同样表明：政治关联程度较低的民营企业中，银行关联和证券公司关联缓解融资约束的作用较大，而政治关联程度较高的民营企业中，银行关联和证券公司关联起的作用较小。

从前面的分析中我们知道，在缓解民营企业融资约束问题上，金融关联和政治关联存在替代效应，那么，哪一种非正式制度安排在缓解民营企业融资约束上更为有效呢？我们通过OLS回归方法来检验假设4。表5－7模型7中，FP×CF变量的系数不显著，表明同时存在金融关联和政治关联的民营企业融资约束不明显；FIND×CF的系数也不显著，表明只存在金融关联的民营企业融资约束不明显；POLD×CF的系数显著为正，说明只存在政治关联的民营企业中，还是存在显著的融资约束问题；NFP×CF的系数显著为正，表明不存在政治关联和金融关联的民营企业中，也存在显著的融资约束问题。

我们运用Wald检验对于FP×CF、FIND×CF、POLD×CF和NFP×CF的系数大小进行差异性检验，结果表明：FP×CF与FIND×CF系数差异的F统计量为0.707，没有通过10%的显著性检验；FP×CF与POLD×CF系数差异的F统计量为3.711，通过10%的显著性检验；FP×CF与NFP×CF系数差异的F统计量为9.882，通过1%的显著性检验；FIND×CF与POLD×CF系数差异的F统计量为6.482，通过5%的显著性检验；FIND×CF与NFP×CF系数差异的F统计量为12.09，通过1%的显著性检验；POLD×CF与NFP×CF系数差异的F统计量为3.775，通过10%的显著性检验。以上的结论表明：不存在政治关联和金融关联的民营企业的融资约束最强；只存在政治关联的民营企业次之；只存在金融关联及同时存在金融关联和政治关联的民营企业不存在显著的融资约束。这也说明在缓解民营企业融资约束的问题上，金融关联比政治关联更为有效。假设4在一定程度上成立。

表5－7　　政治关联与金融关联在缓解民营企业融资约束作用上的差别检验

变量	模型7
FP	0.152 (0.254)
FIND	0.14 (0.232)
POLD	0.15 (0.254)
NFP	0.09 (0.152)
FP×CF	0.04 (0.778)
FIND×CF	－0.02 (－0.407)

续表

变量	模型 7
POLD × CF	0. 245 *** (2. 831)
NFP × CF	0. 627 *** (3. 549)
LGS	0. 303 * (1. 678)
IPOT	-0. 05 *** (-5. 551)
COMP	-0. 01 (-0. 266)
COST	-0. 01 (-0. 982)
TOBIN'Q	0. 06 (0. 232)
CASH	0. 225 (1. 487)
DEBT	-0. 09 (-0. 996)
LNSIZE	0. 02 (0. 532)
YEAR	控制
INDUSTRY	控制
Adjusted R^2	0. 302
样本数	800

注：限于篇幅，表中没有报告行业和年度的虚拟变量的结果。括号内是指检验的 T 值。*** 、** 、* 分别代表在 1% 、5% 和 10% 的水平上显著。

（五）稳健性检验

金融关联与融资约束可能存在一定的内生性，一方面，民营企业建立金融关联可以给企业带来融资约束的改善；另一方面，民营企业融资约束的改善很可能反过来影响金融关联的建立，公司获得的金融资源越多，越有动力和能力与金融机构建立金融联系，从而进一步缓解民营企业的融资约束，这样导致金融关联与融资约束之间形成双向因果关系。

我们考虑一种可以避免内生性的方法，即检验同一家民营企业从无金融关联变化到有金融关联以后，其融资约束是否存在显著变化。我们发现在样本中有 28 个公司从无金融关联变化到有金融关联，这 28 家企业在没有建立金融关联之前，其投资—现金流敏感系数（融资约束）为0.599，通过1%的显著性检验。而在建立金融关联后，其投资—现金流敏感系数（融资约束）下降到0.101，没有通过10%的显著性检验，对于金融关联建立前后的投资—现金流敏感系数（融资约束）进行差异性检验，发现检验的Z值为2.087，通过5%的显著性检验。以上结论说明金融关联与融资约束之间可能存在的内生性对本章的假设检验没有产生显著的偏差，这意味着前文中的检验结果是稳健的。

在分析金融市场化对于企业融约束的影响时，我们采用了樊纲、王小鲁和朱恒鹏（2010）编写《中国市场化指数》中的“金融业市场化”指数来度量各地区的金融市场化程度，但是，该指数主要基于银行市场的相关指标构建的①，这用于分析证券公司关联可能会存在一定的偏差。因此，我们进一步通过如下两种方法来度量金融市场化：

（1）用各地区上市公司的家数来度量各地区的金融市场化程度。我们认为上市公司的家数越多，该地区金融市场化程度越高。基于样本分布的平衡性，我们对于金融市场化（FM）作如下的定义：当样本公司所在省份的当年上市公司家数处于全国前5位，则FM取值1，否则取值0。

（2）金融市场中介组织的发育是金融市场完善的重要指标，同时，“法与金融”的相关研究表明，法律保护决定金融的发展，特别是对于股权文化的发展起到重要的作用。因此，我们进一步利用樊纲、王小鲁和朱恒鹏（2010）编写《中国市场化指数》中的“市场中介组织和法律环境”指数②来度量各地区的金融市场化程度。基于样本分布的平衡性，我们对于金融市场化（FM）作如下的定义：当样本公司所在省份的得分处于全国前五位，则FM取值1，否则取值0。

表5-8的模型8中的FM是指第一种定义，即当样本公司所在省份的当年上市公司数处于全国前5位，则FM取值1，否则取值0。模型9中的FM是指第二种定义，即当样本公司所在省份的市场中介组织和法律环境指数得分处于全国前5位，则FM取值1，否则取值0。我们同样发现交互变量FIN2×CF的系数显著为负，而交互变量FM×FIN2×CF的系数显著为正。这说明证券公司关联强度越高的企业，其融资约束越弱，并且在金融市场化程度低的地区中，证券公司关联对于民营企业融资约束的缓解作用显著强于金融市场化程度高的地区。

表5-8　　金融发展、金融关联与民营企业的融资约束

变量	模型8	模型9
C	-0.299 (-0.435)	-0.437 (-0.628)
CF	0.468*** (9.898)	0.474*** (8.146)

① 比如，用金融业竞争（非国有金融机构吸收存款占全部金融机构存款的比例）和信贷资金分配的市场化来度量。

② 该指数主要包括：律师人口与当地人口的比例；注册会计师人数与当地人口的比例；对生产者合法利益的保护；知识产权的保护；消费者权益的保护等方面。

续表

变量	模型 8	模型 9
FM	0. 02 (0. 46)	-0. 01 (-0. 21)
FM × CF	-0. 15 *** (-3. 188)	-0. 117 ** (-2. 126)
FIN1	-0. 001 (-0. 03)	0. 001 (0. 039)
FIN1 × CF	-0. 24 *** (-6. 174)	-0. 241 *** (-5. 92)
FM × FIN1 × CF	0. 083 ** (2. 1)	0. 072 * (1. 893)
FIN2	0. 03 (0. 763)	0. 044 (1. 321)
FIN2 × CF	-0. 224 *** (-5. 642)	-0. 218 *** (-5. 191)
FM × FIN2 × CF	0. 135 *** (3. 363)	0. 09 ** (2. 078)
LGS	0. 03 (0. 757)	0. 03 (0. 846)
IPOT	-0. 24 *** (-5. 526)	-0. 24 *** (-5. 83)
COMP	-0. 01 (-0. 183)	-0. 014 (-0. 368)
COST	-0. 02 (-0. 738)	-0. 024 (-0. 741)
TOBIN'Q	0. 026 (0. 516)	0. 022 (0. 435)
CASH	0. 06 * (1. 724)	0. 06 * (1. 707)
DEBT	-0. 058 (-1. 129)	-0. 05 (-0. 955)
LNSIZE	0. 03 (0. 863)	0. 05 (1. 212)
YEAR	控制	控制
INDUSTRY	控制	控制
Adjusted R^2	0. 275	0. 266
样本数	800	800

注：限于篇幅，表中没有报告行业和年度的虚拟变量的结果。括号内是指检验的 T 值。 *** 、 ** 、 * 分别代表在 1% 、5% 和 10% 的水平上显著。

国内成功的民营企业大都离不开一位极富个人威望的企业家，因此，民营企业的政治联系很可能主要体现为企业家的政治资源。邓建平等（2009）、罗党论等（2009）也采用民营企业实际控制者的政治特征来度量企业的政治关联。因此，我们也采取类似的方法来度量企业的政治关联，即民营企业实际控制者是否具有人大代表或政协委员资格（县、市、省和全国）或者具有曾（现）在政府工作的背景，如果具备这种工作经历，POL 取值 1，否则取值 0。我们发现只有 232 个样本具有政治关联，占总样本的 29%。重新按照变量的定义方法进行模型检验，研究结论不发生改变。

在融资约束模型中，我们以主营业务增长率来代替 TOBIN'Q 作为公司成长性的控制变量，结论也不发生改变。篇幅关系，以上结论没有给出研究结果。

四、小结

发达的金融体系、良好的产权保护和高效的政府等制度环境是一个国家经济发展的必备条件，尽管在我国这些条件还有所欠缺。但是，过去几十年我国经济快速增长，而且，经济增长的主要动力是来自受制度约束较多的民营经济。对此，一些学者认为，面对制度的约束和歧视性的对待，民营企业家会寻求非正式的替代机制来克服企业发展的障碍（Allen 等，2005）。

本章从民营企业普遍存在融资约束问题出发，分析了金融关联这种非正式制度与民营企业融资约束的关系。我们通过对 A 股民营上市公司样本进行分析，主要的研究发现如下：

1. 我国 47.8% 的民营企业存在金融关联的现象，银行关联和证券公司关联是金融关联最重要的表现形式。金融关联能有效缓解民营企业的融资约束，民营企业中存在的金融关联越强，其融资约束越弱。

2. 金融市场化程度低的地区中，金融关联对于缓解民营企业融资约束的作用显著高于金融市场化程度高的地区。相关研究指出金融发展可以减少信息不对称和契约不完备等问题，从而缓解企业的融资约束。我们的研究进一步表明在金融市场不发达的地区，民营企业建立的金融关联更加有效地减轻了借贷双方的信息不对称问题，并帮助企业打通联系外部金融资源的通道，进而缓解民营企业的融资约束。这也说明，正式制度机制（如金融市场化）的完善与非正式制度安排（如金融关联）在缓解民营企业融资约束上存在显著的替代作用。

Allen 等（2005）及 Allen 等（2006）强调在正式机制缺乏的国家，或者在正式机制不完善的经济体中，应重点关注非正式的、替代性的机制是如何运行的。我们的研究从金融关联这一角度为非正式制度与正式制度的替代作用提供了新的证据，并对于在正式制度不完善的市场中，民营企业如何通过非正式制度安排帮助企业解决实际困难提供了新的逻辑解释。

3. 政治关联程度较低的民营企业中，金融关联缓解融资约束的作用较大；相反，政治关联程度较高的民营企业中，金融关联起的作用较小。相关研究表明，政治关联是转型经济国家中民营企业规避政府干预、保护自身合法利益、获取外部稀缺资源的重要手段。

但是，一些研究也指出，政治关联的建立存在一定的难度和成本（潘克勤，2009），因此，企业可能会寻求其他的替代机制。我们的研究表明，金融关联正是这种替代机制的重要组成部分。在缓解民营企业融资约束这一突出问题上，作为两种非正式制度形式的金融关联与政治关联存在显著的替代效应，并且金融关联比政治关联更为有效。多数对于非正式制度安排的研究，主要是考虑了非正式制度与正式制度的相互作用，我们的研究进一步表明，不同的非正式制度安排之间也存在替代效应。这也为完善和补充 Allen 等（2005）及 Allen 等（2006）关于经济转型国家非正式制度的研究提供了一定的帮助。

4. 我们还分析了两种不同的金融关联模式在缓解民营企业融资约束中的作用。研究发现：银行关联和证券公司关联能有效缓解民营企业的融资约束；在金融市场化程度低的地区中，银行关联和证券公司关联对于缓解民营企业融资约束的作用显著高于金融市场化程度高的地区；政治关联程度较低的民营企业中，银行关联和证券公司关联缓解融资约束的作用较大，相反，政治关联程度较高的民营企业中，银行关联和证券公司关联起的作用较小。

第六章 金融关联与企业的会计稳健性

资金支持是企业生产和发展不可缺少的重要资源，金融资源的短缺或分配不合理，在一定程度上限制了企业的融资。Cull 等（2005）和 Allen 等（2005）发现，我国的大部分金融资源流入国有企业，例如，国有企业更容易获取银行贷款、上市公司中国有企业占据大多数比重，民营企业难以从银行和资本市场等金融体系中获取资金支持，然而民营企业的迅速发展已经得到普遍认可。孙铮等（2005）认为，正式和非正式的制度安排对契约签订、履行均发挥重要的作用。在从银行和资本市场等正式的制度安排下获取资源受限的情况下，民营企业是否有替代机制来缓解这些不利影响呢？Allen 等（2005）提出，在转型经济国家中，"关系"这一非正式的制度安排能够替代金融发展等正式制度安排。相关研究认为，政治关联与金融关联是非正式制度的重要组成部分，并且这些关系机制对于企业的经营与财务行为具有重要的影响作用。正如我们前面分析的，金融关联可以从关系网络、声誉担保和金融人才引进等三个方面缓解民营企业融资约束：（1）金融关联有助于企业与金融机构建立紧密的关系网络，进而影响金融机构的决策行为；（2）金融关联有利于增强企业信用和声誉，并通过搭建沟通桥梁来缓解金融机构与企业之间的信息不对称问题；（3）金融背景的人才能够为企业打造创新性的融资方案，使得企业能够更好地获取融资。与此同时，Watts（2003）指出，契约是企业会计稳健性高低的重要影响因素之一。那么，民营上市公司的金融关联会对会计稳健性造成怎么样的影响呢？这是本章关注的主要问题。

本章的贡献在于：首先，丰富了 Allen 等（2005）和孙铮等（2005）对转型经济国家非正式制度安排的研究成果，我们系统考察了银行关联和证券公司关联这两种主要的金融关联形式对会计稳健性的影响，较好地丰富了金融关联的研究视角；其次，国内外学者考察金融关联的经济后果时，忽略了金融关联本身的内生性问题，我们运用 Heckman 两阶段模型解决这一问题。

一、理论分析与研究假设

会计稳健性的影响因素包括契约、法律诉讼、管制、税收等四个方面（Watts，2003）。考虑到我国法律诉讼风险较少以及财税分离，因此，法律诉讼和税收无法成为会计稳健性的动因。与此同时，除会计准则这一管制问题，国内外较少有学者探讨其他管制对会计稳健性的影响。因此，本章主要从契约角度分析金融关联对会计稳健性的影响。

Watts（2003）认为，债务契约影响会计稳健性，在债务契约中，债权人关心的是其债权能不能及时收回，采用稳健的会计处理方法使得收益和资产更多反映公司财务状况的“硬信息”或“底线”，因而，债权人对会计稳健性有现实需求。稳健的会计信息减少了债务契约的潜在代理成本，Zhang（2008）研究了会计稳健性对贷款人和借款人缔约前、后利益的影响，结果发现：借款人越稳健，其违反融资契约的可能性越大，贷款人会因为及时收到借款人的违约风险信号而受益；而对于贷款人而言，借款人越稳健，贷款人在缔约前一般会提供一个更低的初始借款利率水平。因此，基于债务契约的角度考虑，债权人有稳健会计信息的需求，企业稳健性越高，越容易获取融资。与此同时，正如前面我们所分析的，金融关联有助于企业获取融资。具体针对银行关联而言，Byrd 和 Mizruchi（2005）指出，企业聘请银行关联董事具有三个优点：（1）能够为管理层提供投融资方面的专业咨询；（2）有助于银行对企业管理层的监督，缓解银行和企业之间的信息不对称，并最终降低企业融资成本；（3）发挥鉴证功能，帮助企业从其他银行、债券市场和投资者那里获取资金。我国学者余明桂和潘红波（2009）从社会资本、信息交换和融资技能三个角度分析银行关联可以为企业带来债务融资便利，并通过 1994—2007 年的样本数据证实了银行关联能够使企业获得更多的银行贷款，同时这种贷款效应在市场化水平和金融发展水平较低的地区更强。

虽然前述 Byrd 和 Mizruchi（2005）、余明桂和潘红波（2009）等学者认为，金融关联是有利于企业获取融资，但这并不意味着金融机构降低了对高质量的稳健会计信息的需求。我们认为，金融关联很可能在以下两个方面增加金融机构与企业之间的信息不对称，从而产生了高稳健性的会计信息质量需求，而这两点恰恰是前面学者所忽略的关键要素，它们是：（1）金融关联高管的立场。金融背景的高管熟悉金融机构工作流程和贷款偏好，同时也了解企业的经营和财务状况，但金融关联高管基于企业利益出发，未必愿意向金融机构提供企业真实的经营和财务信息，并可能“打造”符合金融机构要求的融资方案，这可能加剧了金融结构和企业之间的信息不对称。《银行业金融机构从业人员职业操守指引》第九条规定：“从业人员未经批准不得在其他经济组织兼职”。《金融机构高级管理人员任职资格管理办法》第 14 条规定：“金融机构高级管理人员未经国家有权部门批准，不得在党政机关任职，不得兼任其他企事业单位的高级管理人员，不得从事除本职工作以外的任何以营利为目的的经营活动”。具有金融背景的高管更多的是曾经（而非当前）在金融机构任职，所以他们是所任职的企业利益代表，而非金融机构。此外，我们在手工收集民营上市公司是否存在金融关联数据时，发现拥有金融背景的高管一般是全职工作于民营企业中。（2）金融背景的高管只与某些特定的金融机构具有联系，这些特定的金融机构可能拥有垄断的信息优势，其他金融机构对公司提供融资时可能要求更好的会计信息质量。例如，祝继高等（2012）认为，向企业派有董事的银行容易形成信息垄断，从而与企业签订更有利于关联银行的贷款合同，关联银行的定价优势和信息垄断会造成非关联银行不愿意向企业发放贷款。

由于信息不对称的存在，增加了权益投资者和债务投资者对稳健会计信息的需求，Laford 和 Watts（2008）发现，权益投资者与管理层之间的信息不对称越强，对会计盈余稳健性的需求程度越高。基于前述分析，我们提出以下研究假设：

研究假设：限定其他条件，具有金融关联的民营上市公司会计稳健性增强了。

二、研究设计

（一）研究样本与数据来源

我们选择 2007—2012 年沪深 A 股民营上市公司为初始样本，通过手工收集民营上市公司中是否存在具备金融工作背景的高管（包含董事和经理层，不包括监事），经过剔除财务数据缺失、ST 等特别处理的上市公司后，得到 5186 个非平衡样本。为更好考察金融关联对会计稳健性的影响，我们选择 2007—2012 年连续六年均存在金融关联的公司和连续六年均不存在金融关联的公司为研究样本，最后得到 281 家公司共 1686 个样本数据。政治关联数据通过手工收集获得，区域金融发展程度和市场化程度数据来自樊纲等（2010）的《中国市场化指数》，其他财务数据来自 CSMAR 和 Wind 数据库。所有连续变量在 1% 水平上进行了 Winsorize 处理。

（二）研究模型与变量定义

为探讨金融关联对会计稳健性的影响，我们在 Basu（1997）的模型基础上，借鉴 Jenkins 和 Velury（20008）、刘峰和周福源（2007）等学者的思想，构建式（1）和式（2）：

$$\frac{EPS_{it}}{p_{it-1}} = \beta_0 + \beta_1 DR_{it} + \beta_2 \times Ret_{it} + \beta_3 \times DR_{it} \times Ret_{it} + \varepsilon_{it} \tag{1}$$

$$\frac{EPS_{it}}{p_{it-1}} = \beta_0 + \beta_1 DR_{it} + \beta_2 \times Ret_{it} + \beta_3 \times DR_{it} \times Ret_{it} + \beta_4 \times FC_{it} + \beta_5 \times DR_{it} \times FC_{it} + \beta_6 \times Ret_{it} \times FC_{it} + \beta_7 \times FC_{it} \times DR_{it} \times Ret_{it} + \varepsilon_{it} \tag{2}$$

其中：EPS 表示公司第 t 年的每股盈余；P 表示公司第 t 年初股价；Ret 表示公司第 t 年 5 月到次年 4 月的年度每股超额股票回报率，等于 $\prod_{-8}^{4}(1+r_{i,j}) - \prod_{-8}^{4}(1+R_{m,j})$，r 为公司 i 第 j 个月考虑现金红利再投资的月个股回报率，R 为第 t 年 5 月到次年 4 月沪、深证券交易所中分市场月市场回报率（等权平均法）；DR 为哑变量，当 Ret <0 时，该变量 =1，否则等于 0；FC 表示 t 年末 i 公司是否存在金融关联（包括银行关联和证券公司关联）。在式（1）中，采用股票超额回报率作为好消息和坏消息的衡量变量（股票超额回报率小于 0，为坏消息，反之则为好消息），如果企业存在会计稳健性，说明企业对坏消息比对好消息更能及时地反映在会计盈余中，即 $\beta_2 + \beta_3 > \beta_2$（也即 β_3 显著大于 0）。同理，在式（2）中，如果金融关联对会计稳健性存在显著的正向影响，则 β_7 显著大于 0，反之亦然。

三、实证结果与分析

（一）描述性统计

表 6 -1 列示了主要变量的描述性统计结果（经过 1% 缩尾处理），可以看出，54.9%

的公司存在政治关联；Dr 的均值为 0.623，意味着有 62.3% 的样本公司的年度回报率低于年度市场回报率（即所谓的“坏消息”）。

表 6－1　　主要变量的描述性统计

变量	均值	标准差	最小值	1/4 位数	中位数	3/4 位数	最大值
FC	0.363	0.231	0	0	0	1	1
FC1	0.231	0.173	0	0	0	0	1
FC2	0.245	0.185	0	0	0	0	1
Finance	0.594	0.241	0	0	1	1	1
Market	0.562	0.246	0	0	1	1	1
PC	0.549	0.248	0	0	1	1	1
MC	0.5	0.250	0	0	0.5	1	1
Rzys	0.439	0.246	0	0	0	1	1
Age	14.697	18.743	6	12	15	18	28
Roa	0.054	0.007	－0.172	0.014	0.042	0.087	0.281
Lev	0.469	0.038	0.048	0.324	0.474	0.611	0.945
lnsize	21.332	1.045	18.878	20.612	21.255	22.041	23.968
Grow	0.233	0.552	－0.717	－0.028	0.116	0.288	5.748
Eps/p	0.0167	0.001	－0.099	0.003	0.014	0.029	0.117
Dr	0.623	0.235	0	0	1	1	1
Ret	－0.021	0.121	－0.642	－0.234	－0.0787	0.103	1.493

此外，我们还对主要变量进行了 Pearson 分析，发现各变量的相关系数均不大（除区域金融发展程度与市场化程度两个变量相关系数为 0.629，其他相关系数绝对值均低于 0.4），说明了检验模型的内生性问题并不严重。

（二）金融关联对会计稳健性的影响

表 6－2 中给出了固定效应回归的检验结果，可以看出，FC × Dr × Ret 的系数为 0.028（在 5% 的重要性水平显著），说明了金融关联能够显著增强民营上市公司的会计稳健性。需要说明的是，由于我们采用的是 282 家民营上市公司六年的样本数据，属于完全平衡的面板，在分别对面板数据采用随机效应和固定效应回归处理分析后，经过 Hausman 检验发现，固定效应比随机效应进行模型估计时更合理。此外，在运用固定效应回归处理分析时，由于交互项过多可能会导致较为严重的共线性问题，因而在模型估计中剔除了 FC 这一变量。

表 6－2　　金融关联与会计稳健性（固定效应）

	金融关联与会计稳健性
常数项	0.053 *** (0.000)

续表

金融关联与会计稳健性	
Dr	0.001 (0.960)
Ret	0.009 ** (0.023)
Dr × Ret	0.006 (0.481)
Fc × Dr	0.002 (0.545)
Fc × Ret	-0.007 (0.263)
Fc × Dr × Ret	0.028 ** (0.033)
行业/年份	控制
N	1686
R^2	0.120
F	6.97
P 值	0.000

注：***、**、* 分别代表在 1%，5% 和 10% 的重要性水平显著。

（三）稳健性测试

1. 内生性问题

由于拥有金融背景的专业人士担任企业的高管与企业的内外部特征可能具有内生关系，因此我们采用 Heckman 两阶段模型，可能使得研究结论更加可靠，诸如 Fohlin（1998）、陈栋和陈运森（2012）的做法。我们结合现有的研究，发现可能影响拥有金融工作背景的专业人士担任企业高管的影响因素。已有的研究表明，货币政策、产业政策、区域金融发展程度、市场化程度、法治环境、政治关联、产权性质、公司治理特征、自身财务特征等因素影响企业是否建立金融关联。因此，我们构建式（3）来分析影响金融关联的影响因素：

$$FC_{i,t} = \beta_0 + \beta_1 Finance_{i,t} + \beta_2 Market_{i,t} + \beta_3 PC_{i,t} + \beta_4 MC_{i,t} + \beta_5 Age_{i,t} + \beta_6 Rzrs_{i,t} + \beta_7 Lev_{i,t} + \beta_8 lnsize_{i,t} + \beta_9 Growth_{i,t} + \beta_{10} Roa_{i,t} + 行业 + 年份 + \varepsilon_{i,t} \quad (3)$$

其中：FC 为上市公司是否具有金融工作背景的高管的哑变量，当上市公司具有金融关联时取值为 1，否则取值为 0；Finance 为区域金融发展程度变量，来自樊纲等编制的《中国市场化指数 2010》中“金融业的市场化程度”，如果样本公司所在省份的得分在 2007—2009 年连续三年处在全国前 10 位，则取值为 1，否则取值为 0；Market 为市场化程度，来自樊纲等编制的《中国市场化指数 2010》中“减少政府度企业的干预”，如果样本公司所在省份的得分在 2007—2009 年连续三年处在全国前 10 位，则取值为 1，否则取值为 0；PC 为上市公司是否具有政治关联的哑变量；MC 为国家是否采用了紧缩的货币政策

（根据 GM2 的增长率确定，2007、2011、2012 年定义为货币紧缩时期，2008—2010 年定义为货币宽松时期）；Rzrs 为融资约束哑变量，如果样本公司当年未发放现金股利，则取值 1，否则取值 0；Age 为样本公司成立年数；Lev 为资产负债率；lnsize 为总资产的自然对数；Growth 为营业收入增长率；Roa 为资产收益率。

参照 Fohlin（1998）、陈栋和陈运森（2012）的做法，通过式（3）估计出样本公司具有金融关联的概率，并计算出具有金融关联和不具有金融关联的逆米尔斯比例（IMR），并在式（2）中加入 IMR 作为控制变量，以克服样本自选择和内生性问题。

回归分析的结果如表 6－3 所示。

表 6－3　　金融关联与会计稳健性（Heckman 两阶段回归）

第一阶段回归		第二阶段回归	
常数项	2.848 *** (0.001)	常数项	0.014 (0.260)
Finance	－0.403 *** (0.000)	Dr	0.001 (0.970)
Market	0.236 ** (0.012)	Ret	0.008 ** (0.047)
PC	0.593 *** (0.000)	Dr × Ret	0.007 (0.401)
MC	0.040 (0.737)	Fc	—
Rzys	－0.061 (0.457)	Fc × Dr	0.003 (0.534)
Age	0.015 * (0.097)	Fc × Ret	－0.006 (0.363)
Roa	1.134 * (0.072)	Fc × Dr × Ret	0.025 * (0.058)
Lev	0.209 (0.356)	IMR	－0.039 *** (0.000)
lnsize	－0.155 *** (0.000)		
Growth	0.007 (0.871)		
行业/年份	控制	行业/年份	控制
N	1666	N	1666
PSEUDO R^2 P（chi^2）	0.117 0.000	R^2 F 值 P	0.142 8.67 0.000

注：***、**、* 分别代表在 1%，5% 和 10% 的重要性水平显著。

表 6－3 给出了在控制金融关联内生性问题后的 Heckman 两阶段回归结果，从回归结果中可以看出：（1）区域金融发展程度、市场进程、政治关联、上市公司成立年龄、资产

回报率、公司规模是影响民营上市公司是否存在金融关联的重要因素；（2）在第二阶段回归中，采用固定效应回归分析发现，FC × Dr × Ret 的系数为 0.025（在 10% 重要性水平显著），说明了金融关联增强了民营上市公司的会计稳健。此外，在运用固定效应回归分析时，逆米尔斯比例（IMR）在 1% 重要性水平上显著为负，说明样本还是存在一定的自选择和内生性问题，两阶段模型回归结果较为稳健。

整体而言，无论是采用固定效应回归分析，还是 Heckman 两阶段回归分析，均可以得出金融关联增强了民营上市公司的会计稳健性，从而支持了本章的研究假设。

2. 银行关联、证券公司关联分别对会计稳健性的影响

我们进一步分别考察银行关联和证券公司关联对会计稳健性的影响，研究结果表明：（1）银行关联与会计稳健性。表 6 - 4 左侧给出了 Heckman 两阶段回归结果，FC1 × Dr × Ret 分别为 0.028（在 10% 的重要性水平上不显著），而且逆米尔斯比例显著为负，说明样本存在一定的自选择和内生性问题，采用 Heckman 两阶段回归分析结果较为稳健。该研究结论并不支持银行关联显著增强企业会计稳健性；（2）证券公司关联与会计稳健性。表 6 - 4右侧给出了 Heckman 两阶段回归结果，FC2 × Dr × Ret 为 0.032（在 10% 重要性水平显著），而且逆米尔斯比例在 5% 重要性水平上显著为负，说明样本存在一定的自选择和内生性问题，采用 Heckman 两阶段回归分析结果较为稳健。该研究结论支持证券公司关联能够显著增强企业会计稳健性。对于这样的研究结论，我们的可能解释是：（1）正如杜兴强等（2009）的观点，会计稳健性是一个程度问题。银行关联虽然在 10% 的置信水平上并没有显著影响会计稳健性，但将置信水平略微调整为 13% 时则发现银行关联是显著会计稳健性的，这是一个程度问题。（2）样本公司中银行关联和证券公司关联的占比分别为 23.1% 和 24.5%，说明银行关联和证券公司关联的普遍性。但是，银行关联和证券公司关联影响企业获取资金资源的方式存在差异，前者主要是获取信贷资源（间接融资），后者主要通过 IPO、配股增发等方式融资（直接融资）。由于企业 IPO 或配股增发等行为需要遵守严格的法律条件（即法定条件），因而证券公司关联显著影响会计稳健性，而信贷融资行为需要遵守双方协议的条件（即意定条件），强制约束力更弱一些，因而，银行关联对会计稳健性没有显著的重大影响。（3）Basu（1997）的不对称及时性模型，在衡量企业会计稳健性时存在一定的估计偏差。

表 6 - 4　银行关联/证券公司关联与会计稳健性（Heckman 两阶段回归）

银行关联与会计稳健性		证券公司关联与会计稳健性	
常数项	0.021 ** (0.029)	常数项	0.046 *** (0.000)
Dr	0.001 (0.674)	Dr	0.001 (0.628)
Ret	0.011 *** (0.009)	Ret	0.009 ** (0.030)
Dr × Ret	0.016 * (0.070)	Dr × Ret	0.015 * (0.095)

续表

银行关联与会计稳健性		证券公司关联与会计稳健性	
FC1	0.013* (0.087)	FC2	-0.018* (0.071)
FC1 × Dr	0.001 (0.879)	FC2 × Dr	0.002 (0.681)
FC1 × Ret	-0.014 (0.124)	FC2 × Ret	-0.007 (0.425)
FC1 × Dr × Ret	0.028 (0.125)	FC2 × Dr × Ret	0.032* (0.060)
IMR	-0.008* (0.055)	IMR	0.011** (0.039)
行业/年份	控制	行业/年份	控制
N	1678	N	1633
Adj R^2 F P值	0.087 6.13 0.000	Adj R^2 F P值	0.080 5.91 0.000

注：***、**、*分别代表在1%，5%和10%的重要性水平显著。

四、小结

金融资源的短缺和分配不合理较大程度限制了民营企业获取融资，通过和金融机构建立金融关系有利于缓解民营企业的融资约束，但这并不意味着民营企业的会计信息质量削弱了。我们利用我国民营上市公司2007—2012年的数据，借鉴Basu（1997）的模型思想，在考虑金融关联内生性问题的基础上，运用Heckman两阶段模型，探讨了金融关联对民营上市公司会计稳健性的影响，研究结果表明，拥有金融工作背景高管的民营上市公司，对会计稳健性有更高的需求。进一步，分别考察银行关联和证券公司关联这两种最为重要的金融关联形式对会计稳健性的影响，发现证券公司关联显著增强了民营上市公司的会计稳健性，而银行关联对会计稳健性也存在正向影响，只是显著程度要弱一些。这些研究结论较好地支持了金融关联能够增强民营上市公司的会计稳健性。

本章的研究结论有助于我们理解转型经济国家非正式制度作用机理，并对认识民营企业会计信息质量、融资改善问题有较好帮助。我国的民营企业可以通过聘请有金融关联的人士担任企业高管，对提升会计信息质量，改善企业的融资环境大有裨益。

第七章 金融关联与企业的财务柔性

财务柔性（Financial Flexibility）是指企业调用或及时获取财务资源，以便应对外部环境变化和不确定性事件的影响，把握投资机会的能力（FASB，2009；Byoun，2011；曾爱民等，2013）。多数学者认为财务柔性好的企业，因为财务资源储备较多，当外部环境出现变化时，企业能够较有效应对挑战，从而有利于企业的生存与发展，同时，当外部投资机遇出现时，也能及时和有效地抓住投资机会，进而实现公司价值最大化的目标。所以，保持或提高财务柔性对于企业来说是非常重要的。

我们认为企业通过引入具有金融机构工作背景的人员担任公司高管是企业改善财务柔性的重要手段。金融背景的高管不仅具有较强的风险控制意识，同时，也具备较扎实的财务金融专业技能，可以为公司提供专业咨询，尤其是融资和投资方面的咨询。因此，当企业的财务柔性较差，而又面对较好的投资机会时，企业就很可能通过引入金融关联高管以改善企业的财务柔性，从而能更好地抓住机遇。

同时，在我国当前的制度环境下，政府依然是经济资源的调控主体。产业政策是政府调控经济的一种重要形式，政府可以利用产业政策引导社会资源配置，控制产业投资方向，从而推进产业结构的调整，促进经济转型升级。所以，这种带有政策导向性和行政干预式的产业调控，对于不同产业的成长环境和投资机会将带来重大影响。我们认为在不同产业政策环境下，企业面对的市场环境，特别是投资机会和资源整合的机遇明显不同，这也导致企业改善其财务柔性的激励和动力存在显著的差别，从而进一步影响到企业引入金融关联高管的激励。

因此，本章要解决以下几个重要的问题：第一，财务柔性是否是影响民营企业引入金融关联高管的重要因素以及企业引入金融关联高管后能否真正发挥咨询作用，改善企业的财务柔性？第二，不同产业政策环境条件下，金融关联高管与财务柔性的关系是否存在显著的差别？

本章采用我国A股民营上市公司的数据，采用Logit回归、双重差分法（Differences in Differences，DID）和倾向得分匹配法（PSM）的分析方法，实证检验了金融关联高管与财务柔性的关系。研究发现，当企业财务柔性越差时，企业就越有动力引入金融背景的高管，同时引入金融关联高管后，其财务柔性确实得到了改善。进一步研究还发现，不同产业政策环境下，高管金融背景与财务柔性的关系也存在显著不同。在产业政策支持的行业中，企业财务柔性越差，企业引入金融关联高管的概率就越高，引入金融关联高管后，其财务柔性得到了显著提高，在产业政策不支持的行业中，财务柔性与企业引入金融关联高管并没有显著关系，同时即使企业引入金融关联高管后，其财务柔性也没有显著变化。研究结论表明，保持与改善财务柔性是企业引入金融关联高管的重要动因，但是，产业政策显著影响了金融关联高管与企业财务柔性的关系。

本章的主要贡献在于：一方面，我们研究了金融关联与财务柔性的关系，拓展了金融关联的研究领域；另一方面，本章从宏观层面上分析产业政策对于企业财务行为的影响，提供了产业政策实施效果的微观证据，进一步拓展了宏观经济政策与微观企业行为的研究框架和思路。相关研究已经发现产业政策支持的企业财务柔性较好，本章从高管金融背景的角度分析了产业政策对于财务柔性影响的内在机理，这对于理解产业政策的影响途径有一定的现实意义。

一、理论分析与研究假设

（一）财务柔性与金融关联高管引入

现有的研究文献关于财务柔性的研究，都是从现有和潜在的财务储备出发，关注企业能调用或及时获取的财务资源，应对可能发生的或无法预见的紧急情况，以及把握未来投资机会的能力（Byoun，2011；De Angelo 和 De Angelo，2007；曾爱民等，2013）。

现金持有水平是公司重要的财务决策。现金持有水平较高的企业，能较从容应对商业环境的变化，同时，当外部投资机遇出现时，能及时和有效地抓住投资机会，进而实现公司价值最大化的目标。相反，现金持有水平较低的企业，因为财务资源储备不足，当外部环境出现变化或者投资机会出现时，企业不能有效地应对挑战和抓住机会，从而影响企业的生存与发展。现金是企业的“血液”，一旦企业出现资金链的困境，企业将面临危机，甚至破产。因此，企业通常会储备一定量的现金以应对可能发生的或无法预见的紧急情况，以及把握未来的投资机会。多数学者主要是从现金柔性来定义财务柔性（De Angelo 和 De Angelo，2007；曾爱民等，2013）。现金柔性是指企业保持比较高的现金储备，以应对未来不确定环境下能直接动用现金的能力，同时，充足的现金储备也有利于企业抓住有利的投资机会。所以，当企业的现金储备不足，财务弹性较差时，企业可能通过各种手段改善企业的现金持有水平。因此，财务柔性有“预防风险”和“把握投资机会”两种属性。近几年来，多数学者对于财务柔性的研究主要是关注其“把握投资机会”属性的重要性（Byoun，2011）。Campllo 等（2010）通过调查研究发现，在 2008 年金融危机期间，有超过 50% 的企业因为外部金融市场危机的影响导致企业资金筹措困难，企业被迫推迟或放弃原来的投资计划。Duchin 等（2010）、Bancel 和 Mittoo（2011）研究表明，虽然金融危机导致银行信贷紧缩使得企业面临资金紧张，融资困难，但是现金储备充裕、负债率低、财务柔性较好的企业，其所受到的各种负面影响相对较小。曾爱民等（2013）发现，在 2008 年金融危机期间，与财务柔性差的企业相比，财务柔性好的企业融资约束程度较轻，投资受到的影响较小。Arslan 等（2014）对于东南亚金融危机的研究也得出了类似的结论，财务柔性好的企业，在金融危机中能更好地抓住有利的投资机会。

所以，保持与改善企业的财务柔性对于企业来说至关重要。一些学者发现，近年来，世界各国的企业现金持有水平均在不断提高（Bates 等，2009）。Bates 等（2009）研究了美国企业 1980—2004 年企业现金持有水平，发现从 1980—2004 年美国企业现金持有水平增加了 129%。陆正飞等（2013）也发现，2009 年末，就中国 A 股上市公司而言，现金占账面总资产的比重均值（中位数）也已高达 19.4%（15.5%），这意味着在我国企业中，接近 1/5 的账面资产以现金形式存在。

Graham 和 Harvey（2001）对美国 300 多家企业 CFO 的问卷调查表明，企业在制定各种财务政策时首要考虑的因素是保持较好的财务柔性。因此，当企业处于财务柔性不足的状态时，比如比较低的现金储备和比较高的负债率，企业就有动力通过各种努力以改善企业财务柔性，而引入金融背景的高管可能就是改善企业财务柔性的重要手段。

现有研究已经证明金融关联高管具有很强的财务咨询功能，并能够影响企业的财务决策。刘浩等（2012）指出，具有金融背景的高管能够利用自己的金融技能，根据企业的现状创新性设计融资方案，并为企业提供各种财务咨询。Burak 等（2008）考察了美国公司金融关联高管的咨询作用，他们发现具有银行背景高管的公司更容易获得外部银行融资，而具有投资银行背景高管的公司有更多的证券融资，高管的金融背景降低了企业的融资约束。Byrd 和 Mizruchi（2005）进一步将银行背景的高管分为贷款银行高管和非贷款银行高管，研究发现：当公司存在贷款银行代表的高管时，企业的负债率较低，而当公司存在非贷款银行代表的高管时，企业的负债率较高。唐建新等（2011）通过对于我国民营企业的研究发现，高管的金融背景能有效缓解民营企业的融资约束，为民营企业带来融资的便利，并有助于改善民营企业的资本结构。刘浩等（2012）利用沪深两市 2001—2008 年的数据也发现，银行背景独立董事能够发挥咨询功能，特别是在货币政策紧缩时，能改善企业的融资环境。Byrd 和 Mizruchi（2005）进一步指出，企业聘请金融背景的高管除了对企业融资环境有改善之外，对于企业的投资和财务咨询也具有重要的作用。

此外，相对于其他行业，金融行业对于风险更为敏感，所以，具有金融行业从业背景高管的风险控制意识较强。当企业面临财务风险较大时，也就是企业的负债水平过高，现金储备过低，财务柔性较差时，这些具有金融工作背景的高管加入企业后可能对企业提出风险警示，并帮助企业采取各种措施，化解财务风险，提高企业的财务柔性。

因此，基于改善企业财务柔性的动机，我们提出以下研究假设：

假设 1：财务柔性差的企业更容易引入金融关联高管。

假设 2：企业引入金融关联高管后，财务柔性能得到改善。

（二）产业政策、金融关联高管的引入与财务柔性的变化

产业政策是一系列对产业发展有重大影响的制度和安排的总和（周振华，1990）。宋凌云和王贤彬（2013）指出，产业政策是实现经济增长和经济结构转型升级重要的手段，通过产业调控等模式，将资源和要素导向一些重点要发展的产业。中国历来重视产业政策的调控及引导作用，产业政策透过种种形式从各个方面渗透到经济领域中间。江飞涛和李晓萍（2010）认为 2000 年以来，中国产业政策主要聚集在经济结构转型、抑制部分行业过度投资和调整产能过剩等方面。比如，2013 年国家发展改革委修订并发布了《产业结构调整指导目录（2011 年本）》。该目录分类有三种，即鼓励类、限制类和淘汰类，条目

共1399条，其中鼓励类750条，限制类223条，淘汰类426条。我们注意到产业目录全面反映结构调整和产业升级的方向内容，一方面，重点关注战略性新兴产业发展及自主创新，另一方面，注重对产能过剩行业的限制和引导。2003年以来，部分行业的盲目投资与产能过剩问题引起政策部门的高度关注，政府相继出台了一系列的产业政策以抑制这些行业的盲目投资和产能过剩。比如，2006年国务院发布《国务院关于加快推进产能过剩行业结构调整通知》，2013年国务院制定《关于化解产能严重过剩矛盾的指导意见》，这些指导意见主要都是透过严格要素供给和投资管理，遏制盲目扩张和重复建设，通过行业规划、行业准入、项目审批、环保政策、土地政策、金融政策、财税政策等方面加强控制与引导。所以，产业政策是政府引导投资方向，管理投资项目，制定和实施财税、金融、土地、进出口等政策的重要依据。

已有一些学者通过不同的角度证明了产业政策对于企业微观行为产生各种显著的影响。黎文靖和李辉淘（2014）采用中国上市公司的财务数据研究表明，当民营公司受到产业政策激励时，有助于企业突破行业壁垒和增加投资。陆正飞和韩非池（2013）对于中国上市公司的研究表明，产业政策和“四万亿”刺激计划在一定程度上通过投资机会路径影响企业的现金持有效应。受到产业政策鼓励发展的企业，能够持有较多的现金，从而抓住优质投资机会，促进企业在产品市场上的成长，而不受产业政策鼓励的企业则没有这种关系。陈冬华等（2010）从上市、股权再融资和银行贷款的角度分析了产业政策与企业微观金融的关系，研究发现，产业政策支持的行业，IPO融资额和家数增长率显著超过未受支持的行业，股权再融资机会显著高于其他行业，同时，产业支持的行业其长期贷款高于产业不支持的行业，而短期贷款则相反。郑立东和程小可（2015）发现，不受产业政策支持的企业依靠高资产有形性降低了其投资对内部现金流的依赖，而受产业政策支持的企业不需要依靠高资产有形性降低投资对内部现金流的依赖。

因此，我们认为，在产业政策支持或鼓励的行业中，因为受到政府各种支持的力度较大，行业准入较为容易，各种审批速度加快，土地、税收优惠加大，财政补贴较多，这也进一步带来了投资机会较多，产业并购重组的机遇也较多，当企业的财务柔性较差时，企业有更强的动机改善企业的财务柔性以便能更好地抓住各种机遇①，所以，企业引入金融关联高管的激励更强，同时，企业引入金融关联高管时，财务柔性的改善效果也较好。相反，在产业政策不支持或不鼓励的行业中，一方面，囿于投资机会的缺乏及各种限制和阻力，即使企业的财务柔性较差，其改善财务柔性的动力相对不足；另一方面，因为我们知道企业保持比较高的财务柔性是有一定成本的②，同时，引入金融背景的高管也存在一定的直接成本支出，比如金融关联高管的薪酬水平较高，而且这些金融关联高管进入公司后

① 祝断高等（2015）发现，产业政策支持的企业，其现金持有水平较高，而负债率较低。

② 比如，从现金持有水平角度来说，持有现金的缺点是现金资产的收益率较低，此外，当公司现金持有量很高时，股东和管理者之间的代理冲突会加剧（Jensen，1986）。因此，权衡理论认为公司应该权衡持有现金的成本和收益，以确定最佳的现金持有水平（Oplere等，1999）。而从债务融资来看，因为利息费用可以在税前扣除，所以债务融资会给企业带来税盾效益，负债程度越低，则企业税盾效益越小，同时，负债水平低的意味企业更多利用股权融资，而股权的资本成本高于债务的资本成本，此外，过多利用股权资本可能也会稀释控制权，并损失了负债的治理作用。因此，权衡理论认为企业应综合权衡负债的收益与财务困境成本，以确定自身的最优资本结构（Mayers，1984）。

在高管薪酬标准上形成一个较高的参照点，从而带来公司高管薪酬水平水涨船高，并进而导致公司整体费用成本的上升，这也导致企业引入金融关联高管的激励相对不足，同时，即使引入金融关联高管后，对于财务柔性的改善动力也较弱。

因此，我们提出如下研究假设：

假设3：财务柔性差的企业更容易引入金融关联高管，但是，这种现象在产业政策支持的行业中更为明显。

假设4：企业引入金融关联高管后，财务柔性能得到改善，但是，这种改善在产业支持的行业中尤其明显。

二、研究设计

（一）研究样本与数据来源

本章以所有在深沪两地上市的民营企业作为研究对象，我们搜集了2007—2012年民营企业上市公司高管变更的资料，以首次引入金融关联高管的上市公司作为处理样本，以不存在金融关联高管的公司作为控制样本。因为我们要比较引入金融关联高管前一年与后一年财务柔性的差别，所以样本数据时间跨度是2006—2013年。同时，我们要比较引入金融关联高管前后企业财务柔性的变化，因此，样本中没有包括在2006年已经引入金融关联高管的公司。在样本选择中还剔除以下类型样本：（1）金融、保险类公司；（2）公司业务中有涉及金融业务的公司；（3）相关数据缺失的公司。这样我们就得到187个首次引入金融关联高管公司（处理样本）和1850个没有金融关联高管的公司（控制样本）。本章所使用的高管的金融背景和政治关联数据均来自于对上市公司年报的手工整理。财务数据与公司治理数据来源于CSMAR数据库和色诺芬CCER金融数据库。主要财务数据连续变量在1%水平上进行了Winsorize处理。

（二）主要变量定义

1. 财务柔性，参考De Angelo和De Angelo（2007）、曾爱民等（2013）的做法，我们采用现金柔性来定义企业的财务柔性。

2. 产业政策，宋凌云和王贤彬（2013）明确指出，我国产业政策最直接明了的体现是在各级政府五年规划内列出重点产业，确定相关产业发展目标和方向。本章参考陈冬华等（2010）、陆正飞和韩非池（2013）、祝继高等（2015）的方法，根据《中共中央关于制定“十一五”规划的建议》和《中共中央关于制定“十二五”规划的建议》，将上市公司所属行业划分为产业政策重点支持和明确鼓励的行业与非产业政策重点支持和明确鼓励的行业。

3. 金融关联高管，如果公司首次引入具有银行、证券公司、期货、保险、基金和信托等金融机构工作背景的高管，则我们就将该公司定义为金融关联高管企业。

（三）模型设计

1. 财务柔性与金融关联高管的引入

为了检验假设1和3，我们构造式（1）如下：

$$Logit(FC) = \alpha + \beta_1 FF + \beta_2 IP + \beta_3 LRG + \beta_4 BOR + \beta_5 ZONE + \beta_6 INDEP + \beta_7 PC + \beta_8 SIZE + \beta_9 ROE + \beta_{10} INV + \beta_{11} IPO + \beta_{12} MH + \sum YEAR + \sum IND + \varepsilon \quad (1)$$

其中，FC是金融关联高管变量，是指公司是否引入具有银行、证券公司、期货、保险、基金和信托等金融机构工作背景的高管。FF是财务柔性的变量，我们用现金柔性来度量。IP是产业政策变量。LRG是第一大股东持股比例。BOR是董事会规模变量。INDEP是独立董事比例。PC为政治关联变量。SIZE是公司规模。ROE是公司盈利水平。INV是公司投资水平。IPO是公司上市年数。MH是指管理层持股变量。ZONE是地区的虚拟变量。YEAR是年度虚拟变量。IND是行业虚拟变量。因变量（FC）采用当年（T年）的数据，所有的自变量均采用前一年（T-1年）的数据。各变量具体定义见表7-1。

表7-1　　变量定义

变量	符号	定　义
现金柔性	CASH	现金余额（包括可交易金融资产）与年末总资产的比值
	CASH_ ADJ	企业现金持有水平减去行业平均现金持有水平
产业政策	IP	如果公司所在的行业属于产业政策重点支持和明确鼓励的行业则取值1，否则取值0
金融关联高管	FC	如果公司引入具有银行、证券公司、期货、保险、基金和信托等金融机构工作背景的高管则取值1，否则取值0
引入金融背景时间变量	AF	若样本期间在企业引入金融关联高管之后则取值1，否则取值0
经营绩效	ROE	公司净利润/年末净资产
第一大股东持股比例	LRG	第一大股东的持股数除以总股数
独立董事比例	INDEP	独立董事人数占董事总人数的比例
管理层持股	MH	当公司管理层持有公司股票取值1，否则取值0
公司规模	SIZE	公司年末总资产的自然对数
政治关联	PC	上市公司高管曾经或现在在政府、党委、人大、政协担任过职务取值1，否则取值0
投资支出	INV	购建固定资产、无形资产和其他长期资产所支付的现金/年末总资产
公司上市时间	IPO	考察年度减去样本的上市年
地区变量	ZONE	若公司的注册地在东部地区①取值1，否则取值0
年度变量	YEAR	年度的虚拟变量
行业变量	IND	行业的虚拟变量

① 与马连福等（2013）的划分标准一样，我们将中国31个省份分成三个地区：沿海地区、中部地区和西部地区。沿海地区包括北京、天津、河北、辽宁、上海、江苏、浙江、福建、山东、广东、广西、海南12个省份；中部地区包括山西、内蒙古、吉林、黑龙江、安徽、江西、河南、湖北、湖南、重庆10个省份；西部地区包括四川、贵州、云南、西藏、陕西、甘肃、青海、宁夏、新疆9个省份。

2. 金融关联高管的引入与财务柔性的变化

本章采用双重差分的方法（Differences - in - Difference，DID）比较“处理样本”（首次引入金融关联高管公司）与“控制样本”（无金融关联高管公司）财务柔性变化的差异。通过设置两个虚拟变量（FC 和 AF）将样本分为四组：即引入金融关联高管之前的处理组、引入金融关联高管之后的处理组、引入金融关联高管之前的控制组和引入金融关联高管之后的控制组。

为了检验假设 2 和 4，我们构建式（2）检验引入金融关联高管与财务柔性变化的关系：

$$FF = \alpha + \beta_1 FC + \beta_2 AF + \beta_3 FC \times AF + \beta_4 IP + \beta_5 LRG + \beta_6 BOR + \beta_7 ZONE + \beta_8 INDEP + \beta_9 PC + \beta_{10} SIZE + \beta_{11} ROE + \beta_{12} INV + \beta_{13} IPO + + \beta_{14} MH + \sum IND + \sum YEAR + \varepsilon \quad (2)$$

其中，FF 是财务柔性的变量，FC 是高管金融背景变量，AF 是引入金融关联高管的时间变量，IP 是产业政策变量，LRG 是第一大股东持股比例，BOR 是董事会规模变量，PC 为政治关联变量，SIZE 是公司规模。ROE 是公司盈利水平。INV 是公司投资水平，IPO 是公司上市年数。MH 是指管理层持股变量，ZONE 是地区的虚拟变量，YEAR 是年度虚拟变量，IND 是行业虚拟变量。回归模型包括的是引入金融关联高管前一年（T - 1 年）和引入金融关联高管后一年（T + 1 年）的处理样本与控制样本的数据。

三、实证结果与分析

（一）描述性统计

表 7 - 2 是金融关联高管公司与无金融关联高管公司的财务柔性的比较，我们注意到，产业政策支持的企业财务柔性显著好于产业政策不支持的企业，主要体现为现金持有水平较高，这与一些学者的研究发现相同（祝继高等，2015）。在引入金融关联高管的前一年（T - 1），我们发现引入金融关联高管企业的财务柔性显著差于无金融关联高管的公司，这种差别在产业政策支持的企业中尤其明显①。这说明财务柔性差的企业更容易引入金融关联高管，而且这种现象在产业政策支持的企业中更为显著。

表 7 - 2　　引入金融关联高管公司与控制样本现金持有水平的均值比较

	产业政策支持			产业政策不支持		
	总体	金融关联高管公司	无金融关联高管公司	总体	金融关联高管公司	无金融关联高管公司
T - 1 年	0.303	0.166	0.316	0.227	0.199	0.23

① 在产业政策支持的企业中，引入金融关联高管企业前一年的现金持有水平显著低于无金融关联高管的企业，负债率显著高于无金融关联高管的企业（两者的差异都通过 1% 显著水平检验）。而在产业政策不支持的企业中，引入金融关联高管公司与无金融关联高管公司的现金持有水平差异没有通过显著性检验，引入金融关联高管公司的负债率高于无金融关联高管公司，但两者的差异也只通过 10% 的显著性检验。

续表

	产业政策支持			产业政策不支持		
	总体	金融关联高管公司	无金融关联高管公司	总体	金融关联高管公司	无金融关联高管公司
T+1年	0.234	0.206	0.237	0.179	0.171	0.18
T+1年与T-1年均值差别	-0.071*** (8.757)	0.04* (-1.86)	-0.08*** (-9.587)	0.048*** (-6.546)	-0.028 (-1.182)	-0.05*** (-6.516)

注：表中的T-1年、T+1年分别代表金融关联高管引入前一年、后一年。差异性检验中，数值代表均值的差异，括号中的数字代表差异检验的T值，***、**、*分别代表在1%、5%和10%的水平上显著。

在企业引入金融关联高管后一年（T+1）和前一年（T-1）的比较中，在现金持有水平方面，我们注意到，产业支持的行业中，与T-1年相比，T+1年引入金融关联高管企业现金持有水平提高了4%（通过10%的显著水平的检验），无金融关联高管的企业则降低了8%（通过1%的显著水平的检验）。在产业不支持的行业中，金融关联高管企业现金持有水平下降了2.8%，但是没有通过显著性检验，无金融关联高管企业的现金持有水平下降了5%（通过1%的显著性检验）。以上比较说明，金融关联高管的引入可以改善企业财务柔性，同时这种现象在产业政策支持的行业中更为明显。

（二）财务柔性与金融关联高管引入的实证分析

我们通过式（1）来检验假设1，表7-3模型1中的现金持有水平（CASH）的系数显著为负，表明现金持有水平低的企业更容易引入金融背景的高管，以上结论表明财务柔性差的企业更容易引入金融背景的高管。

表7-3　　产业政策、财务柔性与金融关联高管的引入

	模型1	模型2	模型3
C	1.32 (0.52)	5.92 (1.63)	0.08 (0.02)
CASH	-2.5*** (-3.93)	-4.11*** (-4.08)	-0.57 (-0.66)
IP	0.14 (0.54)		
ZONE	-0.43** (-2.42)	-0.813*** (-3.23)	-0.149 (-0.53)
ROE	0.528 (0.98)	1.2 (1.5)	-0.109 (-0.15)
LRG	0.58 (0.95)	0.63 (0.78)	-0.307 (-0.34)
INDEP	-1.67 (-0.85)	-2.52 (-0.87)	-1.214 (-0.43)

续表

	模型 1	模型 2	模型 3
MH	-0.178 (-0.93)	0.04 (0.16)	-0.492 * (-1.72)
SIZE	-0.27 *** (-2.86)	-0.357 *** (-2.66)	-0.257 * (-1.7)
PC	0.527 *** (3.04)	0.319 (1.32)	0.948 *** (3.45)
INV	-4.07 ** (-2.29)	-2.68 (-1.12)	-6.61 ** (-2.21)
IPO	-0.01 (-0.36)	-0.001 (-0.15)	-0.001 (-0.13)
BOR	1.21 ** (2.32)	0.789 (1.14)	1.4 * (1.76)
YEAR	控制	控制	控制
IND	控制	控制	控制
Pseudo R^2	0.144	0.206	0.147
样本数	2037	1155	882

注：限于篇幅，表中没有报告行业和年度的虚拟变量的结果。括号内是指检验的 Z 值。***、**、* 分别代表在 1%、5% 和 10% 的水平上显著。

在回归模型中，我们发现地区因素、公司规模、董事会规模和政治关联等变量也是影响企业引入金融关联高管的重要变量。

模型 2 的样本是产业政策支持的企业，模型 4 中 CASH 的系数显著为负，说明在产业政策支持的行业中，现金持有水平低的企业更有激励引入金融背景的高管；模型 3 的样本是产业政策不支持的企业，我们发现 CASH 的系数并不显著，说明在产业政策不支持的行业中，现金持有水平并不是影响企业引入金融关联高管的主要因素。

表 7-4 的回归模型的现金持有水平是经过行业调整的变量 CASH_ ADJ，我们发现表 7-4 的研究结论与表 7-3 是完全一样的。假设 1 和假设 3 得到证实。

以上的结论表明，财务柔性差的企业更容易引入金融背景的高管，但是这种现象主要出现在产业政策支持的企业中，在产业政策不支持的企业中，财务柔性并不是影响企业引入金融关联高管的主要因素。

表 7-4　　产业政策、财务柔性（行业调整）与金融关联高管的引入

变量	模型 4	模型 5	模型 6
C	0.59 (0.23)	4.81 (1.33)	-0.08 (-0.02)
CASH_ ADJ	-1.97 *** (-3.18)	-3.21 *** (-3.42)	-0.485 (-0.55)

续表

变量	模型 4	模型 5	模型 6
IP	0.1 (0.41)		
ZONE	-0.43** (-2.47)	-0.812*** (-3.23)	-0.15 (-0.53)
ROE	0.483 (0.89)	1.2 (1.5)	-0.123 (-0.17)
LRG	0.629 (1.04)	0.71 (0.88)	-0.297 (-0.31)
INDEP	-1.62 (-0.82)	-2.45 (-0.85)	-1.22 (-0.43)
MH	-0.18 (-0.94)	0.04 (0.13)	-0.493* (-1.73)
SIZE	-0.27*** (-2.84)	-0.37*** (-2.75)	-0.257* (-1.69)
PC	0.517*** (2.99)	0.299 (1.24)	0.949*** (3.45)
INV	-3.81** (-2.14)	-2.26 (-0.95)	-6.57** (-2.19)
IPO	-0.001 (-0.03)	0.01 (0.21)	-0.003 (-0.1)
BOR	1.22** (2.35)	0.789 (1.14)	1.41* (1.77)
YEAR	控制	控制	控制
IND	控制	控制	控制
Pseudo R^2	0.139	0.196	0.147
样本数	2037	1155	882

注：限于篇幅，表中没有报告行业和年度的虚拟变量的结果。括号内是指检验的 Z 值。***、**、* 分别代表在 1%、5%和 10%的水平上显著。

（三）引入金融关联高管与企业财务柔性变化的实证分析

我们通过式（2）采用双重差分的分析方法（DID）检验引入金融关联高管与财务柔性变化的关系。回归模型分析的是引入金融关联高管前一年（T-1 年）和后一年（T+1 年）的样本。

表 7-5 的模型 7 是全样本分析，因变量是现金持有水平（CASH），交叉项（FC × AF）的系数为 0.08，显著为正，说明与配对公司相比，引入金融关联高管之后，公司现金持有水平显著提升。假设 2 得到证实。

表 7-5　　产业政策、金融关联高管的引入与企业财务柔性的变化

	模型 7	模型 8	模型 9
C	0.765*** (10.97)	0.119*** (5.462)	0.756*** (7.914)
FC	-0.07*** (-5.8)	-0.09*** (-5.886)	-0.02 (-1.555)
AF	-0.035*** (-7.229)	-0.04*** (-6.705)	-0.022*** (-3.234)
FC×AF	0.08*** (5.228)	0.119*** (5.462)	0.03 (1.341)
IP	0.025*** (3.401)		
ZONE	0.002 (0.285)	-0.01 (-1.61)	0.02** (2.421)
ROE	0.17*** (9.049)	0.135*** (4.706)	0.202*** (7.922)
LRG	-0.026 (-1.541)	-0.03 (-1.126)	-0.01 (0.421)
INDEP	-0.08 (-1.528)	-0.08 (-1.159)	-0.1 (-1.185)
MH	-0.01* (-1.785)	-0.03*** (-2.986)	0.01 (1.205)
SIZE	-0.02*** (-6.25)	-0.013*** (-3.402)	-0.02*** (-5.358)
PC	0.01** (2.269)	0.01* (1.813)	0.01 (1.296)
INV	-0.572*** (-12.86)	-0.704*** (-11.48)	-0.38*** (-5.915)
IPO	-0.013*** (-25.27)	-0.015*** (-20.87)	-0.01*** (-14.09)
BOR	-0.004 (-0.11)	-0.02 (-0.919)	0.01 (0.432)
YEAR	控制	控制	控制
IND	控制	控制	控制
Adj_ R^2	0.418	0.418	0.285
样本数	4074	2310	1764

注：限于篇幅，表中没有报告行业和年度的虚拟变量的结果。括号内是指检验的 T 值。***、**、* 分别代表在 1%、5% 和 10% 的水平上显著。

模型8只包括了产业政策支持的样本，因变量是现金持有水平（CASH），交叉项（FC×AF）的系数为0.119，显著为正，说明在产业政策支持的行业中，与配对公司相比，引入金融关联高管之后，公司现金持有水平显著提升。

模型9只包括了产业政策不支持的样本，因变量是现金持有水平（CASH），交叉项（FC×AF）的系数为0.03，也没有通过显著性检验，说明在产业政策不支持的行业中，与配对公司相比，引入金融关联高管之后，公司现金持有水平也没有显著提升。

以上的研究结论表明，企业引入金融关联高管后其财务柔性可以得到显著改善，但是，这种改善只是体现在产业政策支持的行业中，在产业政策不支持的行业中，即使企业引入金融背景的高管，其财务柔性也没有发生显著的变化。假设4得到证实。

（四）敏感性检验

1. 财务柔性与金融关联高管的引入

De Angelo和De Angelo（2007）、刘名旭和向显湖（2014）认为，现金柔性是指企业保持高于行业平均的现金持有水平以满足需要时能直接动用现金的能力。所以我们进一步用以下方式来度量企业财务柔性（FF）：

现金柔性（CASH_ DUM）：企业现金持有水平低于行业平均现金持有水平取值1，否则取值0；

表7-6的模型10是全样本分析，我们发现CASH_ DUM的系数显著为正，表明现金柔性低的企业（相对于行业现金持有水平低的企业）更容易引入金融背景的高管。进一步证实了假设1。

表7-6的模型11的样本是产业政策支持的企业，模型11的CASH_ DUM的系数显著为正；模型12的样本是产业政策不支持的企业，我们发现CASH_ DUM的系数并不显著。假设3得到证实。

表7-6　产业政策、财务柔性与金融关联高管的引入

变量	模型10	模型11	模型12
C	0.169 (0.07)	3.92 (1.09)	-0.143 (-0.04)
CASH_ DUM	0.411*** (2.26)	0.526** (1.99)	0.215 (0.81)
IP	0.1 (0.36)		
ZONE	-0.45** (-2.51)	-0.8*** (-3.19)	-0.147 (-0.52)
ROE	0.399 (0.73)	1.06 (1.3)	-0.11 (-0.15)
LRG	0.698 (1.15)	0.878 (1.09)	-0.335 (-0.35)

续表

变量	模型 10	模型 11	模型 12
INDEP	-1.61 (-0.82)	-2.27 (-0.79)	-1.27 (-0.46)
MH	-0.18 (-0.92)	0.06 (0.22)	-0.495* (-1.73)
SIZE	-0.27*** (-2.84)	-0.37*** (-2.84)	-0.256* (-1.69)
PC	0.49*** (2.85)	0.219 (0.92)	0.947*** (3.44)
INV	-3.16* (-1.8)	-0.98 (-0.43)	-6.47** (-2.18)
IPO	0.01 (0.75)	0.04 (1.37)	-0.003 (-0.1)
BOR	1.22** (2.36)	0.9 (1.3)	1.39* (1.74)
YEAR	控制	控制	控制
IND	控制	控制	控制
Pseudo R^2	0.135	0.182	0.147
样本数	2037	1155	882

注：限于篇幅，表中没有报告行业和年度的虚拟变量的结果。括号内是指检验的 Z 值。***、**、* 分别代表在 1%、5%和 10%的水平上显著。

以上的结论同样表明，现金柔性低的企业更容易引入金融背景的高管，但是这种现象主要出现在产业政策支持的企业中，在产业政策不支持的企业中，现金柔性并不是影响企业引入金融关联高管的主要因素。

2. 采用倾向得分匹配法（PSM）获得配对样本分析金融关联高管公司与配对公司财务柔性的差异

表 7-6 中，我们所用的控制样本是样本期间没有引入金融关联高管的所有公司。从以上的分析中，可以看出引入金融关联高管的公司与没有引入金融关联高管的公司的财务特征存在显著的差别，为了进一步控制内生性的影响，我们进一步采用倾向得分匹配法（PSM）获得配对样本，使得处理样本与配对样本的财务特征尽量相同。

用倾向得分匹配法（PSM）获得配对样本过程如下：

首先，我们运用 Probit 模型分析企业引入金融关联高管的影响因素，构建式（3）：

$$\begin{aligned} Probit(FC) = {} & \alpha + \beta_1 FF + \beta_2 IP + \beta_3 LRG + \beta_4 BOR + \beta_5 ZONE + \beta_6 INDEP \\ & + \beta_7 PC + \beta_8 SIZE + \beta_9 ROE + \beta_{10} INV + \beta_{11} IPO + \beta_{12} MH \\ & + \sum YEAR + \sum IND + \varepsilon \end{aligned} \tag{3}$$

其中，FC 是引入金融关联高管变量。FF 是财务柔性的变量（CASH）。IP 是产业政策变量。LRG 是第一大股东持股比例。BOR 是董事会规模变量。INDEP 是独立董事比例。PC 为政治关联变量。SIZE 是公司规模。ROE 是公司盈利水平。INV 是公司投资水平。IPO 是公司上市年数。MH 是管理层持股变量。ZONE 是地区的虚拟变量。YEAR 是年度虚拟变量。IND 是行业虚拟变量。应变量（FC）采用当年（T 年）的数据，所有的自变量均采用前一年（T－1 年）的数据。各变量具体定义见表 7－1。

其次，在获得上述模型中各变量的估计系数后，根据每个样本的具体变量数值计算出每个企业引入金融关联高管的概率值（即 PS 值）。然后，对于每一个引入金融关联高管的企业，按照 1:2 的方法进行近邻配对，遴选出样本期间内没有引入金融关联高管公司的 PS 值最接近引入金融关联高管公司的 PS 值的两家公司作为配对公司。同时，使用命令 PSTEST 考察此匹配结果是否较好地平衡了数据，从而保证匹配的有效性。

最后，在获得配对公司后，进一步采用双重差分法（DID）检验引入金融关联高管公司（处理样本）与没有引入金融关联高管公司（配对样本）财务柔性的差异。

表 7－7 是倾向得分匹配有效性的检测结果，我们发现影响企业引入金融关联高管各因素的均值在处理样本和配对样本之间没有显著差异。这说明处理样本与配对样本之间除了金融关联高管变量之外，其余的变量都是没有显著差别的。

表 7－7　倾向得分匹配有效性的检测结果

	平均值		T 值
	处理样本	控制样本	
LEV	0.523	0.53	0.3
CASH	0.181	0.19	0.56
IP	0.532	0.513	0.36
LRG	0.334	0.333	0.19
BOR	2.16	2.16	0.21
INDEP	0.36	0.36	0.1
PC	0.602	0.631	0.59
SIZE	20.8	21.01	1.07
ROE	0.077	0.08	0.18
INV	0.05	0.052	0.49
IPO	7.48	7.9	0.77
MH	0.634	0.661	0.54
ZONE	0.624	0.626	0.05

表 7－8 中，我们通过式（2）采用 DID 的方法进一步分析了处理样本与配对样本财务柔性的不同。

表 7-8　产业政策、金融关联高管的引入与企业财务柔性的变化（PSM 配对）

	模型 13	模型 14
C	0.407** (2.266)	0.7*** (3.609)
FC	-0.05*** (-2.696)	0.026 (1.377)
AF	-0.01 (-0.405)	0.015 (0.9)
FC×AF	0.08*** (3.357)	-0.02 (-0.644)
ZONE	0.02 (1.258)	0.04** (2.51)
ROE	0.189*** (4.45)	0.176*** (3.996)
LRG	-0.05 (-1.058)	-0.02 (-0.315)
INDEP	-0.02 (-1.315)	0.05 (0.294)
MH	-0.02 (-1.315)	0.01 (0.632)
SIZE	-0.01 (-1.395)	-0.02*** (-3.042)
PC	0.02 (1.628)	-0.01 (0.246)
INV	-0.251* (-1.915)	-0.24* (-1.72)
IPO	-0.01*** (-8.406)	-0.01*** (-5.123)
BOR	0.01 (0.134)	-0.02 (-0.4)
YEAR	控制	控制
IND	控制	控制
Adj_ R^2	0.349	0.159
样本数	496	438

注：限于篇幅，表中没有报告行业和年度的虚拟变量的结果。括号内是指检验的 T 值。***、**、* 分别代表在 1%、5% 和 10% 的水平上显著。

在产业政策支持的行业中，模型 13 的因变量是现金持有水平（CASH），交叉项（FC

×AF）的系数为0.08，显著为正，说明在产业政策支持的行业中，与配对公司相比，引入金融关联高管之后，公司现金持有水平显著提升。

在产业政策不支持的行业中，模型14中，因变量是现金持有水平（CASH），交叉项（FC×AF）的系数为-0.02，也没有通过显著性检验，说明在产业政策不支持的行业中，与配对公司相比，引入金融关联高管之后，公司现金持有水平也没有显著提升。研究结果进一步证实前面的研究假设。

四、小结

本章从财务柔性的角度分析了企业引入金融关联高管的动因及引入金融关联高管后企业财务柔性的变化，在此基础上，我们进一步基于产业政策的视角分析了高管金融背景与财务柔性的关系。主要的研究发现和启示如下：

1. 当企业财务柔性越差时，也就是现金持有水平越低时，企业引入金融背景的高管的激励就越强，双重差分法（DID）和倾向得分匹配法（PSM）的分析进一步证明引入金融关联高管后，其财务柔性确实得到了改善。研究结论表明，保持与改善财务柔性是企业引入金融关联高管的重要动因，我国金融背景的高管确实能发挥财务咨询的作用，为民营企业财务柔性的改善提供有用建议和帮助。

2. 不同产业政策环境下，高管金融背景与财务柔性的关系也存在显著不同。在产业政策支持的行业中，企业财务柔性越差，企业引入金融关联高管的概率就越高，引入金融关联高管后，其财务柔性得到了显著提高，在产业政策不支持的行业中，财务柔性与企业引入金融关联高管并没有显著关系，同时，即使企业引入金融关联高管后，其财务柔性也没有显著变化。研究结论说明，产业政策显著影响了金融关联高管与企业财务柔性的关系，当公司受到产业政策激励时，意味着其投资机会越多，这也导致了企业更有动力引入金融关联高管以改善其财务柔性，从而能把握住投资机会。而产业政策不支持的企业，因为其投资机会较少，并且较高的财务柔性也意味着成本较高，所以企业改善财务柔性的意愿较弱，这也使得财务柔性差的企业引入金融关联高管的动力较弱，同时即使金融关联高管加入公司后其改善财务柔性的激励也较弱。

以上的研究结论表明，企业的财务柔性是一种权衡的结果，提高财务柔性有利于企业控制风险，抓住有利的投资机会，同时也有成本和费用的损失，而产业政策调控所带来的投资机会和产业前景会对这种平衡产生重大影响，从而改变企业的财务决策。长期以来，产业政策作为国家实现经济结构转型和产业升级的重要工具，在我国经济领域中具有重要的地位。我们的研究结论有助于我们充分理解产业政策影响微观经济的路径及机理，同时对于评价产业政策的作用与效果也能提供一定的帮助。

第八章　金融关联与高管薪酬契约

在中国外部金融市场不发达和对民营企业依然存在较严重信贷歧视的制度背景下，金融关联对于我国民营企业是有一定价值的，Byrd 和 Mizruchi（2005）认为，企业聘请金融关联高管对企业具有三个方面优点：（1）金融关联高管能够为管理层提供专业咨询，尤其是融资和投资方面的咨询；（2）金融关联高管能够降低银行和企业的信息不对称程度，从而降低企业的融资成本；（3）金融关联高管能够起到鉴证功能，帮助企业从银行、债券市场和投资者那里获取资金。同时，基于中国特殊的制度背景，金融关联还是一种关系资源，有助于民营企业与金融机构建立良好的关系，从而改善民营企业的融资环境。一些学者从债务融资、融资约束、融资成本的角度印证了他们的观点（刘浩等，2012；唐建新等，2011；罗正英等，2011）。但是，企业引入金融关联高管也存在一定的直接成本，比如可能要付出较高的薪酬成本。在我国，金融从业人员的高薪一直是不争的事实，从 2008 年中国平安董事长马明哲 6616 万元的“天价年薪”到国泰君安“人均百万年薪”，金融行业的薪酬水平远高于其他行业。《2013 中国上市公司高管薪酬指数报告》显示，金融类上市公司高管的薪酬显著高于非金融类上市公司高管的薪酬。北京社科院和社会科学文献出版社发布 2013—2014 年《北京经济发展报告》《北京社会发展报告》《中国区域经济发展报告》显示，近十年来，金融业一直是北京工资收入最高的行业，金融业在岗职工一年的工资收入是农、林、牧、渔等最低行业在岗职工的七倍。因此，当民营企业要邀请这些具有金融从业背景人员到企业担任高管时，也必定要为他们提供相当或有竞争力的薪酬待遇，同时，更为重要的是这些相对高薪的金融关联高管加入企业后，可能诱发企业管理层薪酬标准的整体提高，从而改变民营企业管理层整体的薪酬机制。

本章以我国 A 股民营上市公司为研究样本，以引入金融关联高管的公司作为金融关联样本，以没有建立金融关联的公司作为配对样本，采用双重差分（Differences in Differences，DID）和倾向得分匹配（Propensity Score Matching，PSM）分析方法，实证检验了金融关联与高管薪酬契约的关系。研究发现，与配对公司相比，民营企业引入金融关联高管显著推高了公司高管整体的薪酬水平。金融关联高管的薪酬越高，公司高管整体的薪酬水平增长也越快。进一步分析还发现，金融关联高管薪酬与公司经营绩效的改善并没有显著关系。研究结论表明，金融关联高管的薪酬显著影响了民营企业高管薪酬的变化，但是，这种影响主要不是通过金融关联改善公司业绩从而提高公司高管整体薪酬水平实现的，而是与金融关联高的薪酬参照点有明显关系。

本章的主要贡献在于：第一，我们为民营企业薪酬机制的决定提供一种新的研究视角；第二，相关研究对于金融关联的研究主要是考察了金融关联对于企业融资约束、资本结构、债务融资的影响，本章从薪酬契约的角度分析了金融关联的经济后果，这丰富了Allen等（2005）等文献关于非正式制度的研究；第三，本章采用双重差分法和倾向匹配分析方法能较有效控制样本的内生性和样本选择的偏差问题。

一、理论分析与研究假设

基于有效薪酬契约理论和锚定效应理论的预期，我们认为金融关联将显著影响民营企业高管的薪酬契约。

（一）基于有效薪酬契约理论的分析

在两权分离的现代公司中，公司治理的核心问题是如何确保经理人按照股东利益行事。经典的代理理论认为，经理人是理性的经济人，其行为完全取决于个人的效用最大化。同时，因为代理人的努力程度难以观察和度量，或监督成本太高，所以容易滋生道德风险等问题，从而损害委托人的利益。因此，合理的薪酬契约安排是解决股东与代理人冲突的重要手段。在有效契约理论的框架下，高管薪酬主要由高管的职业能力、声誉、风险偏好和任务的复杂性等因素决定，所以，较高水平的高管薪酬，反映了企业对经理能力竞争性的需求（李维安等，2010；方军雄，2012）。Kaplan和Minton（2006）的研究表明，美国上市公司高管在过去40年中，其薪酬持续的上升可能是对高管能力的提高与面临风险上升的一种补偿机制。一些学者的研究也表明那些规模较大、资产复杂、业务多元、运营困难、成长快速的企业对高水平管理人才的需求将更为迫切，美国高管薪酬的快速增长，集中体现了企业对经理才能需求的一种反应（Murphy等，2007；Gabaix等，2008）。

在过去几十年的改革过程中，我国的金融资源多数流向国有企业，这也导致了民营企业难以从正规金融体系中获得外部融资。相关研究表明，通过聘请具有金融背景（如银行、证券）的人员担任公司的高管，从而与金融机构形成金融关联，正是民营企业摆脱融资困境，缓解融资约束的一个重要途径。刘浩等（2012）和唐建新等（2011）认为，金融关联可以从关系资源、声誉和隐性的担保机制、专业专长等几个方面改善民营企业面临的融资困境。Byrd和Mizruchi（2005）进一步指出，企业聘请金融背景的高管除了对企业融资环境有改善之外，对于企业的投资和财务咨询也具有重要的作用。特别是我们注意到最近几年来我国资本市场并购浪潮风起云涌①，而在并购过程中必然涉及并购调查、并购估值、会计处理、税务调整、整合协调、业务架构设计等方方面面的难题，而这些难题的解决迫切需要高素质金融人才的参与。相关研究已经证明金融关联有助于民营企业缓解融资约束，降低企业的资本成本，改善企业的资本结构（唐建新等，2011；罗正英等，

---

① 清科研究中心的《2013年中国并购市场年度研究报告》显示，2007年我国市场全年共完成并购201起，涉及的并购金额达270亿美元；2008年，全年共完成并购181起，涉及的并购金额达345亿美元；2009年，全年共完成并购294起，涉及的并购金额达331亿美元；2010年，全年共完成并购622起，涉及的并购金额达340亿美元；2011年，全年共完成并购1157起，涉及的并购金额达669亿美元；2012年，全年共完成并购991起，涉及的并购金额达507亿美元；2013年，共完成并购1232起，涉及的并购金额达932亿美元。

2011；刘浩等，2012），而这可能会提升企业的经营业绩。因此，基于有效薪酬契约理论的预期：金融关联高管加入公司后能有效改善公司的业绩，业绩改善会提升管理层的报酬，而报酬的增加又激励管理层更努力工作，进而进一步提高公司的经营业绩，从而体现出一种良性循环。

总之，在有效薪酬契约理论的框架下，金融关联高管加入公司后可能会提升公司的业绩，而公司业绩的提升会促使公司给予高管更高的薪酬。

（二）基于锚定效应理论的分析

诺贝尔经济学奖获得者 Tversky 和 Kahneman 于 1974 年提出了“锚定效应”理论，其基本的含义是：在不确定条件下，个体进行判断时会受到“锚”值的影响。锚定效应在分析和解释资本市场中一些“异象”得到了很好的应用。Hart 和 Moore（2008）以及 Fehr 等（2008，2009）从行为经济学的角度指出企业在制定薪酬标准时通常会受到薪酬参照点的影响，如公司在订立薪酬契约时，往往倾向于将薪酬水平“锚定”在一个参照区间，这个参照区间很可能来自于公司同行业的竞争对手。Murphy（1999）分析了美国公司高管的薪酬制定过程，他发现负责制定高管薪酬的董事会往往依据外部市场标准决定本公司的薪酬水平与结构，特别是每家公司都倾向于将薪酬设定在不低于市场标准的薪酬参照点之上，从而导致了薪酬水平不断攀升。Biziak 等（2008）以美国上市公司为样本，同样发现，当公司高管薪酬低于同行业薪酬中位数越大时，其薪酬增长幅度也越大。Ezzamel 等（1998）对英国上市公司的实证研究发现，同行业高管薪酬对于公司高管薪酬的制定造成显著影响，当公司高管薪酬与同行业平均水平差距越大时，其薪酬增幅也越多。Brookman 等（2013）也发现，公司高管薪酬水平与同行业薪酬有显著正相关关系。李维安等（2010）基于我国 502 家上市公司 2001—2006 年的数据实证研究表明，国际同行的薪酬基准对中国公司的高管薪酬决策具有参照点效应。黄再胜（2015）基于我国 2007—2011 年 A 股上市公司数据，研究发现公司高管薪酬决定存在明显的锚定效应，即同行企业高管薪酬水平对公司高管薪酬增长具有显著的正向预测作用。

我们认为企业高管薪酬标准的确定既受到外部（比如行业同行或国外同行）薪酬参照点的影响，也会受到内部薪酬参照点的影响。从前面的数据中，我们可以看出金融行业的薪酬水平远高于其他行业，同时我们知道国内金融行业是具有行业垄断性的，其收入相对稳定并且可能还有各种福利和其他收入，所以，要让这些金融高管脱离“垄断性”“体制内”行业加入“竞争性”“体制外”的民营企业，民营企业至少要为他们提供相当的或有竞争力的薪酬待遇。因此，当金融关联高管加入公司后也会在公司中形成一个新的、相对高的“薪酬参照点”。

同时，锦标赛理论①认为，当委托人监督成本太高的时候，以相对业绩来激励企业的员工，会比以绝对业绩来激励员工更好（Lazear 和 Rosen，1981；鲁海帆，2010）。基于锦

---

① 所谓锦标赛是一种优胜者将获得晋升的竞赛标准与规则，它的主要特征是竞赛结果只依赖于参赛人相对于其他参赛人的表现，而与参赛人的绝对表现无关。各参赛人为了赢得比赛而竞相努力，以取得比别人更好的比赛名次，这是锦标赛的激励效果（Lazear 和 Rosen，1981）。

标赛理论的薪酬设计可以激发员工在晋升比赛中获胜的强烈动机，这种动机促进了员工在组织内部进行有效率的竞争，从而改善企业的经营业绩和股票市场的表现。锦标赛理论认为，为了获得足够的激励效果，报酬必须随着职位的晋升而加速上升。Lazear 和 Rosen（1981）指出，报酬差距是委托人给予赢得锦标赛的代理人的一种额外奖金，职位报酬差距越大，对代理人的激励作用也越大。在 Lazear 和 Rosen（1981）提出了锦标赛理论之后，很多国外的学者开始对于锦标赛理论进行检验，他们的研究大都支持锦标赛理论（Main 等，1993；Eriksson，1999；Lynch，2005）。国内有很多学者基于中国上市公司数据的研究也证实了锦标赛理论在中国的适用性（林浚清等，2003；张正堂，2007；鲁海帆，2010）。

因此，当相对高薪的金融关联高管加入企业后，一方面在公司内部形成一个新的薪酬参照点，另一方面，也改变了企业内部的薪酬差距和薪酬机制，基于锦标赛理论和锚定效应理论的预期，企业为了有效激励高管可能就会调整管理层的薪酬体制，从而诱使公司高管整体的薪酬水平“水涨船高”。

基于以上的分析，我们提出如下假设：

假设 1：金融关联高管加入公司后会显著提高公司高管整体的薪酬水平。

假设 2：金融关联高管的薪酬水平越高，公司高管整体薪酬水平增长也越快。

二、研究设计

（一）研究样本与数据来源

本章选用 2007—2012 年所有在深沪两地上市的民营企业作为研究对象。我们搜集了 2007—2012 年所有民营企业上市公司高管变更的数据，以引入金融关联高管的上市公司作为金融关联样本，以不存在金融关联的公司作为配对样本。因为我们要比较金融关联前一年与后两年高管薪酬水平的差别，所以样本数据时间跨度是 2006—2014 年。同时，我们要比较金融关联前后企业高管薪酬的变化，因此，样本中没有包括在 2006 年已经建立金融关联的公司。在样本选择中还剔除以下类型样本：（1）金融、保险类公司；（2）公司业务中有涉及金融业务的公司；（3）相关数据缺失的公司。这样我们就得到 147 个建立金融关联的样本和 1850 个非金融关联的样本。本章所使用的金融关联和政治关联数据均来自于对上市公司年报的手工整理。财务数据与公司治理数据来源于 CSMAR 数据库和色诺芬 CCER 金融数据库。主要财务数据连续变量在 1% 水平上进行了 Winsorize 处理。

（二）检验模型

1. 金融关联高管的引入与公司高管的薪酬水平

为更好控制内生性的影响，我们采用“差异中的差异”方法（Differences - in - Difference，DID）比较“研究样本”（金融关联公司）与“配对样本”（非金融关联公司）薪酬水平的差异。

我们将建立金融关联的样本作为处理组，其他非金融关联企业作为控制组，这样就将样本划分为4组子样本，即金融关联之前的处理组、金融关联之后的处理组、金融关联之前的控制组和金融关联之后的控制组。通过设置两个虚拟变量区别上述4组子样本，其中，FC =1 代表金融关联的样本，而 FC =0 代表非金融关联的样本；AF =1 代表金融关联之后的年份，AF =0 代表金融关联之前的年份。

为了检验假设1，我们构建式（1）检验金融关联与薪酬契约的关系，控制变量的引入借鉴现有文献（Leone 等，2006；方军雄，2009；马连福等，2013）所发现的可能影响公司高管薪酬水平的因素。

$$\begin{aligned} COMPEN = {} & \alpha + \beta_1 FC + \beta_2 AF + \beta_3 FC \times AF + \beta_4 MHOLD + \beta_5 LRG + \beta_6 SIZE \\ & + \beta_7 LEV + \beta_8 ROA + \beta_9 CASH + \beta_{10} INV + \beta_{11} IPO + \beta_{12} INDEP \\ & + \beta_{13} ZONE + \sum IND + \sum YEAR + \varepsilon \end{aligned} \tag{1}$$

其中，COMPEN 是高管薪酬变量，高管薪酬主要包括货币薪酬和股权激励两部分，但是由于我国股权激励计划实施较晚，持股比例低、零持股的现象较为普遍（方军雄，2012），而且根据公开数据很难识别哪些股票是自购，哪些是奖励的（方军雄，2009）。因此我们借鉴现有文献（谢德仁等，2012）的做法，选择“薪酬最高的前三位董事、监事及高管的薪酬总额”的自然对数作为高管薪酬的衡量指标。FC 是金融关联变量，是指公司引入具有银行、证券公司、期货、保险、基金和信托等金融机构工作背景的高管①。AF 是金融关联时间的变量。LRG 是第一大股东持股比例。INDEP 是独立董事比例。MHOLD 是指管理层持股变量。SIZE 是公司规模。LEV 是资产负债水平。ROA 是公司盈利水平。CASH 是公司的现金余额。INV 是公司投资水平。IPO 是公司上市年数。ZONE 是地区的虚拟变量。YEAR 是年度虚拟变量。IND 是行业虚拟变量。各变量具体定义见表 8 - 1。

2. 金融关联高管薪酬与公司高管整体薪酬水平变化的关系

为了检验假设2，我们通过式（2）分析金融关联高管的薪酬是如何影响公司整体薪酬水平的变化。

$$\begin{aligned} \Delta COMPEN = {} & \alpha + \beta_1 FCP + \beta_2 \Delta PER + \beta_3 MHOLD + \beta_4 LRG + \beta_5 SIZE + \beta_6 LEV \\ & + \beta_7 CASH + \beta_8 INV + \beta_9 IPO + \beta_{10} INDEP + \beta_{11} ZONE + \sum IND \\ & + \sum YEAR + \varepsilon \end{aligned} \tag{2}$$

其中，$\Delta COMPEN$ 代表建立金融关联之后公司高管整体薪酬水平的变化；FCP 代表金融关联高管的薪酬水平，我们通过两种方式来度量：其一，绝对薪酬水平（AFCP），定义为金融关联后一年（T + 1 年）金融关联高管薪酬的自然对数②；其二，相对薪酬水平（ΔFCP），定义为金融关联后一年（T + 1 年）金融关联高管薪酬减去公司薪酬最高三名高管的平均薪酬，ΔFCP 是检验金融关联高管薪酬相对于公司薪酬最高高管的薪酬状况，

① 因为独立董事的薪酬体制与其他高管的薪酬有较大的差别，因此本章中的金融关联样本没有包括引入金融机构背景独立董事的样本。

② 选择 T + 1 年金融关联高管的薪酬主要是因为当企业在 T 年引入金融关联高管时，其当年金融关联高管的薪酬很可能不能代表其真实的薪酬水平，比如，金融关联高管可能在 T 年的 10 月份加入公司，那么在 T 年财务报表上金融关联高管的薪酬可能只是体现其工作两个月的薪酬水平。所以，在分析数据时，我们用金融关联后一年（T + 1 年）的数据进行研究。

ΔFCP 越高代表金融关联高管带给公司相对的薪酬参照点越高。因为金融关联高管薪酬参照点对于公司整体薪酬的影响存在一定的滞后性，所以，因变量（ΔCOMPEN）我们用后一年的数据，即 T+2 年与 T+1 年公司薪酬最高三名高管平均薪酬的自然对数之差来度量。ΔPER 代表公司业绩的变化，包括 ΔPER1 和 ΔPER2。相关的变量的具体定义见表8-1。

表 8-1　　　　变量定义

变量	符号	定义
高管薪酬	COMPEN	薪酬最高的前三位董事、监事及高管薪酬的自然对数
高管薪酬的变化	ΔCOMPEN	T+2 年公司薪酬最高三名高管平均薪酬的自然对数减去 T+1 年公司薪酬最高三名高管平均薪酬的自然对数
金融关联高管的绝对薪酬	AFCP	T+1 年金融关联高管薪酬的自然对数
金融关联高管的相对薪酬水平	ΔFCP	T+1 年金融关联高管薪酬的自然对数减去公司薪酬最高三名高管平均薪酬的自然对数
金融关联	FC	如果公司引入具有银行、证券公司、期货、保险、基金和信托等金融机构工作背景的高管则取值 1，否则取值 0
金融关联时间变量	AF	若样本期间在企业引入金融关联高管之后则取值 1，否则取值 0
经营绩效	ROA	公司营业利润/年末总资产
经营绩效的变化	ΔPER1	T+2 年公司营业利润大于 T+1 年公司营业利润时取值 1，否则取值 0
	ΔPER2	T+2 年 ROA 减去 T+1 年 ROA
第一大股东持股比例	LRG	第一大股东的持股数除以总股数
独立董事比例	INDEP	独立董事人数占董事总人数的比例
管理层持股	MHOLD	当公司管理层持有公司股票取值 1，否则取值 0
公司规模	SIZE	公司年末总资产的自然对数
资产负债率	LEV	公司总负债除以年末总资产
现金余额	CASH	现金余额与年末总资产的比值
投资支出	INV	购建固定资产、无形资产和其他长期资产所支付的现金/年末总资产
公司上市时间	IPO	考察年度减去样本的上市年
地区变量	ZONE	若公司的注册地在东部地区①取值 1，否则取值 0
年度变量	YEAR	年度的虚拟变量
行业变量	IND	行业的虚拟变量

① 与马连福等（2013）的划分标准一样，我们将中国 31 个省份分成三个地区：沿海地区、中部地区和西部地区。沿海地区包括北京、天津、河北、辽宁、上海、江苏、浙江、福建、山东、广东、广西、海南 12 个省份；中部地区包括山西、内蒙古、吉林、黑龙江、安徽、江西、河南、湖北、湖南、重庆 10 个省份；西部地区包括四川、贵州、云南、西藏、陕西、甘肃、青海、宁夏、新疆 9 个省份。

三、实证结果与分析

（一）描述性统计

表 8-2 是金融关联公司和配对公司高管薪酬（COMPEN）的描述性统计。我们发现随着时间的推移，公司高管的薪酬水平都在增加，但是，金融关联公司高管的薪酬增长速度明显快于配对公司，在金融关联前一年（T-1 年），金融关联公司与配对公司的薪酬有 0.32 的差距，金融关联当年（T 年），两者的差距缩小到 0.19，到 T+1 年时，两者差距进一步缩小到 0.05，而到了 T+2 年，金融关联公司高管的薪酬水平已超过配对公司 0.01。以上的数据说明，在金融关联之前，金融关联公司高管的薪酬水平明显低于配对公司高管①，但是，随着公司建立金融关联之后，金融关联公司高管的薪酬水平增长较快，在金融关联后一年和后两年，金融关联公司高管的薪酬水平与配对公司并没有显著的区别。

表 8-2　金融关联公司与配对公司高管薪酬的描述性统计与差异性比较

	金融关联公司		配对公司		金融关联公司与配对公司高管薪酬的差异性检验
	均值	标准差	均值	标准差	
T-1 年	13.44	0.79	13.76	0.77	-0.32 (4.823***)
T 年	13.70	0.8	13.89	0.74	-0.19 (2.732**)
T+1 年	13.94	0.77	13.99	0.72	-0.05 (0.72)
T+2 年	14.09	0.81	14.08	0.70	0.01 (0.2)
T 年与 T-1 年均值差别 （差别检验的 T 值）	0.26 (6.026***)		0.13 (15.4***)		0.13*** (3.003)
T+1 年与 T-1 年均值差别 （差别检验的 T 值）	0.50 (10.39***)		0.23 (22.3***)		0.27*** (5.56)
T+2 年与 T-1 年均值差别 （差别检验的 T 值）	0.65 (11.61***)		0.32 (27.8***)		0.33*** (5.782)
T+1 年与 T 年均值差别 （差别检验的 T 值）	0.25 (7.178***)		0.1 (12.9***)		0.15*** (4.118)

① 这主要是因为金融关联样本的公司规模显著低于非金融关联的样本，我们知道我国的融资体系以银行为主，而银行要不要给企业发放贷款主要是看企业规模的大小，所以，小企业更难以从银行体系中获得贷款与融资，因此，为了方便从外部金融机构与金融市场融资，规模小的企业更容易建立金融关联，进而导致金融关联样本的规模较小。而已有的研究证明公司规模和高管薪酬存在非常强的正相关关系。

续表

	金融关联公司		配对公司		金融关联公司与配对公司高管薪酬的差异性检验
	均值	标准差	均值	标准差	
T+2年与T年均值差别 (差别检验的T值)	0.4 (8.884***)		0.19 (20.3***)		0.21*** (4.391)
T+2年与T+1年均值差别 (差别检验的T值)	(0.15) 4.72***		0.09 (12.9***)		0.06* (1.696)

注：表中的T-1年、T年、T+1年、T+2年分别代表金融关联前一年、当年、后一年、后两年。差异性检验中，数值代表均值的差异，括号中的数字代表差异检验的T值，***、**、*分别代表在1%、5%和10%的水平上显著。

表8-2中，我们发现：T年金融关联样本高管的薪酬比T-1年高0.26，显著高于配对公司的0.13；T+1年金融关联样本高管的薪酬比T-1年高0.5，显著高于配对公司的0.23；T+2年金融关联样本高管的薪酬比T-1年高0.65，显著高于配对公司的0.32；T+1年金融关联样本高管的薪酬比T年高0.25，显著高于配对公司的0.1；T+2年金融关联样本高管的薪酬比T年高0.4，显著高于配对公司的0.19；T+2年金融关联样本高管的薪酬比T+1年高0.15，显著高于配对公司的0.06。以上数据说明，企业建立金融关联之后，金融关联公司高管的薪酬增幅都显著高于配对公司。

表8-3是金融关联高管在原金融机构任职的总体情况。其中，银行类的金融关联所占的比重最高（40.1%），证券公司类的金融关联所占的比重次之（37.4%），期货、保险、信托、基金类的金融关联第三（14.3%），外资银行与国外金融机构比重最小（8.2%）。在银行类的金融关联中（40.1%），有超过一半（21.7%）高管原来的工作单位是来自于银行总行或一级分行。在证券公司类的金融关联和期货、保险、信托、基金类的金融关联中，多数高管原来的工作单位来自于总部。

表8-3　　金融关联高管在原金融机构任职情况

	银行	证券公司	期货、保险、信托、基金	外资银行、国外金融机构	合计
总行（总部）	18（12.2%）	46（31.3%）	17（11.6%）		81（55.1%）
一级分行（地区分部）	14（9.5%）	9（6.1%）	4（2.7%）		27（18.4%）
二级分行	21（14.3%）				21（14.3%）
支行	6（4%）				6（4%）
没有明确	0			12（8.2%）	12（8.2%）
合计	59（40.1%）	55（37.4%）	21（14.3%）	12（8.2%）	147（100%）

注：括号外指的是金融关联的样本数，括号内指的是占金融关联总样本的比重。因为外资银行、国外金融机构金融关联的样本量较少，同时，层级划分和国内并不一致，所以我们没有将其按照国内的方式进行划分。

表8-4是金融关联高管在原来单位任职的职位层次分布，我们可以看出绝大多数金融关联高管在原金融机构中担任的是中高层职位。

表 8 - 4　　金融关联高管任职的职位分布

	高层	中层	没有明确	合计
银行	18（12.2%）	32（21.8%）	9（6.1%）	59（40.1%）
证券公司	13（8.8%）	39（26.5%）	3（2%）	55（37.5%）
期货、保险、信托、基金	15（10.2%）	5（3.4%）	1（0.6%）	21（14.2%）
外资银行、国外金融机构			12（8.2%）	12（8.2%）
合计	46（31.3%）	76（51.7%）	25（17%）	147（100%）

注：高层指的是在金融机构担任董事长、董事、总经理、副总经理、行长、副行长和行长助理等职位，中层指的是在金融机构担任部门经理、科长、处长等中层职务。同样，外资银行、国外金融机构的金融关联也没有进行划分。括号外指的是样本数，括号内指的是样本数占金融关联总样本的比重。

表 8 - 5 是金融关联高管在上市公司中任职的职位分布，因为有些高管会在上市公司同时担任几种职位（比如同时担任董事和总经理），所以，我们对于职位的划分分成两种方式，一种职位重叠，也就是可能存在重复计算的可能，另一种是职位不重叠，即同时担任几种职位的只选择一种职位进行计算。从金融关联高管在上市公司担任的职位来看，多数金融关联高管在上市公司担任副总经理、副董事长、董事、董事会秘书和财务总监职位。在职位不重叠的样本中，我们可以看到，13% 的金融关联高管在上市公司担任董事长和总经理职位；39.5% 担任副总经理、副董事长职位；25.9% 担任董事职位；10.2% 担任董事会秘书和 9.5% 担任公司的财务总监。

表 8 - 5　　金融关联高管在上市公司中任职的职位分布

	职位重叠		职位不重叠	
	人数	比例	人数	比例
董事长	12	5.9%	12	8.2%
总经理	8	3.9%	7	4.8%
监事会主席	1	0.5%	1	0.7%
董事	66	32.5%	38	25.9%
副总经理、副董事长	58	28.6%	58	39.5%
财务总监	20	9.9%	14	9.5%
董事会秘书	35	17.2%	15	10.2%
监事	3	1.5%	2	1.4%
合计	203	100%	147	100%

注：职位重叠是指金融关联高管可能会兼任多重职务，比如同时担任副总经理和董事。职位不重叠是指每名金融关联只取一个职位，在选择中，按董事长、总经理、监事会主席、副董事长、副总经理、董事会秘书、财务总监、董事、监事的顺序排序选择。

（二）引入金融关联高管与高管薪酬水平的回归结果分析

我们通过式（1）采用 DID 方法检验金融关联与高管薪酬水平的关系。表 8 - 6 的模型 1 包括的样本是金融关联前一年（T - 1 年）和金融关联后一年（T + 1 年）的样本，交叉项（FC×AF）的系数是我们重点关注的变量，因为它体现了金融关联对于高管薪酬水平的净影响。通过表 8－6 的模型 1，我们发现交叉项（FC×AF）的系数为 0.04，显著为正，说明与配对公司相比，引入金融关联高管之后，公司高管薪酬水平显著提高。

表 8－6　　金融关联的引入与高管薪酬水平的回归结果分析

变量	模型 1	模型 2
	T+1 和 T－1	T+2 和 T－1
C	7.211*** (27.44)	7.25*** (27.87)
FC	－0.03* (－1.7)	－0.03* (－1.743)
AF	0.126*** (9.341)	0.164*** (11.68)
FC×AF	0.04** (2.483)	0.07*** (4.061)
ROA	0.253*** (16.4)	0.239*** (15.54)
ZONE	0.14*** (10.89)	0.13*** (10.4)
LRG	－0.108*** (－7.79)	－0.09*** (－6.653)
INDEP	0.003 (0.219)	－0.004 (－0.328)
MHOLD	0.017 (1.273)	0.024* (1.748)
SIZE	0.379*** (24.83)	0.38*** (24.89)
LEV	0.021 (1.046)	0.01 (0.709)
CASH	0.07*** (3.928)	0.07*** (4.061)
INV	0.034** (2.374)	0.03** (2.328)
IPO	－0.005 (－0.288)	－0.002 (－0.114)
YEAR	控制	控制
IND	控制	控制
Adj_ R^2	0.399	0.406
样本数	3952	3961

注：***、**、*分别代表在 1%、5%和 10%的水平上显著。

模型 2 包括的样本是金融关联前一年（T－1 年）和金融关联后两年（T+2 年）的样

本，我们同样发现交叉项（FC×AF）的系数为0.07，显著为正，同样说明与配对公司相比，公司引入金融关联高管之后，公司高管薪酬水平显著提高。假设1得到证实。

控制变量中，第一大股东持股比例（LRG）、公司规模（SIZE）、盈利水平（ROA）、现金余额（CASH）、资本性支出（INV）和地区因素（ZONE）都对高管的薪酬产生显著影响。

（三）金融关联高管薪酬与公司高管整体薪酬变化的关系

我们通过式（2）分析金融关联高管的薪酬对于公司高管整体薪酬变化的影响。表8－7的模型3、模型4、模型5和模型6中，我们分别引入不同业绩变化指标以控制业绩可能对于公司高管薪酬变化所带来的影响。模型3和模型4对应的业绩变化变量是ΔPER1，模型5和模型6对应的业绩变化变量是ΔPER2。

表8－7的模型3和模型4中，我们发现AFCP的系数显著为正，表明金融关联高管绝对薪酬水平越高，则公司高管整体薪酬水平增长也越快。模型5和模型6，我们考察了金融关联高管相对薪酬水平对于公司高管整体薪酬变化的影响，我们同样发现ΔFCP的系数显著为正，表明金融关联高管在公司中相对的薪酬水平越高，公司高管整体的薪酬水平增长也越快。假设2得到证实。

表8－7的模型3和模型5中，ΔPER1的系数显著为正，表明当企业的盈利能力出现上升时，高管整体的薪酬水平也会显著增长。但是，在模型4和模型6中，我们发现ΔPER2的系数并不显著。以上结论表明，在控制了业绩变化对于公司高管薪酬增长的影响之后，金融关联高管的薪酬依然是影响公司高管薪酬增长重要因素。

表8－7　　金融关联高管的薪酬与公司高管整体薪酬水平的变化

变量	模型3	模型4	模型5	模型6
C	－1.067 （－1.555）	－0.95 （－1.339）	－0.499 （－0.77）	－0.437 （－0.655）
AFCP	0.3** （2.411）	0.263** （2.26）		
ΔFCP			0.3*** （2.669）	0.28** （2.541）
ΔPER1	0.2* （1.899）		0.19* （1.815）	
ΔPER2		0.075 （0.69）		0.05 （0.467）
ZONE	0.014 （0.138）	0.04 （0.411）	0.063 （0.629）	0.1 （0.875）
LRG	0.08 （0.792）	0.11 （1.042）	0.07 （0.633）	0.09 （0.915）

续表

变量	模型 3	模型 4	模型 5	模型 6
INDEP	-0.04 (-0.428)	-0.06 (-0.614)	-0.06 (-0.622)	-0.08 (-0.795)
MHOLD	-0.1 (-0.957)	-0.1 (-1.015)	-0.09 (-0.878)	-0.1 (-0.884)
SIZE	-0.015 (-0.1)	-0.018 (-0.1)	0.121 (0.785)	0.117 (0.736)
LEV	0.034 (0.26)	0.06 (0.475)	-0.007 (-0.05)	0.03 (0.2)
CASH	0.193* (1.747)	0.21* (1.808)	0.193* (1.761)	0.21* (1.861)
INV	0.21* (1.787)	0.23* (1.884)	0.206* (1.767)	0.22* (1.869)
IPO	0.05 (0.413)	0.04 (0.348)	0.07 (0.586)	0.06 (0.505)
YEAR	控制	控制	控制	控制
IND	控制	控制	控制	控制
Adj_ R^2	0.198	0.166	0.211	0.179
样本数①	105	105	105	105

注：***、**、*分别代表在1%、5%和10%的水平上显著。

从前面的分析我们注意到，金融关联高管的薪酬越高，公司高管薪酬增长也越快。从理论上来说，金融关联高管的薪酬对于公司高管薪酬的影响主要有两个方面的原因，一是基于锚定效应理论的预期，金融关联高管的薪酬越高，在公司内部形成的薪酬参照点就越高，从而进一步推高公司高管整体的薪酬水平。我们发现样本中金融关联高管平均薪酬水平是311535元，金融关联公司所有高管的平均薪酬水平是237848元，说明金融关联高管的薪酬显著高于公司高管平均的薪酬水平。二是在有效薪酬契约理论的框架下，较高水平的高管薪酬，反映了企业对经理能力竞争性的需求（李维安等，2010；方军雄，2012）。因此，金融关联高管的薪酬水平越高，往往也就意味其能力越强或各种资源越丰富，那么也就越有利于公司业绩的改善，而业绩改善将提升管理层的报酬，管理层报酬的增加又会激励包括金融关联高管在内的管理层更努力工作，进而进一步提高公司的经营业绩，从而体现出一种良性循环。所以，金融关联高管薪酬对于公司高管整体薪酬提高的影响也可能来自于金融关联高管改善公司经营绩效的作用。

因此，在有效薪酬理论的假设下，也就是如果上述的良性循环显著存在的话，那么，金融关联高管的薪酬越高，公司的经营业绩也就应越好。

---

① 因为有部分公司没有披露金融关联高管的薪酬，所以样本数有所下降。

我们通过式（3）检验金融关联高管的薪酬能否显著影响公司的经营绩效：

$$PER = \alpha + \beta_1 FCP + \beta_2 MHOLD + \beta_3 LRG + \beta_4 SIZE + \beta_5 LEV + \beta_6 CASH + \beta_7 INV + \beta_8 IPO + \beta_9 INDEP + \beta_{10} ZONE + \sum IND + \sum YEAR + \varepsilon \quad (3)$$

其中，PER 是公司的经营绩效，包括以下两种度量方式：一为 T+2 年 ROA；二为 ΔPER1，即 T+2 年公司营业利润大于 T+1 年公司营业利润时，取值 1，否则取值 0。为了控制可能存在的内生性问题，金融关联高管的薪酬（FCP）选择滞后一期（T+1 年）的数据，其包括绝对薪酬（AFCP）和相对薪酬（ΔFCP），定义可见表 1，其他的变量类似于式（2）的定义。

表 8-8 中，我们采用两种回归模型进行分析，如果因变量是 ROA，我们采用 OLS 回归方式（模型 7 和模型 8）。如果因变量是 ΔPER1，我们采用 logit 模型进行分析（模型 9 和模型 10）。模型 7、模型 8、模型 9 和模型 10 中，我们发现 AFCP 和 ΔFCP 的系数都不显著，说明金融关联高管薪酬并不对公司的经营绩效造成显著影响。以上结论表明，基于有效薪酬理论预期的金融关联高管薪酬通过影响公司业绩并进而提升公司高管薪酬的机制并不成立。

表 8-8　　金融关联的薪酬与公司经营业绩的回归结果分析

变量	模型 7	模型 8	模型 9	模型 10
C	-0.566*** (-3.123)	-0.554*** (3.248)	0.57 (0.465)	0.563 (0.424)
AFCP	0.02 (0.184)		0.355 (0.829)	
ΔFCP		0.05 (0.499)		-0.03 (0.004)
ZONE	0.08 (0.943)	0.09 (1.01)	0.9* (2.783)	0.828 (2.377)
LRG	0.229** (2.432)	0.229** (2.458)	3.495* (3.259)	3.706* (3.732)
INDEP	-0.06 (-0.723)	-0.07 (-0.777)	-4.651 (0.922)	-5.078 (1.096)
MHOLD	0.202** (2.092)	0.207** (2.137)	-0.01 (0.001)	0.01 (0.001)
SIZE	0.41*** (2.771)	0.42*** (2.987)	0.389 (1.566)	0.316 (1.136)
LEV	-0.18 (-1.584)	-0.19 (-1.637)	2.075 (1.419)	2.14 (1.513)
CASH	0.384*** (3.904)	0.383*** (3.933)	3.761* (2.728)	3.739 (2.682)

续表

变量	模型 7	模型 8	模型 9	模型 10
INV	0.179* (1.717)	0.18* (1.725)	6.518 (1.228)	6.673 (1.301)
IPO	0.04 (0.362)	0.04 (0.41)	-0.04 (0.47)	-0.04 (0.352)
YEAR	控制	控制	控制	控制
IND	控制	控制	控制	控制
Adj_ R^2/Cox & Snell R^2	0.359	0.361	0.279	0.272
样本数	105	105	105	105

注：模型 7 和模型 8 的括号内是检验的 T 值。模型 9 和模型 10 的括号内是检验的 WALD 值。***、**、* 分别代表在 1%、5% 和 10% 的水平上显著。

综上，金融关联高管的薪酬是影响公司高管薪酬增长的主要因素，金融关联高管的薪酬越高，公司高管薪酬增长也越快。金融关联高管薪酬对于公司高管薪酬水平的影响并非通过改善公司业绩这个途径达到的。所以，我们认为金融关联高管相对高的薪酬参照点是造成公司高管整体薪酬水平“水涨船高”的主要原因。

（四）敏感性检验

1. 采用倾向得分匹配法（PSM）获得配对样本分析金融关联公司与配对公司高管薪酬水平的差异

在引入金融关联与高管薪酬水平的回归分析中（见表 8-6），我们所用的控制样本是样本期间没有建立金融关联的所有公司。在以下的敏感性分析中，我们将采用倾向得分匹配法（PSM）获得配对样本。

用倾向得分匹配法（PSM）获得配对样本过程如下：首先，我们用当年测试变量的数据对 Probit 模型（即企业建立金融关联影响因素的模型）进行回归，在获得上述模型中各变量的估计系数后，根据每个样本的具体变量数值计算出每个企业建立金融关联的概率值（即 PS 值）。接下来，对于每一个建立金融关联的企业，按照 1:1 的方法进行近邻配对，选择出样本期间内没有建立金融关联公司的 PS 值最接近建立金融关联公司的 PS 值的一家公司作为配对公司。同时，为了检验匹配是否有效，我们还使用命令 PSTEST 考察此匹配结果是否较好地平衡了数据。

在参考现有研究的基础上，设置式（4）分析企业可能建立金融关联的影响因素。

$$Probit(FC) = \alpha + \beta_1 PC + \beta_2 ZONE + \beta_3 LRG + \beta_4 BOR + \beta_5 CMI + \beta_6 INDEP + \beta_7 EST + \beta_8 SIZE + \beta_9 LEV + \beta_{10} ROA + \beta_{11} INV + \beta_{12} CASH + \beta_{13} FA + \sum YEAR + \sum IND + \varepsilon \quad (4)$$

式中：FC 为公司金融关联的哑变量；PC 为政治关联变量，定义为上市公司高管如果曾经或现在在政府、党委、人大、政协担任过职务，取值 1，否则取值 0。BOR 是董事会规模变量，是指公司董事人数的自然对数。CMI 是委员会变量，定义为上市公司设立委员会的数量。EST 是公司成立的年数。FA 是资产结构，固定资产除以总资产。其他变量定义如前。

表 8－9 的模型 11 是式（4）的回归结果，我们发现政治关联、控股股东持比例、独立董事比例、公司负债率是影响公司建立金融关联的显著因素。

表 8－9　金融关联的引入与高管薪酬水平的回归结果分析

变量	模型 11	模型 12	模型 13
	Probit（FC）	T+1 和 T-1	T+2 和 T-1
C	0.227 (0.14)	7.745*** (13.42)	7.539*** (12.98)
FC		-0.004 (-0.104)	-0.01 (-0.242)
AF		0.11** (2.532)	0.142*** (3.148)
FC×AF		0.11** (2.04)	0.146*** (2.789)
IPO		0.04 (0.921)	0.05 (1.17)
MHOLD		0.08** (2.452)	0.07** (2.156)
ROA	-1.21 (-1.52)	0.21*** (5.061)	0.18*** (4.407)
ZONE	-0.133 (-1.26)	0.155*** (4.767)	0.153*** (4.713)
LRG	0.55* (1.72)	-0.1*** (-2.632)	-0.076** (-2.202)
INDEP	-3.101** (-2.56)	0.01 (0.352)	-0.03 (-0.789)
SIZE	-0.09 (-1.63)	0.38*** (10.28)	0.384*** (10.2)
LEV	0.569* (1.75)	0.01 (0.112)	-0.01 (-0.2)
CASH	0.02 (0.05)	0.185*** (4.875)	0.127*** (3.435)
INV	-0.811 (0.81)	0.05 (1.272)	0.03 (0.737)
EST	-0.015 (-1.52)		

续表

变量	模型 11	模型 12	模型 13
	Probit（FC）	T+1 和 T-1	T+2 和 T-1
BOR	0. 204 （0. 63）		
CMI	0. 002 （0. 03）		
FA	0. 328 （0. 76）		
PC	0. 314 *** （3. 19）		
YEAR	控制	控制	控制
IND	控制	控制	控制
Adj_ R^2/Pseudo R^2	0. 12	0. 51	0. 507
样本数	1997	556	556

注：***、**、*分别代表在 1%、5% 和 10% 的水平上显著。

倾向得分匹配有效性的检测结果，影响金融关联各因素的均值在样本公司和配对公司之间没有显著差异（见表 8-10）。

表 8-10　　倾向得分匹配有效性的检测结果

变量名称	平均值		T-检验	
	金融关联公司	配对样本	T 值	P 值
PC	0. 652	0. 638	0. 25	0. 804
ZONE	0. 659	0. 652	0. 12	0. 901
LRG	0. 340	0. 328	0. 69	0. 488
BOR	2. 152	2. 124	1. 30	0. 194
CMI	3. 766	3. 822	-0. 72	0. 474
INDEP	0. 357	0. 360	-0. 57	0. 568
EST	12. 28	12. 46	-0. 30	0. 761
SIZE	21. 16	21. 04	0. 92	0. 361
LEV	0. 477	0. 490	-0. 47	0. 636
ROA	0. 033	0. 026	0. 69	0. 493
INV	0. 055	0. 057	-0. 35	0. 728
CASH	0. 212	0. 216	-0. 17	0. 863
FA	0. 221	0. 219	0. 09	0. 930

在获得配对公司后，进一步采用双重差分法（DID）检验金融关联样本与配对公司高管整体薪酬水平的差异。我们利用式（1）进行回归分析，表 8-9 中模型 12 包括的样本是金融关联前一年（T-1 年）和金融关联后一年（T+1 年）的样本，我们发现交叉项

(FC×AF) 的系数为 0.11，显著为正，说明与配对公司相比，公司引入金融关联高管之后，公司高管薪酬水平显著提高。

模型 13 包括的样本是金融关联前一年（T-1 年）和金融关联后两年（T+2 年）的样本，我们同样发现交叉项（FC×AF）的系数为 0.146，显著为正，说明与配对公司相比，公司引入金融关联高管之后，公司高管薪酬水平显著提高。研究结论与前面一致。

2. 因为有部分的公司没有披露其金融关联高管的薪酬，我们把这部分的样本删除，重新用式（1）回归分析，结果见表 8-11（模型 14 和模型 15）。表 8-11 的模型 14 包括的样本是金融关联前一年（T-1 年）和金融关联后一年（T+1 年）的样本，模型 15 包括的样本是金融关联前一年（T-1 年）和金融关联后两年（T+2 年）的样本。我们同样发现交叉项 FC×AF 的系数显著为正，说明企业引入金融关联高管有助于提高公司高管整体的薪酬水平①。

同时，我们在第二部分（金融关联高管薪酬与公司高管整体薪酬变化的关系）的分析中发现金融关联高管的薪酬与公司业绩的改善并没有显著关系。为了进一步验证金融关联是否有助于改善公司的经营绩效，我们采用 DID 方法分析企业引入金融关联后是否能显著提高公司的经营绩效。

设置式（5）如下：

$$ROA = \alpha + \beta_1 FC + \beta_2 AF + \beta_3 FC \times AF + \beta_4 MHOLD + \beta_5 LRG + \beta_6 SIZE + \beta_7 LEV + \beta_8 CASH + \beta_9 INV + \beta_{10} IPO + \beta_{11} INDEP + \beta_{12} ZONE + \sum IND + \sum YEAR + \varepsilon \quad (5)$$

因变量是 ROA，式中变量的定义见表 8-1。

表 8-11 的模型 16 包括的样本是金融关联前一年（T-1 年）和金融关联后一年（T+1 年）的样本，模型 17 包括的样本是金融关联前一年（T-1 年）和金融关联后两年（T+2 年）的样本。表 8-11 的模型 16 和模型 17 中，我们发现交叉项（FC×AF）的系数都不显著，表明企业引入金融关联高管后并没有显著改善公司的经营绩效。这个结论也进一步说明金融关联对于企业高管薪酬的影响并非是通过改善公司经营绩效从而提升高管薪酬这一途径实现的。

表 8-11　　金融关联、高管薪酬与公司绩效的回归结果

变量	模型 14 (COMPEN)	模型 15 (COMPEN)	模型 16 (ROA)	模型 17 (ROA)
	T+1 和 T-1	T+2 和 T-1	T+1 和 T-1	T+2 和 T-1
C	7.239*** (27.04)	7.211*** (27.2)	-0.471*** (-17.04)	-0.455*** (-17.07)
FC	-0.03 (-0.99)	-0.02 (-0.987)	-0.002 (-0.08)	-0.002 (-0.127)

① 篇幅关系，我们没有给出检验结果。

续表

变量	模型 14 (COMPEN)	模型 15 (COMPEN)	模型 16 (ROA)	模型 17 (ROA)
	T+1 和 T-1	T+2 和 T-1	T+1 和 T-1	T+2 和 T-1
AF	0.127*** (9.36)	0.164*** (11.6)	-0.09*** (-6.299)	-0.09*** (-6.267)
FC × AF	0.03* (1.812)	0.04** (2.32)	0.01 (0.514)	-0.02 (-0.895)
ROA	0.254*** (16.29)	0.24*** (15.59)		
ZONE	0.14*** (10.68)	0.13*** (10.4)	0.013 (0.975)	0.02 (1.165)
LRG	-0.11*** (-7.797)	-0.09*** (-6.728)	0.117*** (8.022)	0.125*** (8.661)
INDEP	0.004 (0.03)	0.001 (0.04)	-0.04*** (-2.595)	-0.04*** (-2.785)
MHOLD	0.01 (1.043)	0.02 (1.574)	0.01 (0.819)	0.02 (1.221)
SIZE	0.37*** (24.2)	0.38*** (24.41)	0.33*** (22.03)	0.33*** (21.82)
LEV	0.025 (1.224)	0.01 (0.669)	-0.49*** (-25.41)	-0.49*** (-25.87)
CASH	0.07*** (3.725)	0.07*** (3.869)	0.03 (1.529)	0.05*** (2.575)
INV	0.032** (2.243)	0.03** (2.149)	0.08*** (5.528)	0.09*** (6.337)
IPO	-0.006 (-0.336)	-0.001 (-0.114)	-0.06*** (-3.319)	-0.06*** (-3.173)
YEAR	控制	控制	控制	控制
IND	控制	控制	控制	控制
Adj_ R^2	0.341	0.399	0.345	0.352
样本数	3868	3877	3868	3877

注：***、**、*分别代表在1%、5%和10%的水平上显著。

3. 对于高管薪酬的衡量。我们参考方军雄（2009）等的做法，分别采用“薪酬最高的前3名董事的薪酬”和“薪酬最高的前3名高级管理人员的薪酬”取自然对数作为高管薪酬的衡量指标，重新对以上模型进行回归分析，结果不影响本章的主要结论。

4. 关于公司绩效的衡量，我们采用净资产收益率（ROE）和净利润代替文中的ROA

和营业利润，结论也不发生变化。

四、小结

本章从民营企业的薪酬机制出发，以我国2007—2012年A股民营上市公司为研究对象，以引入金融关联高管的公司作为金融关联的样本，以没有建立金融关联的公司作为配对样本，采用双重差分（DID）和倾向匹配（PSM）分析方法，实证检验了金融关联与高管薪酬契约的关系。

本章的研究发现，与配对公司相比，民营企业引入金融关联高管显著推高了公司高管整体的薪酬水平。金融关联高管的薪酬水平越高，公司高管整体薪酬的增幅也越大。进一步分析还发现，金融关联高管薪酬与公司经营绩效的改善并没有显著关系。研究结论表明，金融关联高管的薪酬显著影响了民营企业高管薪酬的变化，但是，这种影响主要不是通过金融关联改善公司业绩从而提高公司高管整体薪酬水平实现的，而是与金融关联高管相对高的薪酬参照点有明显关系。

本章的研究结论有助于我们全面理解民营企业建立金融关联的利弊优劣，了解金融关联在企业薪酬机制形成中的影响提供一定的帮助。

第九章　金融关联与高管薪酬业绩敏感性

公司治理理论认为可以通过薪酬机制的设计来解决股东与管理层存在的委托—代理问题，有效的薪酬契约应该将高管报酬与公司业绩紧密联系在一起，业绩与薪酬的相关性越强，说明公司的代理问题越轻。因此，薪酬业绩敏感性（Pay for Performance Sensitivity）是衡量薪酬契约有效性的重要标志之一（Jensen 等，1990；王会娟等，2012）。

我们认为金融关联对于薪酬业绩敏感性的影响可能来自于两个方面的综合作用：一是，基于有效薪酬理论的预期。诸多研究发现，金融关联有助于民营企业缓解融资约束，降低资本成本，改善资本结构（唐建新等，2011；罗正英等，2011；刘浩等，2012）。因此，金融关联可能会通过改善公司业绩来提升高管整体的薪酬水平，从而进一步提高高管薪酬业绩敏感性。二是，基于管理层权力理论与锚定效应理论的预期。众所周知，金融从业人员的高薪酬是一种普遍现象。当相对高薪的金融高管加入公司后，会在公司中形成一个高的薪酬参照点，而管理层权力又会促使高管整体的薪酬水涨船高，这种效应可能就会降低高管的薪酬业绩敏感性。因此，金融关联是提高还是降低了民营企业的业绩与薪酬敏感性，金融关联是否会影响民营企业薪酬契约的有效性。这是本研究关注的重点。

通过分析我国 A 股民营上市公司样本数据，我们发现存在金融关联的企业高管整体的薪酬水平显著高于不存在金融关联的企业，而且前者获得超额薪酬的概率要高于后者。但是，存在金融关联的企业高管薪酬业绩敏感性要低于不存在金融关联的企业。进一步研究还显示，随着第一大股东持股比例的上升，金融关联对于薪酬业绩敏感性的影响程度在下降。研究结论表明，金融关联显著影响了民营企业的薪酬机制与薪酬契约，但是第一大股东治理的加强有助于缓解金融关联对于薪酬契约有效性的影响。

本章的主要贡献在于：(1) 现有的文献尚未对金融关联与薪酬业绩敏感性的关系作出系统研究，我们从金融关联的角度考察了其对于薪酬业绩敏感性的影响，拓展了金融关联经济后果的相关文献，研究结论进一步丰富了转型国家中有关非正式制度的研究；(2) 本章的研究结论对于民营企业权衡金融关联的利弊，合理制定薪酬契约和安排股权结构具有重要的实践指导意义。

一、理论分析与研究假设

（一）基于有效薪酬理论的分析

有效薪酬契约认为应该将高管报酬与公司业绩紧密关联，通过将高管个人利益与企业业绩和价值增长联系在一起的方式，解决公司的委托—代理问题。因此，经理人报酬业绩敏感程度的提升意味着经理人激励契约有效性在提高（谢德仁等，2012）。这种薪酬契约的有效性体现为：管理层通过努力改善公司的业绩，业绩改善促进管理层报酬的提升，而报酬的增加又会激励管理层更加努力工作，从而进一步提高公司的经营业绩，总体呈现出一种良性循环。

在过去几十年的改革过程中，我国形成了以国有银行为主导的金融体系，这种金融体系必然是以国有大中型企业为主要服务对象，国有企业由此获得了大量的金融资源，这也导致民营企业融资困难（林毅夫等，2001）。卢峰等（2004）认为，金融压抑与低效率的国有银行垄断导致银行业存在严重的信贷歧视，民营企业深陷融资困境。为缓解融资约束，民营企业一般需通过一些非正式制度安排予以化解。在民营企业普遍遭遇融资约束的情况下，金融关联所提供的关系资源，能够为民营企业争取到更多的金融资源，同时，金融关联还可以增强民营企业的声誉机制，并为其提供潜在的隐性担保机制，这在一定程度上有助于解决金融机构与企业之间存在的信息不对称问题；另外，存在金融关联的高管还能够为企业提供财务咨询，这也有利于改善企业的财务困境。刘浩等（2012）也发现，具有银行背景的独立董事能够发挥财务咨询的作用，特别是在金融市场不发达的地区和银根紧缩时期，这种咨询功能一定程度上可以帮助上市公司获取更多信贷资金的支持。

综上，我们认为，金融关联有助于缓解民营企业融资约束，并为企业提供各种有益的咨询服务和帮助，这些都可能促进企业经营业绩的提升。因此，在有效契约理论的框架下，存在金融关联的高管有助于改善公司的经营业绩，而业绩的提升又会促使公司给予高管更高的薪酬，进而带来企业高管业绩薪酬敏感性的提高。

（二）基于管理者权力理论与锚定效应的分析

管理层权力理论强调，由于公司治理内部与外部权力运作过程中存在难以克服的缺陷，在实际操作过程中，管理层的权力会影响其薪酬契约，导致管理层薪酬激励受到一定的扭曲（卢锐，2007；吕长江等，2008；权小锋等，2010）。Bebchuk 等（2002）、权小锋等（2010）认为，代表股东利益的董事会与股东之间本身也存在代理问题，股东不能完全控制管理层薪酬契约的设计，管理层有能力影响自己的薪酬并运用权力寻租，权力越大，操纵自身薪酬的能力越强。吕长江等（2008）也有类似的发现。吴育辉等（2010）的实证研究显示，高管的控制权越强，其薪酬水平越高。方军雄（2009）的研究表明，管理者权力使得我国上市公司高管薪酬存在黏性特征，即业绩上升时薪酬的增加幅度显著高于业绩下降时薪酬的减少幅度。我们认为，存在金融关联的高管本身带有一些资源和人脉关系，因此，他们的加入必然会提升管理层权力，使得管理层自定薪酬的可能性增加，而趋利性的导向也将引致企业高管薪酬整体水平的提高。鉴于这种薪酬水平的提高并非是通过业绩改善带来的，因此，其可能会伤及公司薪酬业绩敏感性。

另外，当存在金融关联的高管加入公司后，因为其薪酬水平相对较高，事实上会在管理层内部制定薪酬标准的过程中形成一个新的“参照点”，而这也为管理层提高薪酬提供了一个新的契机。现有研究表明，上市公司高管薪酬的决定存在明显的锚定效应，而公司高管薪酬的“参照点”通常来自于公司同行业的竞争对手（Hart 等，2008；李维安等，

2010)。Biziak 等(2008)、Ezzamel 等(1998)、Brookman 等(2013)以美国和英国的上市公司为样本，研究发现，高管薪酬水平与同行业薪酬存在显著的正相关关系。黄再胜(2015)基于我国 2007—2011 年 A 股上市公司数据的研究发现，公司高管薪酬增长与同行业企业高管的薪酬水平存在显著的正相关关系，即我国上市公司高管薪酬的决定存在明显的锚定效应。Di Prete 等(2010)认为，公司高管在薪酬决策中具有较强的影响力，比如，在参照对象的选择，以及所参照企业薪酬分布标准的选取上，公司高管拥有较大的自主权。因此，基于薪酬辩护的目的，高管会将公司薪酬的标准锚定在规模较大、薪酬标准更高的企业身上，从而为提升公司高管薪酬提供有利辩护。

因此，当存在金融关联的高管加入后，在公司中形成一个新的、相对高的“薪酬参照点”，从而诱发高管薪酬的水涨船高。这种薪酬的改变同样也不是通过改善公司业绩引致的，而可能是基于锚定效应的一种结果，所以也会带来公司薪酬业绩敏感性的下降。

基于以上分析，我们认为：

首先，不管是基于有效薪酬理论的预期，还是管理者权力理论和锚定效应理论的预期，存在金融关联的公司高管薪酬水平都要高于不存在金融关联的公司。因此，我们提出以下假设：

假设 1：与不存在金融关联的公司相比，存在金融关联的公司高管薪酬水平更高，同时，存在金融关联公司的高管更有可能获得超额薪酬。

其次，基于有效薪酬理论的预期，我们提出：

假设 2：与不存在金融关联公司相比，存在金融关联的公司薪酬业绩敏感性更强。

最后，基于管理者权力理论和锚定效应理论的预期，我们提出：

假设 3：与不存在金融关联公司相比，存在金融关联的公司薪酬业绩敏感性更弱。

二、研究设计

(一) 样本选择与数据来源

我们选用 2007—2012 年所有在深沪两地上市的民营企业作为研究对象。由于企业高管薪酬的调整通常需经过一段时间才能体现，为确保研究结论的稳健性，我们仅选择 2007—2012 年连续六年均存在金融关联的公司和连续六年均不存在金融关联的公司作为研究样本。同时，对初始样本进行了以下剔除：(1) 金融、保险类公司；(2) 涉及金融业务的公司；(3) ST 特别处理或相关数据缺失的公司。最终，获得 273 家民营企业，总共 1638 个样本观测值。我们所使用的金融关联和政治关联数据均来自于对上市公司年报的手工整理；制度环境数据来自于樊纲等(2010)编制的市场化指数体系；财务数据与公司治理数据来源于 CSMAR 数据库和色诺芬 CCER 金融数据库。所有连续变量在 1% 水平上进行了 Winsorize 处理。

(二) 主要变量说明

(1) 高管薪酬。借鉴现有文献(谢德仁等，2012)的做法，选择“薪酬最高的前三位董事、监事及高管的薪酬总额”的自然对数作为高管薪酬的衡量指标。

（2）金融关联。与邓建平等（2011a）的定义类似，金融关联是指公司聘用拥有金融机构任职背景的人员担任高管。

（3）公司绩效。与王会娟等（2012）的研究类似，我们分别采用 ROE（净利润/股东权益）、ROA（营业利润/总资产）来度量公司的经营绩效。

（三）检验模型

1. 金融关联与高管薪酬水平的关系

为检验假设 1，我们借鉴现有文献（Leone 等，2006；方军雄，2009；马连福等，2013）的做法，构建式（1）：

$$
\begin{aligned}
COMPEN = {} & \alpha + \beta_1 FC + \beta_2 LRG + \beta_3 INDEP + \beta_4 MHOLD + \beta_5 CC + \beta_6 SIZE + \beta_7 LEV \\
& + \beta_8 ROE + \beta_9 CASHFLOW + \beta_{10} CASH + \beta_{11} INV + \beta_{12} FA + \beta_{13} GROW + \beta_{14} IPO \\
& + \beta_{15} FINANCE + \beta_{16} ZONE1 + \beta_{17} ZONE2 + \sum IND + \sum YEAR + \varepsilon \qquad (1)
\end{aligned}
$$

其中，COMPEN 是高管薪酬；FC 是金融关联变量；LRG 是第一大股东持股比例；INDEP 是独立董事比例；MHOLD 是管理层持股变量；CC 是公司是否设立薪酬委员会变量；SIZE 是公司规模；LEV 是资产负债水平；ROE 是公司盈利水平；CASHFLOW 是公司经营活动现金流量；CASH 是公司的现金余额；INV 是公司投资水平；FA 是公司的资产结构；GROW 是公司成长性；IPO 是公司上市年数；FINANCE 是地区金融化发展程度变量；ZONE1 和 ZONE2 是地区的虚拟变量；YEAR 是年度虚拟变量；IND 是行业虚拟变量。各变量具体定义见表 9－1。

表 9－1　变量说明

变量	符号	定　义
高管薪酬	COMPEN	薪酬最高的前三位董事、监事及高管薪酬的自然对数
超额薪酬	OVERCOMPEN	高管薪酬在剔除正常货币薪酬之后的异常薪酬（残差项）为正取值 1，否则取值 0
金融关联	FC	如果公司管理层中存在曾经或现在银行或证券公司等金融机构任职的取值 1，否则取值 0
经营绩效	ROE	公司净利润除以年末股东权益
	ROA	公司营业利润除以年末总资产
第一大股东持股比例	LRG	第一大股东的持股数除以总股数
独立董事比例	INDEP	独立董事人数占董事总人数的比例
管理层持股	MHOLD	当公司管理层持有公司股票时取值 1，否则取值 0
薪酬委员会	CC	当公司设立薪酬委员会时取值 1，否则取值 0
公司规模	SIZE	公司年末总资产的自然对数
资产负债率	LEV	公司总负债除以年末总资产
经营活动现金流量	CASHFLOW	公司经营活动现金流除以年末总资产

续表

变量	符号	定 义
现金余额	CASH	现金余额与年末总资产的比值
投资支出	INV	购建固定资产、无形资产和其他长期资产所支付的现金/年末总资产
资产结构	FA	固定资产除以年末总资产
成长性	GROW	公司主营业务收入增长率
公司上市时间	IPO	考察年度减去样本的上市年
金融市场化程度	FINANCE	根据樊纲等编制的《中国市场化指数2010》"金融业的市场化程度"，如果样本公司所在省份的得分在2007—2009年连续三年处在全国前10位则取值为1，否则取值为0
中部地区	ZONE1	若公司的注册地在中部地区①取值1，否则取值0
西部地区	ZONE2	若公司的注册地在西部地区取值1，否则取值0
年度变量	YEAR	年度的虚拟变量
行业变量	IND	行业的虚拟变量，根据2001年证监会公布的《上市公司行业分类指引》，将公司划分为21个行业，其中除制造业划分到次类以外，其他行业划分到门类

虽然高管薪酬水平能直观反映薪酬契约的基本现状，但该指标是绝对数量指标，仅以此来判定金融关联高管薪酬的高低可能会忽略一些影响高管薪酬的内生决定因素。因此，部分研究通过超额薪酬水平来度量高管的薪酬（方军雄，2012；马连福等，2013）。为更加全面地检验假设1，我们还考察了金融关联对于高管超额薪酬水平的影响。超额薪酬（OVERCOMPEN）用高管的实际薪酬与由经济因素决定的预期正常薪酬之间的差额表示，定义为，某公司/年度高管薪酬在剔除正常货币薪酬之后的异常薪酬（残差项）为正，则OVERCOMPEN取值为1，否则为0。关于高管正常薪酬，我们借鉴相关研究的做法，使用式（2）来估计：

$$\begin{aligned} COMPEN = {} & \alpha + \beta_1 SIZE + \beta_2 LEV + \beta_3 ROE + \beta_4 CASHFLOW + \beta_5 CASH + \beta_6 INV \\ & + \beta_7 FA + \beta_8 GROW + \beta_9 IPO + \beta_{10} FINANCE + \beta_{11} ZONE1 + \beta_{12} ZONE2 \\ & + \sum IND + \sum YEAR + \varepsilon \end{aligned} \tag{2}$$

在此基础上，设计式（3）来考察金融关联对超额薪酬的影响，采用Probit模型进行回归：

$$\begin{aligned} Probit(OVERCOMPEN) = {} & \alpha + \beta_1 FC + \beta_2 LRG + \beta_3 INDEP + \beta_4 MHOLD + \beta_5 CC \\ & + \beta_6 SIZE + \beta_7 LEV + \beta_8 ROE + \beta_9 CASHFLOW + \beta_{10} CASH \\ & + \beta_{11} INV + \beta_{12} FA + \beta_{13} GROW + \beta_{14} IPO + \beta_{15} FINANCE \\ & + \beta_{16} ZONE1 + \beta_{17} ZONE2 + \sum IND + \sum YEAR + \varepsilon \end{aligned} \tag{3}$$

① 与马连福等（2013）的研究一致，我们将31个省份分成三个地区：沿海地区、中部地区和西部地区。其中，沿海地区包括北京、天津、河北、辽宁、上海、江苏、浙江、福建、山东、广东、广西、海南12个省份；中部地区包括山西、内蒙古、吉林、黑龙江、安徽、江西、河南、湖北、湖南、重庆10个省份；西部地区包括四川、贵州、云南、西藏、陕西、甘肃、青海、宁夏、新疆9个省份。

2. 金融关联与薪酬业绩敏感性的关系

为检验假设 2 和假设 3，在参考相关文献的基础上，采用式（4）进行分析：

$$COMPEN = \alpha + \beta_1 FC + \beta_2 PERFOR + \beta_3 FC \times PERFOR + \beta_4 LRG + \beta_5 INDEP + \beta_6 MHOLD + \beta_7 CC + \beta_8 SIZE + \beta_9 LEV + \beta_{10} CASHFLOW + \beta_{11} CASH + \beta_{12} INV + \beta_{13} FA + \beta_{14} GROW + \beta_{15} IPO + \beta_{16} FINANCE + \beta_{17} ZONE1 + \beta_{18} ZONE2 + \sum IND + \sum YEAR + \varepsilon \quad (4)$$

其中，PERFOR 是指公司的经营绩效，分别取值 ROE 和 ROA。其他变量定义同上。

三、实证结果与分析

（一）描述性统计

表 9-2 为样本的描述性统计结果。从中可见，总样本的高管薪酬（COMPEN）的均值为 13.82，最小值 11.89，最大值 15.68，说明高管的薪酬标准差别很大。

表 9-2 样本的描述性统计

	平均值	标准差	最小值	最大值
COMPEN	13.82	0.75	11.89	15.68
FC	0.35	0.47	0	1
ROE	0.75	0.14	-0.75	0.47
ROA	0.05	0.07	-0.18	0.28
LRG	0.31	0.14	0.08	0.70
INDEP	0.36	0.05	0.14	0.66
MHOLD	0.69	0.45	0	1
CC	0.95	0.20	0	1
SIZE	21.31	1.01	18.83	23.86
LEV	0.46	0.19	0.05	0.92
CASHFLOW	0.05	0.09	-0.21	0.30
CASH	0.19	0.13	0.001	0.73
INV	0.05	0.05	0.00003	0.24
FA	0.23	0.14	0.003	0.64
GROW	0.24	0.76	-0.69	5.94
IPO	8.92	4.93	0	22
FINANCE	0.60	0.49	0	1

（二）金融关联与高管薪酬水平的回归结果分析

我们通过式（1）来检验假设 1。表 9-3 的模型 1 中，因变量为高管的薪酬水平（COMPEN），从中可见，FC 的系数显著为正，这表明金融关联公司的高管薪酬水平显著高于非金融关联公司，假设1得到证实。控制变量中，第一大股东持股比例、管理层持股、公司规模、负债率、盈利水平、经营活动现金流量、现金余额、资产结构、金融发展程度和地区因素均会对高管的薪酬水平产生显著影响。

表9-3的模型2中，因变量为超额薪酬变量（OVERCOMPEN），我们发现金融关联变量（FC）的系数显著为正，表明金融关联公司高管获得超额薪酬的概率显著高于非金融关联公司，进一步证实了假设1。第一大股东的持股比例与公司高管获得超额薪酬的概率存在显著的负相关关系，说明随着大股东持股比例的上升，更可能限制高管自定薪酬的现象，从而会抑制高管超额薪酬的发生。这些结论与第八章的研究结果类似。

表9-3 金融关联与高管的薪酬水平

	模型1	模型2
	COMPEN	OVERCOMPEN
C	6.26*** (15.19)	0.06 (0.69)
FC	0.07** (2.32)	0.14** (1.98)
ROE	0.69*** (6.12)	0.25 (1.00)
LRG	-0.493*** (-4.43)	-0.79*** (-3.15)
INDEP	-0.11 (-0.44)	-0.87 (-1.45)
MHOLD	0.07** (2.21)	0.13* (1.68)
CC	0.02 (0.756)	0.2 (1.22)
SIZE	0.35*** (19.9)	-0.1 (-0.27)
LEV	-0.53*** (-5.58)	-0.02 (-0.1)
CASHFLOW	0.81*** (4.39)	-0.22 (-0.54)
CASH	0.33** (2.56)	-0.14 (-0.49)
INV	-0.17 (-0.55)	-0.32 (-0.45)
FA	-0.48*** (-3.82)	0.05 (0.18)

续表

	模型 1	模型 2
	COMPEN	OVERCOMPEN
GROW	-0.02 (-0.79)	0.01 (0.30)
IPO	-0.004 (-1.02)	-0.004 (-0.48)
FINANCE	0.07* (1.69)	0.05 (0.59)
ZONE1	-0.17*** (-3.26)	-0.09 (-0.8)
ZONE2	-0.15** (-2.52)	-0.01 (-0.1)
YEAR	控制	控制
IND	控制	控制
Adj_ R^2/Pseudo R^2	0.431	0.02
样本数	1638	1638

注：限于篇幅，表中没有报告行业和年度的虚拟变量的结果；括号内是指检验的 Z 值和 T 值；***、**、* 分别代表在 1%、5% 和 10% 的水平上显著。

（三）金融关联与薪酬业绩敏感性关系的回归结果分析

我们用式（4）来分析金融关联与企业薪酬业绩敏感性的关系。表 9-4 的因变量为薪酬变量（COMPEN），PERFOR 的系数表示非金融关联企业薪酬业绩之间的敏感性，PERFOR 的系数和 PERFOR×FC 的系数之和表示金融关联企业薪酬业绩之间的敏感性。PERFOR×FC 的系数表示金融关联和非金融关联这两类公司的薪酬业绩敏感性的差异。表 9-4中，模型 3 的公司业绩（PERFOR）为 ROE，而模型 4 的公司业绩（PERFOR）为 ROA。由模型 3 和模型 4 的实证结果可知，PERFOR 的系数均显著为正，说明当公司绩效提高时，高管的薪酬水平较高，这与绝大多数的研究结论一致。FC×PERFOR 的系数显著为负，表明存在金融关联的公司薪酬业绩敏感性显著低于不存在金融关联的公司，也就是说，金融关联降低了民营企业薪酬契约的有效性，基于管理者权力理论和锚定效应理论预期的假设 3 得到证实。

表 9-4　　金融关联与薪酬业绩敏感性

	模型 3	模型 4
	PERFOR（ROE）	PERFOR（ROA）
C	6.28*** (15.28)	6.43*** (15.9)

续表

	模型 3	模型 4
	PERFOR（ROE）	PERFOR（ROA）
FC	0.11*** (3.11)	0.11*** (3.02)
PERFOR	0.89*** (6.27)	2.81*** (9.18)
FC × PERFOR	-0.47** (-2.3)	-0.95** (-2.25)
LRG	-0.48*** (-4.35)	-0.53*** (-4.85)
INDEP	-0.09 (-0.35)	-0.01 (-0.02)
MHOLD	0.07** (2.27)	0.08** (2.50)
CC	0.02 (0.36)	0.04 (0.53)
SIZE	0.34*** (19.7)	0.32*** (18.6)
LEV	-0.52*** (-5.56)	-0.24** (-2.41)
CASHFLOW	0.8*** (4.32)	0.45** (2.38)
CASH	0.33** (2.52)	0.32** (2.49)
INV	-0.19 (-0.62)	-0.28 (-0.91)
FA	-0.49*** (-3.91)	-0.36*** (-2.89)
GROW	-0.02 (-0.81)	-0.03 (-1.52)
IPO	-0.004 (-1.05)	-0.002 (-0.48)
FINANCE	0.07* (1.73)	0.06 (1.41)
ZONE1	-0.17*** (-3.33)	-0.17*** (-3.44)

续表

	模型 3	模型 4
	PERFOR（ROE）	PERFOR（ROA）
ZONE2	-0.14** (-2.40)	-0.15** (-2.48)
YEAR	控制	控制
IND	控制	控制
Adj_ R^2	0.432	0.448
样本数	1638	1638

注：限于篇幅，表中没有报告行业和年度的虚拟变量的结果；括号内为检验的 T 值；***、**、* 分别代表在 1%、5%和 10%的水平上显著。

以上实证分析结果表明，基于有效薪酬契约理论预期的假设 2 未能得到证实。原因可能在于，虽然部分研究证实金融关联有助于改善公司的融资环境，缓解融资约束（唐建新等，2011；罗正英等，2011；刘浩等，2012），但这并不一定会带来企业经营绩效的改善。比如，我们前面的研究就发现，与不存在银行关联的企业相比，存在银行关联的企业盈利能力较差，财务风险较高。很多针对民营企业政治关联的研究也得出类似结论，即政治关联可以为民营企业带来更多的金融资源，然而，正是因为资金获取的难度不大，才容易诱发管理层的过度自信，进而致使企业出现过度投资或非效率投资等问题，最终降低企业的经营效率（邓建平等，2009；梁莱歆等，2010）。

（四）基于股权结构的进一步研究与分析

由上文分析可知，金融关联有助于提升公司高管的薪酬水平，但却会降低企业薪酬业绩敏感性，一定程度上证实了管理者权力理论的预期。权小锋等（2010）认为，管理层权力在公司治理弱化的情况下会进一步膨胀，这种权力膨胀的直接指向便是自定薪酬。因此，当存在金融关联的高管加入公司后，其相对高的薪酬水平会为公司其他高管提高自身薪酬提供相对充分的理由和新的参照点，而薪酬的锦标赛理论也为高管整体薪酬的提高给出了理论上的阐释。但是，正如吕长江等（2008）和权小锋（2010）所指出的，管理层会运用权力寻租，影响甚至操纵自己的薪酬，而这种操纵行为最终会损害公司价值。根据代理理论，股东是企业的唯一所有者，作为委托人，其当然既拥有企业的现金流量权，又拥有剩余控制权。当管理者通过权力影响薪酬，并最终对企业价值和薪酬契约的有效性产生负面影响时，股东必然要对这种行为作出回应。与国有企业“所有者缺位”的产权特性和真实股东缺乏行使权力的基础不同，民营企业的产权相对明晰，而且很多民营企业大股东均积极参与公司决策，特别是随着大股东持股比例的上升，股东对于公司控制力逐步增强，这必然会削弱管理者的权力，所以高管操纵薪酬现象将得到抑制，从而能改善薪酬契约的有效性。比如，由前面的分析可知，随着第一大股东持股比例的上升，高管获得超额薪酬的概率在降低。此外，随着大股东持股比例的上升，他们对于公司经营绩效与价值增长愈发关注，有意愿也有能力通过参与公司决策从而为公司高管制定更为科学的薪酬体系，最终提升公司的薪酬业绩敏感性。

因此，为进一步验证前面基于高管权力理论所推断的金融关联会降低企业薪酬业绩敏感性的结论，我们从股权治理的角度分析第一大股东持股比例对于金融关联与薪酬业绩敏感性关系的影响。我们预期，随着第一大股东持股比例的上升，金融关联对于薪酬业绩敏感性的负面影响在减弱。通过式（5）进行分析：

$$\begin{aligned} COMPEN = {} & \alpha + \beta_1 FC + \beta_2 PERFOR + \beta_3 FC \times PERFOR + \beta_4 LRG \times PERFOR \\ & + \beta_5 LRG \times FC \times PERFOR + \beta_6 LRG + \beta_7 INDEP + \beta_8 MHOLD \\ & + \beta_9 CC + \beta_{10} SIZE + \beta_{11} LEV + \beta_{12} CASHFLOW + \beta_{13} CASH + \beta_{14} INV \\ & + \beta_{15} FA + \beta_{16} GROW + \beta_{17} IPO + \beta_{18} FINANCE + \beta_{19} ZONE1 \\ & + \beta_{20} ZONE2 + \sum IND + \sum YEAR + \varepsilon \end{aligned} \tag{5}$$

表 9－5 中，模型 5 的 PERFOR 为 ROE，而模型 6 的 PERFOR 为 ROA。从模型 5 和模型 6 可以发现，PERFOR 的系数显著为正，FC × PERFOR 的系数显著为负，而 LRG × FC × PERFOR 的系数显著为正，说明虽然金融关联降低了企业的薪酬业绩敏感性，但是第一大股东持股比例的上升有利于减轻金融关联对于薪酬业绩敏感性的影响。这进一步佐证了上文有关管理者权力理论对于薪酬业绩敏感性的理论分析。研究结论表明，民营企业的股权治理在薪酬契约制定上具有明显的作用。

表 9－5　股权结构、金融关联与薪酬业绩敏感性

	模型 5	模型 6
	PERFOR（ROE）	PERFOR（ROA）
C	6.4*** (15.51)	6.48*** (15.98)
FC	0.09*** (2.59)	0.11*** (2.90)
PERFOR	1.16*** (3.38)	3.11*** (4.93)
FC × PERFOR	−1.63*** (−3.46)	−2.39*** (−2.63)
LRG	−0.57*** (−4.2)	−0.59*** (−4.29)
LRG × PERFOR	−0.71 (−0.75)	−0.80 (−0.47)
LRG × FC × PERFOR	3.81*** (2.79)	4.3* (1.8)
INDEP	−0.11 (−0.40)	−0.02 (−0.07)
MHOLD	0.07** (2.19)	0.08** (2.44)

续表

	模型 5	模型 6
	PERFOR（ROE）	PERFOR（ROA）
CC	0.02 (0.36)	0.04 (0.53)
SIZE	0.34*** (19.4)	0.32*** (18.54)
LEV	−0.50*** (−5.30)	−0.23** (−2.28)
CASHFLOW	0.75*** (4.11)	0.43** (2.3)
CASH	0.36*** (2.77)	0.34** (2.66)
INV	−0.2 (−0.64)	−0.28 (−0.92)
FA	−0.46*** (−3.63)	−0.35*** (−2.77)
GROW	−0.02 (−0.96)	−0.03 (−1.57)
IPO	−0.003 (−0.98)	−0.002 (−0.47)
FINANCE	0.08* (1.93)	0.06 (1.57)
ZONE1	−0.17*** (−3.3)	−0.17*** (−3.42)
ZONE2	−0.14** (−2.34)	−0.14** (−2.4)
YEAR	控制	控制
IND	控制	控制
Adj_ R^2	0.435	0.449
样本数	1638	1638

注：限于篇幅，表中没有报告行业和年度的虚拟变量的结果；括号内为检验的 T 值；***、**、* 分别代表在 1%、5%和 10%的水平上显著。

（五）敏感性检验

1. 内生性问题

由于金融关联与企业特征等因素可能具有内生性关系，我们采用 Heckman 二阶段模型控制内生性问题（Fohiin，1998）。第一阶段是构建影响企业建立金融关联的回归模型，设置式（6）如下：

$$Probit(FC) = \alpha + \beta_1 PC + \beta_2 FINANCE + \beta_3 LRG + \beta_4 BOR + \beta_5 CMI + \beta_6 INDEP + \beta_7 EST + \beta_8 SIZE + \beta_9 LEV + \beta_{10} ROE + \beta_{11} GROW + \beta_{12} INV + \beta_{13} CASH + \beta_{14} FA + \beta_{15} ZONE1 + \beta_{16} ZONE2 + \sum IND + \sum YEAR + \varepsilon \quad (6)$$

其中，FC 为公司金融关联的哑变量；PC 是政治关联变量，定义为上市公司高管如果曾经或当前在政府、党委、人大、政协任职，取值为 1，否则取值为 0；BOR 为董事会规模变量，通过公司董事人数的自然对数衡量；CMI 为委员会变量，通过上市公司设立委员会的数量衡量；EST 是公司成立的年数。其他变量定义同前。

参考相关研究，在第一阶段，我们首先运用 Probit 回归估计式（6），根据式中的影响因素估计公司建立金融关联的概率，然后依据预测结果分别计算存在金融关联的公司与不存在金融关联的公司的逆米尔斯系数（IMR），并在后续检验模型中加入逆米尔斯系数作为回归模型内生性问题的控制变量，以此克服样本自选择和内生性问题。

表 9－6 列示了两阶段回归的结果。模型 7 为第一阶段回归，因变量是金融关联的哑变量（FC），可以发现政治关联、地区的金融发展程度、企业设立委员会的数量、公司规模等因素是影响企业建立金融关联的重要因素。第二阶段回归（模型 8），因变量为 COMPEN，依然可以发现 FC 的系数显著为正，说明金融关联公司高管的薪酬水平高于非金融关联公司。模型 9 中，ROE 的系数显著为正，FC × ROE 的系数显著为负，表明金融关联降低了企业薪酬业绩的敏感性。模型 10 中，ROE 的系数显著为正，FC × ROE 的系数显著为负，而 LRG × FC × ROE 的系数显著为正，说明虽然金融关联降低了企业薪酬业绩的敏感性，但是第一大股东持股比例的上升缓解了金融关联对于薪酬契约有效性的负面影响。以上分析表明，在控制内生性问题后，结论依然成立，说明研究结果具有较好的稳健性。

表 9－6　金融关联与薪酬契约

第一阶段回归		第二段段回归			
	模型 7		模型 8	模型 9	模型 10
	FC		COMPEN	COMPEN	COMPEN
C	0.3 (0.775)	C	6.35*** (14.47)	6.4*** (14.56)	6.4*** (14.76)
PC	0.53*** (7.57)	FC	0.24* (1.80)	0.28** (2.09)	0.26** (1.99)
FINANCE	−0.44*** (−4.33)	ROE	0.71*** (6.23)	0.94*** (6.58)	1.05*** (3.07)
LRG	−0.24 (−0.93)	FC × ROE		−0.54*** (−2.65)	−1.53*** (−3.26)
BOR	0.326 (1.5)	LRG	−0.47*** (−4.21)	−0.45*** (−4.11)	−0.57*** (−4.2)
CMI	0.53*** (3.26)	LRG × ROE			−0.23 (−0.25)

续表

第一阶段回归		第二段段回归			
INDEP	0.57 (0.77)	LRG×FC×ROE			3.3** (2.42)
EST	0.01 (1.39)	INDEP	-0.19 (-0.73)	-0.17 (-0.64)	-0.18 (-0.68)
SIZE	-0.1*** (-2.61)	MHOLD	0.08** (2.36)	0.08** (2.43)	0.08** (2.37)
LEV	0.19 (0.85)	CC	0.01 (0.2)	0.02 (0.26)	0.02 (0.26)
ROE	0.22 (0.83)	SIZE	0.34*** (19.15)	0.34*** (19.01)	0.34*** (18.77)
GROW	0.01 (0.27)	LEV	-0.52*** (-5.56)	-0.52*** (-5.53)	-0.5*** (-5.29)
INV	-0.39 (-0.53)	CASHFLOW	0.83*** (4.53)	0.82*** (4.45)	0.8*** (4.29)
CASH	0.82*** (2.73)	CASH	0.32** (2.33)	0.31** (2.29)	0.34** (2.52)
FA	0.165 (0.53)	INV	-0.16 (-0.52)	-0.19 (-0.61)	-0.19 (-0.63)
ZONE1	-0.29** (-2.42)	FA	-0.53*** (-4.19)	-0.55*** (-4.3)	-0.52*** (-4.04)
ZONE2	-0.153 (-1.08)	GROW	-0.02 (-1.07)	-0.02 (-1.11)	-0.02 (-1.25)
		IPO	-0.003 (-0.87)	-0.003 (-0.9)	-0.003 (-0.88)
		FINANCE	0.1** (2.26)	0.1** (2.32)	0.1** (2.49)
		ZONE1	-0.15*** (-2.84)	-0.15*** (-2.8)	-0.15*** (-2.77)
		ZONE2	-0.114* (-1.9)	-0.11* (-1.76)	-0.11* (-1.69)
		IMR	-0.1 (-1.27)	-0.1 (-1.3)	-0.1 (-1.3)
YEAR	控制	YEAR	控制	控制	控制
IND	控制	IND	控制	控制	控制
Pseudo R^2	0.118	Adj_ R^2	0.448	0.436	0.438
样本数	1638	样本数	1638	1638	1638

注：限于篇幅，表中没有报告行业和年度的虚拟变量的结果；括号内是指检验的 Z 值和 T 值；***、**、*分别代表在 1%、5% 和 10% 的水平上显著。

2. 替换高管薪酬的衡量方法

参考方军雄（2009）等的做法，我们分别采用“薪酬最高的前 3 名董事的薪酬”和

“薪酬最高的前 3 名高级管理人员的薪酬”取自然对数作为高管薪酬的衡量指标，重新对以上模型进行回归，结果表明并不影响主要结论。

3. 分组检验

我们将样本分为两组，即金融关联和非金融关联，并进一步通过分组回归的方法检验不同组别的薪酬业绩敏感性。结果表明，金融关联样本的薪酬业绩敏感性显著低于非金融关联样本，上面的研究结论得以进一步证实。

四、小结

本章通过实证分析的方法检验了金融关联与民营企业高管薪酬业绩敏感性的关系。主要的研究结论如下：存在金融关联的企业高管薪酬水平显著高于不存在金融关联的企业，而且前者获得超额薪酬的概率也高于后者。存在金融关联的企业薪酬业绩敏感性要弱于不存在金融关联的企业，但是随着第一大股东持股比例的上升，金融关联对于薪酬业绩敏感性的负面影响程度下降。

研究结论对于公司制定薪酬契约具有一定的启示。公司高管薪酬的确定不仅与业绩有关，而且还取决于管理层的权力，管理层权力的加强，会降低高管薪酬的有效性，而股权治理特别是第一大股东的介入，有助于企业建立有效的薪酬机制。因此，首先应在公司层面上构建更为科学的薪酬决定机制，防止高管自定薪酬；其次，要发挥股东（特别是大股东）在公司治理中的作用，提高股东在制定公司高管薪酬制度方面的参与程度；最后，公司应建立科学的权力制衡机制和信息披露制度，确保权力的运作更加透明与公正。

第十章 主要研究结论与启示

近年来，国内外很多学者发现很多国家的公司都存在聘请具有在金融机构工作背景（如银行、证券、信托、保险、基金）的人员担任公司的高管，从而与金融机构形成金融关联的现象。本书从“金融关联”这个现象入手，通过实证研究的方式，从债务融资、会计信息的有用性、审计意见有用性、融资约束、会计稳健性、薪酬契约和薪酬业绩敏感性等方面详细分析金融关联的经济后果，主要的研究发现如下：

1. 金融关联与债务融资。第一，银行关联与民营企业的债务融资存在紧密的联系，银行关联与企业总的借款增量不相关，但是，与企业的长期借款增量存在显著的正相关关系，与短期借款增量存在显著的负相关关系，这也导致了银行关联企业长期借款占总借款的比重更高，债务期限结构更长。第二，我们还进一步将银行关联分解成高层银行关联与低层银行关联，发现高层银行关联与长期借款增量及长期借款占总借款的比重都存在显著的正相关关系，而低层银行关联与债务融资的关系不明显。第三，在金融生态环境差的地区中，银行关联有助于民营企业获得更多的长期借款增量，并显著降低企业的短期借款增量，从而使得企业长期借款占总借款的比重更高；在金融生态环境好的地区中，银行关联不能显著影响企业的债务融资。进一步的分析还发现，在金融生态环境差的地区中，高层银行关联与企业的长期借款增量及长期借款占总借款的比重存在显著的正相关关系，但是，低层银行关联对于企业债务融资的影响也不显著。以上的结论说明，在金融生态环境差的地区中，民营企业建立的银行关联（特别是高层银行关联）与企业的债务融资密切相关，金融生态环境的改善会减轻银行关联这种非正式机制的影响。

2. 金融关联与会计信息债务契约有用性。第一，银行关联显著地降低了会计信息与债务契约（主要是短期债务融资）的相关性，说明在银行关联的民营企业中，债权人降低了对于会计信息的依赖，银行关联与会计信息具有一定的替代效应；第二，一些研究发现，政治关联可以降低会计信息在债务契约中的有用性，在控制了银行关联的影响后，我们发现，政治关联并不能显著影响会计信息与债务契约的关系。我们的研究表明，以往一些研究发现的政治关联可以降低会计信息在债务契约的有用性，主要是源于这些政治关联企业同时存在银行关联；第三，在金融生态环境差的地区中，银行关联显著地降低了会计信息与债务融资的相关性。在金融生态环境好的地区中，银行关联并不影响会计信息与债务融资的关系；第四，在我国，特别是在金融生态环境差的地区中，与非银行关联企业相比，银行关联企业发生债务违约的概率更小。结论表明：在我国，特别是在金融生态环境差的地区中，银行关联降低会计信息在债务契约中的有用性主要是源于银行关联这种沟通和声誉担保机制的作用，而非银行关联直接干预银行贷款决策的结果。研究结论说明，在我国，特别是金融发展较为落后的地区中，形成有效的“沟通与声誉机制”比“关系机制”更为重要。

3. 金融关联与审计信息债务契约的有用性。第一，非标准审计意见与企业的短期借款融资存在显著的负相关关系，但是，与长期借款融资不存在显著的相关关系，说明非标准审计意见对于企业债务契约的影响主要体现在短期借款上。研究结论证明了我国资本市场中审计信息在融资契约中的有用性。第二，在银行关联企业中，非标准审计意见对于债务契约的负向影响要弱于非银行关联的企业，说明银行关联显著降低了审计信息在债务契约中的有用性。第三，非标准审计意见的出现会导致企业引入银行关联的高管，以降低非标准审计意见对于债务契约的负面影响，这也进一步证实了银行关联与审计意见存在一定的替代效应。

4. 金融关联与融资约束。第一，金融关联能有效缓解民营企业的融资约束，民营企业中存在的金融关联强度越强，其融资约束越弱。第二，金融市场化程度低的地区中，金融关联对于缓解民营企业融资约束的作用显著高于金融市场化程度高的地区。相关研究指出，金融发展可以减少信息不对称和契约不完备等问题，从而缓解企业的融资约束。我们的研究进一步表明，在金融市场不发达的地区，民营企业建立的金融关联更加有效地减轻了借贷双方的信息不对称问题，并帮助企业打通联系外部金融资源的通道，进而缓解民营企业的融资约束。这也说明，正式制度机制（如金融市场化）的完善与非正式制度安排（如金融关联）在缓解民营企业融资约束上存在显著的替代作用。Allen 等（2005）及 Allen 等（2006）强调，在正式机制缺乏的国家，或者在正式机制不完善的经济体中，应重点关注非正式的、替代性的机制是如何运行的。我们的研究从金融关联这一角度为非正式制度与正式制度的替代作用提供了新的证据，并对于在正式制度不完善的市场中民营企业如何通过非正式制度安排帮助企业解决实际困难提供了新的逻辑解释。第三，政治关联程度较低的民营企业中，金融关联缓解融资约束的作用较大；相反，政治关联程度较高的民营企业中，金融关联起的作用较小。相关研究表明，政治关联是转型经济国家中民营企业规避政府干预、保护自身合法利益、获取外部稀缺资源的重要手段。但是，一些研究也指出，政治关联的建立存在一定的难度和成本（潘克勤，2009），因此，企业可能会寻求其他的替代机制。我们的研究表明，金融关联正是这种替代机制的重要组成部分。在缓解民营企业融资约束这一突出问题上，作为两种非正式制度形式的金融关联与政治关联存在显著的替代效应，并且金融关联比政治关联更为有效。多数对于非正式制度安排的研究主要是考虑了非正式制度与正式制度的相互作用，我们的研究进一步表明，不同的非正式制度安排之间的也存在替代效应。这也为完善和补充 Allen 等（2005）及 Allen 等（2006）关于经济转型国家非正式制度的研究提供了一定的帮助。第四，我们还分析了两种不同的金融关联模式在缓解民营企业融资约束中的作用。研究发现：银行关联和证券公司关联能有效缓解民营企业的融资约束；在金融市场化程度低的地区中，银行关联和证券公司关联对于缓解民营企业融资约束的作用显著高于金融市场化程度高的地区；政治关联程度较低的民营企业中，银行关联和证券公司关联缓解融资约束的作用较大，相反，政治关联程度较高的民营企业中，银行关联和证券公司关联起的作用较小。

5. 金融关联与会计稳健性。金融资源的短缺和分配不合理，较大程度限制了民营企业获取融资，通过和金融机构建立金融关系，有利于缓解民营企业的融资约束，但这并不意味着民营企业的会计信息质量削弱了。在借鉴 Basu（1997）的模型思想并考虑金融关联内生性问题的基础上，运用 Heckman 两阶段模型，探讨了金融关联对民营上市公司会计稳健性的影响，研究结果表明，拥有金融工作背景高管的民营上市公司，对会计稳健性有更高的需求。进一步分别考察银行关联和证券公司关联这两种最为重要的金融关联形式对会计稳健性的影响，发现证券公司关联显著增强了民营上市公司的会计稳健性，而银行关联对会计稳健性也存在正向影响，只是显著程度要弱一些。这些研究结论较好地支持了金融关联能够增强民营上市公司的会计稳健性。

6. 金融关联与财务柔性。我们从财务柔性的角度分析了企业引入金融关联高管的动因及引入金融关联高管后企业财务柔性的变化，在此基础上，进一步基于产业政策的视角分析了高管金融背景与财务柔性的关系。第一，当企业财务柔性越差时，也就是现金持有水平越低时，企业引入金融背景的高管的激励就越强，双重差分法（DID）和倾向得分匹配法（PSM）的分析进一步证明引入金融关联高管后，其财务柔性确实得到了改善。研究结论表明，保持与改善财务柔性是企业引入金融关联高管的重要动因，我国金融背景的高管确实能发挥财务咨询的作用，为民营企业财务柔性的改善提供有用建议和帮助。第二，不同产业政策环境下，高管金融背景与财务柔性的关系也存在显著不同。在产业政策支持的行业中，企业财务柔性越差，企业引入金融关联高管的概率就越高，引入金融关联高管后，其财务柔性得到了显著提高，在产业政策不支持的行业中，财务柔性与企业引入金融关联高管并没有显著关系，同时，即使企业引入金融关联高管后，其财务柔性也没有显著变化。研究结论说明，产业政策显著影响了金融关联高管与企业财务柔性的关系，当公司受到产业政策激励时，意味着其投资机会越多，这也导致了企业更有动力引入金融关联高管以改善其财务柔性，从而能把握住投资机会。而产业政策不支持的企业，因为其投资机会较少，并且较高的财务柔性也意味着成本较高，所以企业改善财务柔性的意愿较弱，这也使得财务柔性差的企业引入金融关联高管的动力较弱，同时，即使金融关联高管加入公司后其改善财务柔性的激励也较弱。

7. 金融关联与薪酬契约。第一，与配对公司相比，民营企业引入金融关联高管显著推高了公司高管整体的薪酬水平。金融关联高管的薪酬水平越高，公司高管整体薪酬的增幅也越大。第二，金融关联高管薪酬与公司经营绩效的改善并没有显著关系。研究结论表明，金融关联高管的薪酬显著影响了民营企业高管薪酬的变化，但是，这种影响主要不是通过金融关联改善公司业绩从而提高公司高管整体薪酬水平实现的，而是与金融关联高管相对高的薪酬参照点有明显关系。在薪酬制定的过程中，锚定效应理论能更好地解释这种变化。

8. 金融关联与高管薪酬业绩敏感性。存在金融关联的企业薪酬业绩敏感性要弱于不存在金融关联的企业，但是随着第一大股东持股比例的上升，金融关联对于薪酬业绩敏感性的负面影响程度在下降。公司高管薪酬的确定不仅与业绩有关，而且还取决于管理层的权力，管理层权力的加强，会降低高管薪酬的有效性，而股权治理，特别是第一大股东的介入，有助于企业建立有效的薪酬机制。因此，首先应在公司层面上构建更为科学的薪酬决定机制，防止高管自定薪酬；其次，要发挥股东（特别是大股东）在公司治理中的作用，提高股东在制定公司高管薪酬制度方面的参与程度；最后，公司应建立科学的权力制衡机制和信息披露制度，确保权力的运作更加透明与公正。

参考文献

[1] Allen F, Qian J and Qian M. , Law, Finance, and Economic Growth in China. Journal of Financial Economics, 2005, 77: 57 -116.

[2] Allen, F. , R. Chakrabarti, S. De. , J. Qian, and Qian, M. J. , Financing Firms in India, World Bank Policy Research Working Paper, 2006.

[3] Altman, E. Financial Ratios, Discriminate Analysis, and the Prediction of Corporate Bankruptcy. Journal of Finance, 1968, 23: 589 -609.

[4] Angelini P, Salvo R D, Ferri G. Availability and cost of credit for small businesses: customer relationship and credit cooperatives. Journal of Banking and Finance, 1998, 22: 925 -954.

[5] Antonios Antoniou, Yilmaz Guney, Krishna Paudyal. The Determinants of Capital Structure: Capital Market - Oriented versus Bank - Oriented Institutions. Journal of Financial and Quantitative Analysis, 2008, 43: 59 -92.

[6] Arslan Q. , Florackis, C. , Qzkan, A. Financial Flexibility, Corporate Investment and Performance: Evidence from East Asian Firms. Review of Quantitative Finance and Accounting, 2014, 42 (2): 211 -250.

[7] Bae, K. and Goyal, V. Creditor Rights, Enforcement, and Bank Loans, Working Paper, 2007.

[8] Bamber, Stratton. The Information Content of the Uncertainty - modified Audit Report: Evidence from Bank Loan Officers. Accounting Horizons, 1997, 11: 1 -11.

[9] Bancel, F. , Mittoo, U. R. Financial Flexibility and the impact of the Global Financial Crisis: Evidence from France. International Journal of Managerial Finance, 2011, 7 (2): 179 -216.

[10] Basu, S.. The Conservatism Principle and the Asymmetric Timeliness of Earnings. Journal of Accounting and Economics, 1997, 24 (1): 3 -37.

[11] Bates, T. W. , Kahle, K. M. and Stulz, R. M. Why do US Firms hold so much more cash than they used to? working paper, 2009.

[12] Bebchuk , L. A . , J . M. Fried , and D. I. Walker. Managerial Power and Rent Extraction in the Design of Executive Compensation. University of Chicago Law Review, 2002, 69: 751 -846.

[13] Bebchuk, L. and J. Fried. Pay Without Performance: the Unfulfilled Promise of Executive Compensation. Published by Harvard University Press, 2004.

[14] Beck, T., Demirguc – kunt, A., and Ross, Levine. A New Database on Financial Development and Structure, World Bank, 1999.

[15] Berger A N, Udell G F. Relationship Lending and Lines of credit in small firm finance. Journal of Business, 1995, 68: 351 – 381.

[16] Bizjak J M, Lemmon M L, Nguyen T. Are all CEOs above average? An empirical analysis of compensation peer groups and pay design. Journal of Financial Economics, 2011, 100 (3): 538 – 555.

[17] Booth J R, Deli D N. On executives of financial institutions as outside directors, Journal of Corporate Finance, 1999, 5: 227 – 250.

[18] Brookman J T, Thistle P D. Managerial compensation: luck, skill or labor markets. Journal of Corporate Finance, 2013, 21: 252 – 268.

[19] Burak A G, Malmendier U, Tate G. Financial expertise of directors. Journal of Financial Economics, 2008, 88 (2): 323 – 354.

[20] Byoun, S. Financial flexibility and Capital Structure Decision. SSRN Working Paper, 2011.

[21] Byrd D T, Mizruchi M S. Bankers on the board and the debt ratio of firms. Journal of Corporate Finance, 2005, 11: 129 – 173.

[22] Campelo, M., Giambona, E., Graham, J. R., Harvey, C. R. The Real Effects of Financial Constraints: Evidence from a Finance Crisis. Journal of Financial Economics, 2010, 97 (3): 470 – 487.

[23] Chen C J P, Li Z, Su X. Rent Seeking Incentives, Political Connections and Organizational: Empirical Evidence from Listed Family Firms in China. Working Paper, The Chinese University of Hong Kong, Shanghai University of Finance & Economics. 2005.

[24] Choi, C. J., Lee, S. H., and Kim, J. B. A Note on Counter Trade: Contractual Uncertainty and Transaction Governance in Transition Economies. Journal of International Business Studies, 1999 (30): 189 – 201.

[25] Christoper F B, Mustafa C, Neslihan O, Oleksandr T. The Impact of Macroeconomic Uncertainty on Non – financial Firms' Demand for Liquidity. Review of Financial Economics, 2006, 15 (4): 289 – 304.

[26] Ciamarra, E. S. Monitoring By Affiliated Bankers on Board of Directors: Evidence from Corporate Financing Outcomes. Working Paper, 2006.

[27] Copley, P. A., and E. B. Douthett. The Associations between Auditor Choice, Ownership Retained, and Earnings Disclosure by Firms Making Initial Public Offerings. Contemporary Accounting Research, 2002, 19: 49 – 75.

[28] Cull R, Xu L C. Institutions, Ownership and Finance: the Determinants of Profit Reinvestment among Chinese firm. Journal of Financial Economics, 2005, 77: 117 – 146.

[29] De Angelo, H. , De Angelo, L. Capital structure, Payout policy and Financial Flexibility, Marshall School of Business Working Paper, 2007, No. FBE 02 -06.

[30] Degryse H, Van Cayseele P J G. Relationship Lending Within a Bank - based System: Evidence from European Small Business Data. Journal of Financial Intermediation, 2000, 9 (1): 90 -109.

[31] Demirguc - Kunt, A. and Maksimovic, V. Institutions, Financial Markets, and Firm Debt Maturity. Journal of Financial Economics, 1999, 54: 295 -336.

[32] Demirguc - Kunt, A. , and V. Maksimovic. Law, Finance and Firm Growth. Journal of Finance, 1998, 53, 2107 -2137.

[33] Demirguc - Kunt, A. , Maksimovic, V. Institutions, Financial Markets, and Firm Debt Maturity. Journal of Financial Economics, 1999, 54: 295 -336.

[34] Dewatripont, M. , and Maskin, E. Credit Efficiency in Centralized and Decentralized Economies. Review of Economic Studies, 1995, 62: 541 -551.

[35] Diamond, D. W. . The Choice between Bank Loans and Directly Placed Debt. Journal of Political Economy, 1991, 99: 689 -721.

[36] Di Prete G, Eirich G M, Pittinsky M. Compensation benchmarking, leapfrogs, and the surge in executive pay. American Journal of Sociology, 2010, 115 (6): 1671 -1712.

[37] Dittmann, I. , E. Maug, and C. Schneider. Bankers on the boards of German firms: What they do, what they are worth, and why they are (still) there. Review of Finance, 2009, 8: 1 -37.

[38] Duchin, R. , Ozbsa, O. , Sensoy, B. A. Costly external finance, Corporate Ivestment and the Subprime Mortgage Credit Crisis. Journal of Financial Economics, 2010, 97 (3): 418 - 435.

[39] Eriksson, T. Executive Compensation and Tournament Theory: Empirical Tests on Danish Data. Journal of Labor Economics, 1999, 2: 262 -280.

[40] Erkens D T, Subramanyam K R, Zhang J. Affiliated banker on board and conservative accounting. Working Paper, 2011.

[41] Espenlaub S A, Khurshed T. Sitthipongpanich. Bank connections, corporate investment and crisis. Journal of Banking and Finance, 2012, 36: 1336 -1353.

[42] Ezzamel M, Watson R. Market Compensation Earnings and the Bidding - up of Executive Cash Compensation: Evidence from the United Kingdom. Academy of Management Journal, 1998, 41 (2): 221 -231.

[43] Faccio, M. Politically - Connected Firms. American Economic Review, 2006, 96: 369 -386.

[44] Faccio, M. Ronld W. Maslis, and John J. McConnell. Political Connections and Corporate Bailouts. Journal of Finance, 2006b, 6: 2597 -2635.

[45] Faccio, M. . Politically - Connected Firms: Can They Squeeze the State? , Working Paper. 2002.

[46] Fan, J., Titman, S. and Twite, G. An International Comparison of Capital Structure and Debt Maturity Choices. Working Paper, 2008.

[47] FASB. Preliminary views on Financial Statement Presentation. Discussion Paper, 2009.

[48] Fazzari, S. M., Hubbard, R. G., and Peterson, B. C. Financing Constrains and Corporate Investment. Brookings Papers on Economic Activity, 1988, 1: 141-195.

[49] Fehr, E., O. Hart, and C. Zehnder. Contracts, Reference Points, and Competition - Behavioral Effects of the Fundamental Transformation. Journal of the European Economic Association, 2009, 7: 561-572.

[50] Fohlin C. Relationship banking, liquidity, and investment in the German industrialization. Journal of Finance, 1998, 53 (5): 1737-1758.

[51] Gabaix, X., and A. Landier. Why has CEO Pay Increased So Much?. Quarterly Journal of Economics, 2008, 1: 49-100.

[52] Giannetti, M. Do Better Institutions Mitigate Agency Problems? Evidence from Corporate Finance Choices. Journal of Financial and Quantitative Analysis, 2003, 38: 185-212.

[53] Gilson S. Bankuptcy, Boards, Banks, and Blockholders: Evidence on changes in corporate ownership and control when firms default. Journal of Financial Economics, 1990, 27: 315-354.

[54] Graham, J. R., Harvey, C. R. The Theory and Practice of Corporate Finance: Evidence from the Field. Journal of Financial Economics, 2001, 60 (2-3): 187-243.

[55] Graham, J. R., Lemmon, M. L., Schallheim, J. S. Debt, Leases, Taxes, and the Endogenously of Corporate Tax Status. Journal of Finance, 1998, 53: 131-162.

[56] Guner A B, Malmendier U, Tate G. Financial Expertise of Directors. Journal of Financial Economics, 2008, 88 (2): 323-354.

[57] Guzman, M., G. Bank Structure, Capital Accumulation and Growth: A Simple Macroeconomic Model. Economic Theory, 2000, 16: 421-455.

[58] Hambrick D C, Mason P A. Upper Echelons: the organizations as a reflection of its top managers. Academy of Management Review, 1984, 9 (2): 193-206.

[59] Hart O, Moore J. Contracts as reference points. Quarterly Journal of Economics, 2008, 123 (1): 1-48.

[60] Houston, J. F., and James, C. M. Do Relationships have Limits? Banking Relationships, Financial Constraints, and Investment. The Journal of Business, 2001, 74: 347-374.

[61] Jenkins, D. S, U. Velury. Does auditor tenure influence the reporting of conservative earnings?. Journal of Accounting and Public policy, 2008, 27 (1): 115-132.

[62] Jensen M, Murphy J. Performance pay and top management incentives. Journal of Political Economy, 1990, 98 (2): 225-264.

[63] Jensen, M. Agency Costs of Free Cash Flows, Corporate Finance and Takeovers. American Economic Review, 1986 (76): 323-329.

[64] Johnson, S. , J. McMillan, and C. Woodruff. Property Rights and Finance. American Economic Review, 2002, 92: 1335 –1356.

[65] Kaplan S N, Minton B A. Appointments of outsides to Japanese boards determinants and implications for managers. Journal of Financial Economics, 1994, 36: 225 –258.

[66] Kaplan, S. , and B. A. Minton. How Has CEO Turnover Changed? Increasingly Performance Sensitive Boardsand Increasingly Uneasy CEOs. NBER Working Paper, 2006.

[67] Khwaja, A. , and Mian, A. Do Lenders Favor Politically Connected firms? Rent Provision in an Emerging Financial Market. Quarterly Journal of Economics, 2005, 120: 1371 –1411.

[68] Kroszener R S, Strahan P E. Bankers on boards: monitoring, conflicts of interest, and lender liability. Journal of Financial Economics, 2001, 62: 415 –452.

[69] La Porta , R. , L. Florencio, Shleifer A. , Vishny, R. Trust in Large Organizations. American Economic Review, 1997, 87: 333 –338.

[70] La Porta, Rafael, Lopez – de – Silanes, F. , Shleifer A. , and Vishny R. . Legal Determinants of External Finance. The Journal of Finance, 1997, 52: 1131 –1150.

[71] Laford, R. , R. L. Watts. The Imformation Role of Conservatism. the Accounting Review Forthcoming, 2008.

[72] Lazear, E. , and S. Rosen. Rank – order tournaments as optimum labor contracts. Journal of Political Economy, 1981, 89: 841 –864

[73] Lee Y S. Rosenstein S, Wyatt J G. The value of financial outside directors on corporate boards. International Review of Economics and Finance, 1999, 8: 421 –431.

[74] Leone A, Wu J, Zimmerman J. Asymmetric sensitivity of CEO cash compensation to stock industry – adjusted stock returns. Journal of Accounting and Economics, 2006, 42 (1 – 2): 167 –192.

[75] Li, K. , Yue, H. and Zhao, L. Ownership, Institutions, Capital Structure: Evidence from China. Working Paper, 2007.

[76] Lin, Z. Jun , Tang, Qingliang, Xiao, Jason. An Experimental Study of Users' Responses to Qualified Audit Reports in China. Journal of International Accounting, Auditing & Taxation, 2003, 12: 1 –22.

[77] Lorsch, J. W. , MacIver, E. Pawns and Potentates. The Reality of America' s Corporate Boards, Harvard Business School Press, Boston, MA, 1989.

[78] Love L. Financial Development and Financial Constraints: International Evidence from the Structural Investment model. Working Paper, World Bank, 2001.

[79] Lu Z F, Zhu J G , Zhang W N. Bank Discrimination, Holding Bank Ownership, and Economic Consequences: Evidence from China. Journal of Banking and Finance, 2012, 36: 341 –354.

[80] Machauer A, Weber M. Number of bank relationships: An Indicator of Competitions, Borrower Quality, or Just Size. Mimeo. University of Mannheim, 1999.

[81] Main, B. , A. O. Charles, and J. Wade. Top Executive Pay: Tournament or Teamwork, Journal of Labor Economic, 1993, 11: 606 -628.

[82] Michell K, Walker M D. Bankers on Bards, Financial Constraints, and Financial Crisis. Working Paper, 2008.

[83] Mitchell, K. , and Walker, M. D. Bankers on Boards, Financial Constraints, and Financial Distress. Working paper, 2010.

[84] Murphy, K. J. Executive Compensation. In Ashenfelter and Card (Eds.), Handbook of labor economics, Amsterdam: North Holland, 1999, 7: 561 -572.

[85] Murphy, K. J. , and J. A. N. Zabojnik. Managerial Capital and the Market for CEOs. SSRN Working Paper, 2007.

[86] Murrell, Peter. Assessing the Value of Law in Transition Countries, Ann Arbor: University of Michigan Press, 2001.

[87] Myers, S. C. The Capital Structure Puzzles. Journal of Finance, 1984 (39): 575 - 592.

[88] Myers, S. , and Majluf, N. Corporation Financing and Investment Decisions When Firms Have Information that Investors Do Not Have. Journal of Financial Economics, 1984, 13: 187 -221.

[89] Ongena S, Smith D. Bank relationships: A Survey, The Performance of Financial Institutions Cambridge University Press, 2000.

[90] Opler, T. , Pinkowitz, L. , Stulz, R. , Williamson, R. The Determinants and Implications of Corporate Cash Holdings. Journal of Financial Economics, 1999 (52): 3 -46.

[91] Ostergaard C, Sasson A, Rensen B E S O. The marginal value of cash, cash flow sensitiveities, and bank - finance shocks in nonlisted firms. CEPR discussion papers 8278, 2011.

[92] Petersen M A, Rajan R G. The Benefits of Lending Relationships: Evidence from Small Business Data. The Journal of Finance, 1994, 49 (1): 3 -37.

[93] Qian, J. and Strahan, P. How Laws and Institutions Shape Financial Contracts: the Case of Bank Loans. Journal of Finance, 2007, 62: 2803 -2834.

[94] Rajan R G. Insiders and outsiders: The choice between informed and arm' s - Length Debt. The Journal of Finance, 1992, 47: 1367 - 1400.

[95] Rajan R, Zingales L. Financial dependence and growth. Review of Financial Studies, 1998, 51: 415 -432.

[96] Rosenstein S, Wyatt J G. Outside Directors, Bboard Independence, and Shareholder Wealth. Journal of Financial Economics, 1990, 26: 175 -191.

[97] Shuenn - Ren Cheng, Cheng - Yi Shiu. Investor Protection and Capital Structure: International Evidence. Journal of multinational financial management, 2007, 17 (1): 30 -44.

[98] Sisli - Ciamarra E. Monitoring by Affiliated Bankers on Board of Directors: Evidence from Corporate Financing Outcomes. Working Paper, 2006.

[99] Titman, S. , and B. Trueman. Information Quality and the Value of New Issues. Jour-

nal of Accounting and Economics, 1986, 8: 199 - 229.

[100] Vanhonacker, W. A Better Way to Crack China. Harvard Business Review, 2000, 7: 20 - 22.

[101] Watts, R. L. and J. L., Zimmerman. Positive Accounting Theory. Prentice - Hall, Englewood Cliffs, NJ, 1986.

[102] Watts, R. L. Conservatism in Accounting Part1: Explanations and Implications. Accounting Horizons, 2003, 17 (3): 207 - 221.

[103] Watts, R. L. Conservatism in Accounting Part2: Evidence and Research Opportunities. Accounting Horizons, 2003, 17 (4): 287 - 301.

[104] Zhang, J.. The Contracting Benefits of Accounting Conservatism to Lenders and Borrows. Journal of Accounting and Economics, 2008, 45 (1): 27 - 54.

[105] 边燕杰，丘海雄．企业的社会资本及其功效．中国社会科学，2000 (2): 87 - 99.

[106] 曹敏，何佳，潘启良．金融中介及关系银行——基于广东外资企业银行融资数据的研究．经济研究，2003 (3).

[107] 曾爱民，张纯，魏志华．金融危机冲击、财务柔性储备与企业投资行为——来自中国上市公司的经验证据．管理世界，2013 (4): 107 - 120.

[108] 陈邦强，傅蕴英，张宗益．金融中介发展与投资关系的实证研究．上海金融，2006, 8: 18 - 20.

[109] 陈冬华，李真，新夫．产业政策与公司融资．南京大学工作论文，2010.

[110] 陈栋，陈运森．银行股权关联、货币政策变更与上市公司现金管理．金融研究，2012 (12): 122 - 136.

[111] 陈共荣，谢佩君．金融发展、银行关联与民营企业贷款研究．财经理论与实践，2014 (3): 16 - 20.

[112] 陈键．银行关系与信贷可获得性、贷款成本——基于2003年NSSBF调查的实证分析．财贸经济，2008 (1): 86 - 93.

[113] 陈金龙，王成亮．货币政策、金融关联与企业现金持有决策．贵州财经大学学报，2014 (2): 29 - 35.

[114] 邓建平，曾勇．政治关联能改善民营企业的经营绩效吗．中国工业经济，2009 (2): 98 - 109.

[115] 杜兴强，郭剑花，雷宇．政治联系方式与民营上市公司业绩："政府干预"抑或"关系"．金融研究，2009 (11): 158 - 173.

[116] 杜兴强，雷宇，郭剑花．政治联系、政治联系方式与民营上市公司的会计稳健性．中国工业经济，2009 (7): 87 - 97.

[117] 杜颖洁，杜兴强．银企关系、政治联系与银行借款——基于中国民营上市公司的经验证据．当代财经，2013 (2): 108 - 118.

[118] 杜颖洁．银行关系是否导致了贷款歧视？——基于中国民营上市公司的经验证据．投资研究，2013 (7): 84 - 106.

[119] 樊纲，王小鲁，朱恒鹏．中国市场化指数．经济科学出版社，2010.

[120] 方军雄．我国上市公司高管的薪酬存在粘性吗．经济研究，2009（3）：10-124.

[121] 方军雄．高管超额薪酬与公司治理决策．管理世界，2012（11）：144-155.

[122] 高雷，戴勇，张杰．审计实务影响银行贷款政策吗？——基于上市公司面板数据的经验研究．金融研究，2010（5）：191-206.

[123] 郭田勇，李贤文．关系型借款与中小企业融资的实证分析．金融论坛，2006（4）：49-53.

[124] 韩翌飞．金融关联、产业周期与缓解民营企业融资约束——基于浙江省上市企业的实证分析．浙江金融，2012（5）：66-70.

[125] 何韧，刘兵勇，王婧婧．银企关系、制度环境与中小微企业信贷可得性．金融研究，2012（11）：103-115.

[126] 何韧．银企关系于银行贷款定价的实证研究．财经论丛，2010（1）：57-63.

[127] 贺晓宇，张治栋．银行股权关联、高管背景与研发投入——来自制造业上市公司的分析．软科学，2018（8）：49-52.

[128] 胡奕明，唐松莲．审计、信息透明度与银行贷款利率．审计研究，2007（6）：74-84.

[129] 胡奕明，周伟．债权人监督：款政策与企业财务状况——来自上市公司的一项经验研究．金融研究，2006（4）：49-60.

[130] 黄再胜．高管薪酬决定的调整：锚定效应理论透视．广东财经大学学报，2015（1）：83-95.

[131] 江飞涛，李晓萍．直接干预市场与限制竞争：中国产业政策的取向与根本缺陷．中国工业经济，2010（9）：26-36.

[132] 蒋艳，夏云峰，醋卫华，雷丽彩．银行股权关联、高管权力与企业创新．财经科学，2017，12：25-37.

[133] 江伟，李斌．制度环境、国有产权与银行差别贷款．金融研究，2004（11）：116-126.

[134] 江伟，李斌．金融发展与企业债务融资．中国会计评论，2006（2）.

[135] 姜付秀，张敏，陆正飞，陈才东．管理者过度自信、企业扩张与财务困境．经济研究，2009（1）：131-143.

[136] 雷光勇．证券市场审计合谋：识别与规制．中国经济出版社，2005.

[137] 黎文靖，李耀淘．产业政策激励了公司投资吗．中国工业经济，2014（5）：122-134.

[138] 李海燕，厉夫宁．独立审计对债权人的保护作用——来自债务代理成本的证据．审计研究，2008（3）：81-93.

[139] 李爽，吴溪．中国证券市场中的审计报告行为：监管视角与经验证据．中国财政经济出版社，2003.

[140] 李维安，刘绪光，陈靖涵．经理才能、公司治理与契约参照点——中国上市公

司高管薪酬决定因素的理论与实证分析．南开管理评论，2010（1）：4－15.

［141］李焰，张宁．集团控股比例与上市公司融资约束——基于代理理论的实证分析．经济与和管理研究，2007（3）：4－10.

［142］李扬，王国刚，刘煜辉．中国城市金融生态环境评价．人民出版社，2005.

［143］李扬，张涛，王国刚，刘煜辉，沈可挺．中国地区金融生态环境评价：2008—2009．中国金融出版社，2009.

［144］李增泉．实证分析：审计意见的信息含量．会计研究，1999（8）：16－23.

［145］梁莱歆，冯延超．政治关联与企业过度投资：来自中国民营上市公司的经验证据．经济管理，2010（12）：56－62.

［146］廖义刚，张玲，谢盛纹．制度环境、独立审计与银行贷款——来自我国财务困境上市公司的经验证据审计研究，2010（2）：62－69.

［147］林浚清，黄祖辉，孙永祥．高管团队内薪酬差距、企业业绩和治理结构．经济研究，2003（4）：31－40.

［148］林毅夫，李志赟．中国的国有企业与金融体制改革．经济学季刊，2005（4）：913－936.

［149］林毅夫，李志赟．政策性负担、道德风险与预算软约束．经济研究，2004（2）.

［150］林毅夫，李永军．中小金融机构发展与中小企业融资．经济研究，2001（1）：10－18.

［151］刘峰，周福源．国际四大意味着高审计质量吗——基于会计稳健性角度的检验．会计研究，2007（3）：79－87.

［152］刘浩，唐松，楼俊．独立董事：监督还是咨询？——银行背景独立董事对企业信贷融资影响研究．管理世界，2012（1）：141－169.

［153］刘名旭，向显湖．环境不确定性、企业特征与财务柔性．宏观经济研究，2014（4）：127－134.

［154］刘晓辉，张璋．产权、竞争与国有商业银行改革逻辑．财经科学，2005（3）：1－7.

［155］刘煜辉．中国地区金融生态环境评价（2006—2007）．中国金融出版社，2007.

［156］刘星，蒋水全．银行股权关联、银行业竞争与民营企业融资约束．中国管理科学，2015（12）：1－10.

［157］卢峰，姚洋．金融压抑下的法治、金融发展与经济增长．中国社会科学，2004（1）：42－55.

［158］卢锐．管理层权力、薪酬差距与绩效．南方经济，2007（7）：60－70.

［159］鲁海帆．高管层内薪酬差距、CEO内部继任机会与公司业绩研究——基于锦标赛理论的实证分析．南方经济，2010（5）：23－32.

［160］陆正飞，韩非池．宏观经济政策如何影响公司现金持有的经济效应？——基于产品市场和资本市场两重角度的研究．管理世界，2013（6）：43－60.

[161] 陆正飞，祝继高，孙便霞．盈余管理、会计信息与银行债务契约．管理世界，2008（3）：152－158.

[162] 罗党论，唐清泉．政府控制、银企关系与企业担保行为研究——来自中国上市公司的经营证据．金融研究，2007（3）：151－161.

[163] 罗党论，甄丽明．民营控制、政治关系与企业融资约束．金融研究，2008（12）：164－178.

[164] 罗党论，唐清泉．政治关系、社会资本与政策资源获取——来自中国民营上市公司的经验证据．世界经济，2009（7）：84－96.

[165] 罗党论，唐清泉．中国民营上市公司制度环境与绩效问题研究．经济研究，2009（2）：106－118.

[166] 罗付岩．银行股权关联与公司多元化：理论与实证分析．金融评论，2016a（2）：100－126.

[167] 罗付岩．银行关联对企业并购投资的影响研究．财经论丛，2016b（12）：56－64.

[168] 罗正英，周中胜，王志斌．金融生态环境、银行结构与银企关系的贷款效应——基于中小企业的实证研究．金融评论，2011（2）：64－81.

[169] 吕长江，赵宇恒．国有企业管理者激励效应研究——基于管理者权力的解释．管理世界，2008（11）：99－109.

[170] 马连福，王元芳，沈小秀．国有企业党组织治理、冗余雇员与高管薪酬契约．管理世界，2013（5）：100－113.

[171] 潘克勤．实际控制人政治身份降低债权人对会计信息的依赖吗．南开管理评论，2009（5）：38－46.

[172] 潘越，戴亦一，李财喜．政治关联与财务困境公司的政府补助——来自中国ST公司的经验证据．南开管理评论，2009（5）：6－17.

[173] 青木昌彦．比较制度分析．上海远东出版社，2001.

[174] 权小锋，吴世农，文芳．管理层权力、私有收益与薪酬操纵．经济研究，2010（11）：73－87.

[175] 宋常，恽碧琰．上市公司首次披露的非标准审计意见信息含量研究．审计研究，2005（1）：32－40.

[176] 宋凌云，王贤彬．重点产业政策、资源配置与产业生产率．管理世界，2013（12）：63－77.

[177] 苏冬蔚，曾海舰．宏观经济因素、企业家信心与公司融资选择．金融研究，2011（4）．

[178] 苏灵，王永海，余明桂．董事的银行背景、企业特征与债务融资．管理世界，2011（10）：176－177.

[179] 孙铮，刘凤委，李增泉．市场化程度、政府干预与企业债务期限结构——来自我国上市公司的经验证据，经济研究，2005（5）：52－63.

[180] 孙铮，李增泉，王景斌．所有权性质、会计信息与债务契约——来自我国上市

公司的经验研究．财经问题研究，2016（9）：77－84.

［201］张杰．民营经济的金融困境与融资次序．经济研究，2000（4）．

［202］赵国宇，王善平．审计合谋的特征变量、预警模型及其效果研究．会计研究，2009（6）：73－82.

［203］张改清．银企关联、财务弹性与并购支付方式分析．技术经济与管理研究，2016（8）：87－91.

［204］张改清，祁怀锦．银企关联与财务弹性政策选择——来自中国上市公司的经验证据．技术经济与管理研究，2016（6）：9－13.

［205］张胜．张珂源，张敏．银行关联与企业资本结构动态调整．会计研究．2017（2）：49－56.

［206］张维迎，柯荣住．信任及其解释：来自中国的跨省调查分析．经济研究，2002（2）：59－72.

［207］张晓玫，宋卓霖，何理．银企关系缓解了中小企业融资约束吗——基于投资—现金流模型的检验．当代经济科学，2013（9）：32－39.

［208］张正堂．高层管理团队协作需要、薪酬差距和企业绩效：竞赛理论的视角．南开管理评论，2007（2）：4－11.

［209］郑德理，孙路，欧阳铭．中国私募股权投资基金发展研究．工作论文，2010.

［210］郑立东，程小可．产业政策、资产有形性对企业资本投资的影响．广东财经大学学报，2015（3）：53－63.

［211］翟胜宝，许浩然，唐玮，高康，曹蕾．银行关联与企业创新——基于我国制造业上市公司的经验证据．会计研究，2018（7）：50－56.

［212］周春生，赵端端．中国民营企业的财务风险实证研究．中国软科学，2006（4）：130－135.

［213］周好文，李辉．中小企业的关系型融资：实证研究及理论释义．南开管理评论，2005（3）：69－74.

［214］周振华．产业政策手段的选择与配合 中国工业经济，1990（1）：48－53.

［215］朱红军，何贤杰，陈信元．金融发展、预算软约束与企业投资．会计研究，2006（10）：64－71.

［216］朱凯，陈信元．金融发展、审计意见与上市公司融资约束．金融研究，2009（7）．

［217］祝继高，韩非池，陆正飞．产业政策、银行关联与企业债务融资——基于A股上市公司的实证研究．金融研究，2015（3）：176－191.

公司的经验证据．管理世界，2006（10）．

［181］唐建新，卢剑龙，余明桂．银行关系、政治联系与民营企业贷款—来自中国民营上市公司的经验证据．经济评论，2011，169（3）：51－58.

［182］唐建新，陈冬．金融发展与融资约束．财贸经济，2009，5：5－11.

［183］汪波，王凡俊，李国栋．董事会金融关联与企业多元化经营绩效研究．天津师范大学学报（社会科学版），2012（2）：12－16.

［184］王会娟，张然．私募股权投资与被投资企业高管薪酬契约：基于公司治理视角的研究．管理世界，2012（9）：156－167.

［185］王善平，李志军．银行持股、投资效率与公司债务融资．金融研究，2011（5）：184－193.

［186］王少飞，孙铮，张旭．审计意见、制度环境与融资约束．审计研究，2009（2）：63－72.

［187］王正位，赵冬青，朱武祥．资本市场摩擦与资本结构调整——来自中国上市公司的证据．金融研究，2007（6）．

［188］巫景飞，何大军，林日韦，王云．高层管理者政治网络与企业多元化战略：社会资本视角．管理世界，2008.

［189］吴文锋，吴冲锋，刘晓筱．中国民营上市公司高管的政府背景与公司价值．经济研究，2008（7）：130－141.

［190］吴育辉，吴世农．高管薪酬：激励还是自利．会计研究，2010（11）：40－47.

［191］向德伟．运用Z记分法评价上市公司经营风险的实证研究．会计研究，2002（11）：53－57.

［192］肖作平．资本结构影响因素和双向效应动态模型——来自中国上市公司面板数据的证据．会计研究，2004，2.

［193］谢德仁，陈运森．金融生态环境、产权性质与负债的治理效应．经济研究，2009（5）．

［194］谢德仁，林乐，陈运森．薪酬委员会独立性与更高的经理人报酬—业绩敏感度——基于薪酬辩护假说的分析和检验．管理世界，2012（1）：121－140.

［195］谢德仁，张高菊．金融生态环境、负债的治理效应与债务重组：经验证据．会计研究，2007（12）．

［196］徐虹，林钟高，王帅帅．制度环境、银企关系与企业并购支付方式．财经理论与实践，（双月刊），2016（11）：64－71.

［197］余明桂，潘红波．政治关系、制度环境与民营企业银行贷款．管理世界，2008（8）．

［198］余明桂，潘红波．银行关系、制度环境与银行贷款可得性．武汉大学工作论文．2009.

［199］余明桂，回雅甫，潘红波．政治联系、寻租与地方政府财政补贴的有效性．经济研究，2010（3）：65－78.

［200］姚珊珊，沈中华．政治关联、银行关系与财务困境恢复——基于中国ST上市